O despertar para o sagrado

LAMA SURYA DAS

O DESPERTAR PARA O SAGRADO

*O surgimento de
uma vida espiritual*

Tradução
JUSSARA SIMÕES

Título original
AWAKENING TO THE SACRED
Creating a Spiritual Life from Scratch

Copyright © 1999 *by* Lama Surya Das
Todos os direitos reservados.

Edição brasileira publicada mediante acordo
com Broadway Books, uma divisão da Random House, Inc.

Copyright da edição brasileira © 2005 *by* Editora Rocco Ltda.

"The Avowal", Denise Levertov, de OBLIQUE PRAYERS. *Copyright* © 1984 *by* Denise Levertov.
Reproduzido com a permissão de New Directions Publishing Corp.
Versos de "I thank You God for most this amazing", *copyright* 1950, © 1978, 1991 *by*
Curadoria de E. E. Cummings Trust. *Copyright* © 1979 by George James Firmage,
de COMPLETE POEMS: 1904-1962 de E. E. Cummings. Organizado por
George J. Firmage. Reproduzido com a permissão de Liveright Publishing Corporation.
Excerto de "The Hollow Men" extraído de COLLECTED POEMS 1909-1962
de T. S. Eliot, *copyright* 1936 *by* Harcourt Brace & Company, *copyright* © 1964, 1963 by
T. S. Eliot. Reproduzido com a permissão do editor.
"Yes" *copyright* 1998 *by* Espólio de William Stafford. Extraído de *The Way It Is:
New & Selected Poems* reproduzido com a permissão da Graywolf Press, Saint Paul, Minnesota.
"All God´s Critters" escrito por Bill Staines © 1989 MINERAL RIVER MUSIC (BMI)/Administrado
por BUG MUSIC. Todos os direitos reservados. Usado com permissão.
Excerto de *Hymms to an Unknown God*, *copyright* © 1994 *by* Sam Keen.
Reproduzido com a permissão da Bantam Books, uma divisão da Random House, Inc.

Direitos para a língua portuguesa reservados
com exclusividade para o Brasil à
EDITORA ROCCO LTDA.
Rua Rodrigo Silva, 26 – 4º andar
20011-040 – Rio de Janeiro – RJ
Tel.: (21) 2507-2000 – Fax: (21) 2507-2244
rocco@rocco.com.br
www.rocco.com.br

Printed in Brazil/Impresso no Brasil

preparação de originais
HILDETH FARIAS DA SILVA

CIP-Brasil. Catalogação-na-fonte.
Sindicato Nacional dos Editores de Livros, RJ.

D251d	Das, Surya
	O despertar para o sagrado: o surgimento de uma vida espiritual / Lama Surya Das; tradução de Jussara Simões. – Rio de Janeiro: Rocco, 2005.
	. – (Arco do Tempo; Nos passos do budismo)
	Tradução de: Awakening to the sacred: creating a spiritual life from scratch ISBN 85-325-1796-X
	1. Vida espiritual – Budismo. I. Título. II. Série.
	CDD – 294.3444
04-2569	CDU – 294.3.4

Dedico este livro aos meus queridos amigos e colegas do Darma, os melhores companheiros do Grande Caminho.

*Isto é o que farás: Amarás a terra, o sol e os animais;
desprezarás a riqueza, darás esmola a todos que pedirem,
defenderás os simplórios e os loucos, dedicarás teus
rendimentos e teu trabalho aos outros, odiarás os tiranos, não
discutirás com relação a Deus, serás paciente e tolerante com
as pessoas... reexaminarás tudo o que aprendeste na escola
ou em qualquer livro, rejeitarás o que ofender a tua alma,
e tua própria carne tornar-se-á um grande poema.*

WALT WHITMAN

SUMÁRIO

Agradecimentos 13
Introdução – O despertar para a visão maior 17

PRIMEIRA PARTE
ASSUNTOS ESPIRITUAIS 23
   Entrando na corrente da verdade e da luz 26
   Cultivando o despertar da luz interior 28
   Pensamentos sobre Deus 32
   Deus e Buda, em forma e essência 33
   Da forma e da essência na sua própria prática espiritual 37
   Fazendo opções espirituais 42
   O desapego é o caminho para a liberdade 48
   Algumas idéias simples sobre a simplicidade singela 58
   Aproximando-se mais da simplicidade pura 59
   Em busca da experiência mística 64
   Sombras aqui, sombras ali 71
   Trazendo a morte à luz 76
   Renascimento, de vez em quando 83
   Fé e dúvida 94
   Carma: verdade e conseqüências 101
   A busca da realidade e da verdade 110
   Viver verdadeiramente/Personificar o Darma 111
   A iluminação e seus diversos nomes 122
   Abrir o coração: aprender a amar 134

SEGUNDA PARTE
MÉTODOS DE PRÁTICAS ESPIRITUAIS 155

Para tornar mais simples a sua vida, simplifique e
purifique já sua mente: construindo e intensificando
uma prática de meditação 159

Revisualize a si mesmo e ao seu mundo 181

Plena atenção: viver com plenitude o momento presente 186

A atenção plena em três respirações: dez exercícios
naturais para o dia do peregrino consciente 192

O estudo com um mestre espiritual 200

A sangha e o dom da amizade espiritual 209

A serviço da Sangha Universal 215

Trabalho interior: terapia e Darma 218

Ioga 227

A ioga da reverência 234

Jejum e simplicidade 238

A prece – uma experiência divina do tipo
"faça você mesmo" 247

   Crie o seu próprio livro de preces 254

      Preces pela paz 256

      Prece de cura 259

      Prece do agnóstico 261

      Prece pela orientação divina para toda
finalidade 263

      Antigas preces tibetanas 265

      Preces pela longevidade 267

      Prece sakyapa pelo progresso rápido no
caminho espiritual 270

      Prece a Tara 272

      Prece de Albert Schweitzer pelos animais 274

      Prece de Ação de Graças e Louvor 275

      Preces de bênção 276

Como rezar 277
A prática da leitura espiritual 282
Crie um caderno espiritual: copiando palavras que
  falam ao seu espírito 289
Práticas com cânticos 293
A prática de Chenresig: o cultivo da essência do amor 300

TERCEIRA PARTE
O RETORNO À SUA VERDADEIRA NATUREZA 307
Dzogchen e as Meditações Naturais 309
Acesso direto à nossa natureza original 312
Meditação Dzogchen de Contemplação do Céu 314
O vaguear consciente – à procura de Meditações
  Naturais na sua própria vida 318
  Meditação da Caminhada Natural 321
  Breve Meditação no Automóvel 323
  Meditação da Energia da Luz Natural 325
  Abraçando a deusa oceânica:
    uma Meditação Natural 327
Jardinagem e outras atividades manuais que nos põem
  em contato com a terra 330
Respire, sorria e relaxe: produza alegria 335
Escreva um haicai 339
Ioga do sonho 343
Procurando um silêncio mais profundo 347
Viva no agora – agora ou nunca 353
Epílogo 356
Leituras recomendadas 358
Servir à Sangha Universal 364

Agradecimentos

Hoje em dia, a criação de qualquer coisa que valha a pena requer a participação de uma pequena cidade. Quero, portanto, agradecer a todos os adorados amigos espirituais e alunos que me ajudaram durante a redação deste livro: Charles Genoud, Branden Kennedy, Deb Bouvier, John Makransky, Joel Baehr, Lucy Duggan, Trudy Goodman, Roger Walsh, Josh Baran, Mitch Kapor, Bob Hildebrand, Sharon Salzberg, Jack Kornfield, Joseph Goldstein, Cheryl Richardson, Susan Anthony, Lewis Richmond, Judy Kennedy, John Halley, John Friedlander, Richard Borofsky, Brian Maguire, Michele Tempesta e Sylvia San Miguel.

Também quero expressar meus agradecimentos à minha extraordinária agente literária, Susan Cohen; aos caros amigos Kathy Peterson e Julia Coopersmith e aos meus estimados colegas da Broadway Books: minha querida editora Lauren Marino, o criativo diagramador Roberto de Vicq de Cumptich, o dinâmico diretor de publicidade Trigg Robinson, a solidária editora-chefe Rebecca Holland e Bill Shinker, o inovador editor de uma firma da qual me orgulho de fazer parte.

Por fim, minha gratidão, meus respeitos e meu apreço aos mentores tibetanos vivos Nyoshul Khenpo Rinpoche e Tulku Pema Wangyal, e ao falecido Neem Karoli Baba, todos os quais continuam sendo uma fonte inesgotável de bênçãos, inspiração e orientação.

Que tenham toda paz, todas as bênçãos, boa sorte e alegria.

O despertar para o sagrado

Introdução
O despertar para a visão maior

Que não procurem nos livros nem perambulem pelas estrelas
em busca de Deus os que não o virem no homem.
JOHANN KASPAR LAVATER, poeta suíço (1741-1801)

Se você escolheu este livro, é muito provável que seja um buscador. Meu dicionário tem uma definição simples de buscador como "Que ou aquele que procura, investiga". Em termos práticos, buscador é um viajante ou caminhante espiritual, um peregrino cuja missão é descobrir e vivenciar o sagrado. Os buscadores são onipresentes: existem em todas as nações; podem fazer parte de qualquer grupo ou denominação religiosa. A busca da verdade e do amor – que está além de nós e é maior que nós – é o elemento comum.

Os buscadores querem se compreender e se explorar da mesma forma que querem compreender e explorar o universo, com todos os seus mistérios, tanto os cognoscíveis quanto os incognoscíveis. No íntimo, os buscadores crêem que o universo tem sentido e que sua vida tem um significado. Além de crer que a verdade existe, também acreditam que ela pode ser realmente descoberta e vivenciada.

Quando jovem, e ainda mais tolo do que hoje, eu achava que era preciso viajar para muito longe à procura da verdade, da realidade divina, ou seja lá como se chama. Achava que era mais provável encontrar a verdade nos ditos locais sagrados. Não obstante, o fato é que a verdade está em toda parte; não conhece fronteiras religiosas, culturais, temporais, nem étnicas. A verdade é o círculo perfeito. Seu centro está em toda parte; sua circunferência estende-se até o espaço infinito. A terra que pisamos é sagrada, seja onde for.

O Tao Te Ching diz:

Sem passar pela minha porta
Posso conhecer todas as coisas da terra.
Sem olhar pela minha janela,
Posso conhecer os caminhos do céu.

Cada um de nós – você e eu – está no centro de sua própria verdade. No decorrer dos séculos, santos, sábios, homens e mulheres religiosos descobriram todos a mesma coisa – que é vivendo verdadeiramente que se descobre a verdade. A consciência é o ingrediente essencial da vida espiritual. Os buscadores percorrem o caminho espiritual para a iluminação porque acreditam que lhes trará a compreensão verdadeira da realidade – a compreensão de "o que é" e de como tudo funciona. A melhor maneira de percorrer o caminho espiritual é passo a passo, muito atentamente, com o máximo possível de conscientização e empenho.

Estou convicto de que todos nós recebemos algum toque sagrado, ainda que fugaz. Todos presenciamos manifestações divinas, revelações e períodos abençoados de graça, por mais efêmeros. Esses momentos vívidos acontecem com freqüência durante a infância. Ouço relatos a respeito de ocasiões, embora breves, quando se erguem os véus nebulosos da ilusão e da decepção e é realmente possível "ver a luz". Outras pessoas recordam-se de relacionamentos com anjos durante a infância. Outras ainda dizem que não tiveram contatos com o outro mundo, mas lembram-se de haver tido a sensação do amor cósmico divino, um universo mágico de bondade, inter-relacionamento e de adequação tão profunda que as inspirou para sempre.

Já adultos também temos vislumbres de uma realidade mais sagrada. Às vezes o percebemos em passeios solitários pela floresta ou na areia da praia. Em certas ocasiões isso acontece quando entramos em contato com uma pessoa cuja energia espiritual seja inspiradora. Outras vezes, em meio a um culto, uma sessão de meditação, um retiro espiritual, ou mesmo algo tão mundano quanto um bom concerto. Somos transportados, momentaneamente transformados pelo que vimos e ouvimos. Sentimo-nos diferentes – mais concretos, genuinamente reais e "vivos", e também mais conectados com o divino. Sentimo-nos finalmente como alguém que chegou em casa. Queremos que a sensação perdure, e dizemos a nós mesmos: *Preciso fazer isso com mais freqüência. É algo que devia fazer parte da minha vida – sempre.*

Assim como todas as outras coisas, esses gloriosos segundos de iluminação acabam por desaparecer. E, quando desaparecem, as vidas e os mundos que construímos para nós ressurgem rapidamente, como a incessante maré. Nossas rotinas retornam e as sensações sublimes se evaporam. Mas guardamos a recordação desses momentos que continham a essência da espiritualidade – paz verdadeira, amor, liberdade e a sensação de bem-estar. Faz sentido querer revisitar e recriar essas recordações espirituais. Faz sentido querermos nos aproximar mais da luz.

Passei a maior parte de minha vida adulta em mosteiros budistas, assim como em centros de retiro e acho, portanto, que tenho uma boa noção do que significa querer levar uma vida mais equilibrada e santa. E sei quão desafiador pode ser dar os primeiros passos rumo a um compromisso nesse caminho. Quando faço palestras é quase inevitável que um ou mais membros da platéia venham depois me contar que querem tornar-se mais comprometidos com os valores espirituais de sua vida. Geralmente falam das dificuldades de descobrir maneiras específicas de fazê-lo no cotidiano. Não raro, chegam a me perguntar se acho que devem abandonar sua vida, o emprego e o cônjuge para que possam cuidar com menos superficialidade das suas inclinações espirituais. Alguns até me pedem que recomende locais específicos no Himalaia.

Todas essas pessoas querem uma transformação pessoal e uma experiência religiosa direta. E não é isso que todos nós queremos? Todos nós não queremos a iluminação? Na aurora de um novo século, a questão não é se nós, aqui no Ocidente, queremos iluminação, mas *como* obtê-la. Como perceber a transformação espiritual? Como podemos encontrar um sentido renovado de vida, de finalidade e de significado – no momento presente?

Um dos grandes desafios com que deparam os buscadores ocidentais é encontrar meios de integrar os valores espirituais, pragmáticos e práticas ao que fazem. Como buscadores, acreditamos intuitivamente que o mundo visível em que vivemos faz parte de um universo espiritual maior. Aspiramos de algum modo experimentar uma conexão mais palpável com este universo sagrado. Acreditamos sinceramente que é possível fazer parte desse universo tornando real a luz divina ou espírito que se encontra dentro de cada um de nós.

Assim como eu, a maioria das pessoas que freqüentam minhas palestras provém de tradições religiosas práticas do budismo – em geral cristianismo ou judaísmo, tradições que em geral enfatizam o serviço tanto a Deus quanto à humanidade. Não raro essas pessoas sentem-se atraídas por práticas budistas, como a meditação, porque querem levar mais conscientização e serenidade à vida que têm. Esperam que essa plena consciência, por sua vez, as ajude a ser mais compassivas, amorosas e ternas; esperam que essa plena consciência as ajude a descobrir maneiras de servir e contribuir; esperam que essa plena consciência as ajude a livrar-se de velhas rotinas e hábitos que já demonstraram ser insensatos. Essas pessoas querem ser e querem agir de maneira mais conscientemente evoluída e sábia. Querem que sua vida reflita aspirações e interesses mais nobres e abrangentes. Querem viver à altura de quem são e do que são. Querem realizar seu potencial espiritual. Querem que sua vida tenha um propósito espiritual.

No início da década de 1970, tive a felicidade de estar presente quando o Dalai Lama deu uma aula em Bodh Gaya, cidade do norte da Índia onde o Buda iluminou-se. Dezenas de milhares de pessoas foram ouvir o Dalai Lama. A maioria delas era do Tibete e do Himalaia, mas também havia pequenos grupos de ocidentais, em sua maioria hippies como eu, que percorriam a Rota por terra, da Turquia até o fim da estrada em Kathmandu, Nepal. Quando o Dalai Lama terminou, perguntou se alguém tinha alguma dúvida, e um cabeludo americano levantou-se e fez a seguinte pergunta: "Qual é o sentido da vida?"

O Dalai Lama respondeu: "Ser feliz e fazer os outros felizes."

Na época, achei que a resposta foi um tanto superficial. *Parecia* muito simplista. Eu estava com 21 anos de idade e muito interessado em ler filósofos e escritores como Schopenhauer, Dostoievski, Camus e Vonnegut. Era a época. Provavelmente eu ainda queria ouvir que o sentido da vida era complexo e só estava ao alcance do entendimento de intelectuais elitistas de 21 anos de idade como eu. Eu não tinha entendido a resposta do Dalai Lama: "Ser feliz e fazer os outros felizes." O que isso significava? E também não era uma resposta hedonista? Eu me perguntava. Em minha confusão, a felicidade parecia uma preocupação ordinária e egocêntrica.

Passei muito tempo matutando sobre as palavras do Dalai Lama; cheguei a anotá-las num caderninho que sempre carregava comigo naquela época. Anos depois, li uns textos tibetanos antigos, um dos quais resumia em duas frases simples a finalidade do caminho espiritual em sua totalidade: para o seu bem e para o bem dos outros. Percebi, então, que o egocentrismo nem sempre é egoísta. O que o Dalai Lama havia dito era, ao mesmo tempo, perfeitamente claro e totalmente profundo.

Já se passaram quase três décadas desde aquele dia em que fiquei plantado ao sol na minúscula aldeia de Bodh Gaya, no meio do deserto, para ver pela primeira vez o bondoso líder tibetano. Hoje prezo a sabedoria do que foi dito pelo Dalai Lama. Também percebo melhor como é difícil agir e pensar de forma coerente para ser feliz e fazer os outros felizes. Pense no que significaria sermos sempre felizes e fazer os outros felizes – verdadeiramente felizes e realizados, não fingindo felicidade e ostentando um sorriso fácil. Se fôssemos capazes de fazer isso, estaríamos vivendo sem pensamentos, palavras ou atos que fizessem com que nós ou os outros fôssemos infelizes. Deixaríamos de ser prejudiciais ou autodestrutivos. Viveríamos sem contradições internas e conflitos. Que meta admirável! Que vida surpreendente teríamos! Que pessoas admiráveis seríamos! Que espíritos admiráveis nós *somos*.

PRIMEIRA PARTE

ASSUNTOS ESPIRITUAIS

Os grandes homens são os que percebem que a força espiritual é mais forte que qualquer força material, que os pensamentos regem o mundo.

RALPH WALDO EMERSON

Quem é santo? O que é sagrado?
Como caminhantes espirituais, o que pensamos sobre isso? De que falamos? Presença Divina, Deus, espírito, alma, realidade, verdade, autoconhecimento, experiências místicas, paz interior, iluminação. A vida espiritual trata de questões como essas. E quando falamos das nossas experiências divinas, todos nós não empregamos o mesmo vocabulário. Às vezes usamos as mesmas palavras com sentidos diferentes; outras vezes usamos palavras diferentes com o mesmo sentido.

Compartilhamos uma sensação intuitiva de que estamos numa jornada e de que devemos procurar respostas reais para nossas perguntas reais. Fazemos isso mesmo sabendo que talvez venhamos a descobrir que a resposta é que não há resposta definitiva; algumas coisas permanecem incognoscíveis. E essa resposta pode muito bem ser suficiente. Não obstante, nós, os buscadores, optamos por vivenciar nossas dúvidas. O infinito não tem fim. É isso que os budistas chamam "sunyata" ou vacuidade.

Sejam quais forem as palavras que escolhermos para usar, as questões espirituais tratam da verdade final, das coisas que realmente importam a longo prazo. Como buscadores espirituais, pensamos como podemos aprender a amar mais profundamente, a nos conhecer mais verdadeiramente e a ter uma relação mais plena com o divino.

Pensamos naquelas coisas que estão além do ego; pensamos tanto no intangível quanto no tangível; pensamos no visível e no invisível; pensamos em tocar na doçura palpável do espírito; pensamos em como nos encontrar no todo, na visão maior, na "mandala" universal.

Entrando na corrente da verdade e da luz

Conduzi-nos das trevas para a luz;
Conduzi-nos da ilusão para a sabedoria
Conduzi-nos da morte para a imortalidade.
Conduzi-nos do conflito e do sofrimento para
a harmonia, a paz e a felicidade.

Esta prece é dos Upanixades, as escrituras místicas hindus, escritas por volta de 900 a.C. De muitas maneiras considero essas quatro linhas como a prece universal do buscador. Desde o princípio da história registrada, a busca da verdade, do amor e do bem supremo associa-se à busca da luz.

Nós, buscadores, procuramos iluminação e orientação. Queremos compreensão – não só dos nossos problemas imediatos, mas também dos grandes mistérios do universo. Queremos ser capazes de passar das ilusões obscuras e das confusões à sabedoria, à certeza e à clareza. Queremos passar do engano à verdade; queremos a promessa de que conseguiremos escapar das trevas das regiões infernais da alma e chegar a um local de paz infinita e luminosa, satisfação e amor divino e incondicional. Queremos nos afastar da ignorância e do comportamento inconsciente, assim como do semiconsciente. Sabemos que o antídoto da ignorância não é simplesmente receber mais informações. Sabemos que nossa vida espiritual depende da nossa capacidade de cultivar uma consciência mais elevada – uma consciência plena –, bem como uma percepção mais aguda. Sabemos que nossa vida espiritual depende do cultivo da nossa própria capacidade de amar.

Um velho ditado judaico diz: "Deus está mais próximo daqueles que têm os corações partidos." Para a maioria de nós, é um enunciado verdadeiro. É nos momentos de grande tristeza e crise pessoal que nos sentimos mais ternos e mais próximos do nosso centro emocional. Quando estamos mais confusos e abatidos devido às mudanças inesperadas da vida, temos fome de orientação espiritual e sabedoria. Isso já não aconteceu na sua vida? Ao procurar aprofundar-se na espiritualidade, talvez você esteja reagindo a um padrão de altos e baixos comprovadamente insatisfatório. Talvez você se sinta interiormente vazio e anseie uma ligação mais profunda com o significado, a finalidade e o sagrado. Talvez você se sinta espiritualmente vazio e também solitário.

Alguns de vocês talvez se sintam pessimistas porque acreditam que já "cederam demais". Ou talvez achem que não conseguem "dar" ou não saibam como "dar" o que a vida exige; alguns talvez fiquem até paralisados quando se trata de dar ou receber amor ou dádivas espirituais. Muitos já descobriram que são responsáveis por seu próprio destino, sua própria experiência, seu próprio carma. Querem ajudar a criar um mundo melhor para os outros e para si.

As dificuldades e as decepções não raro nos ajudam a descobrir e fortalecer nossa determinação espiritual. Nesse momento, as confusões da vida o ajudam porque o tornam suficientemente sábio para saber que não tem todas as respostas. Essa percepção – esse lampejo – o tornou consciente da possibilidade de alguma forma de resplendor, claridade ou luz interior. Você quase consegue ver a luz – ouvi-la, senti-la. Você quer a capacidade de conhecê-la e transformar-se nela. Esse vislumbre de consciência representa uma manifestação divina ou miniiluminação.

As alegrias e as tristezas da sua vida lhe proporcionam uma tremenda oportunidade. Seguir o caminho espiritual rumo à iluminação implica uma certa crença inconsciente, se não explícita, na possibilidade de libertação, autodomínio e transcendência. Antes de você, outros já mergulharam no mar do espírito e da bem-aventurança; outros encontraram o que procuravam enquanto bebiam das águas imortais, semelhantes a um elixir, da iluminação. Por que deveríamos passar nossas vidas apenas observando a praia, caminhando nervosos pela parte rasa? A vida tem muito mais a oferecer. Outros encontraram liberdade, satisfação e libertação. Você também pode fazê-lo. Todos podemos. Juntos. Chegou a hora de mergulhar com vontade e nadar em águas mais profundas. Hora de se aventurar!

CULTIVANDO O DESPERTAR DA LUZ INTERIOR

O coração e a mente encontram paz e harmonia na contemplação da natureza transcendental do verdadeiro eu em forma de suprema luz resplandecente.

Da *Ioga Sutra* de PATANJALI, século II a.C.

Patanjali é muitas vezes chamado o pai da ioga porque foi a primeira pessoa a codificar e sistematizar as práticas de ioga. Nessa prática meditativa, ele manda que nos afastemos das distrações, dos cheiros e dos sons e meditemos sobre nossa natureza espiritual, sobre o nosso verdadeiro e luminoso eu. Ele nos manda olhar para dentro e vivenciar nosso esplendor interno.

Todas as culturas, todos os povos e todos os grupos religiosos através dos tempos sempre falaram dos fenômenos luminosos no contexto da experiência religiosa ou mística. Quem tem visões de seres sagrados normalmente os vê envoltos em luz branca. As pessoas sempre relatam que estavam indo para a luz, encontrando a luz, sendo chamadas pela luz, dissolvendo-se na luz. Lemos a respeito da luz no *Livro egípcio dos mortos* e também no *Livro tibetano dos mortos*. Homens, mulheres e crianças que passaram por experiências clássicas de quase-morte descrevem com nitidez a chegada a um local onde há luz branca; descrevem a si mesmos e aos outros como banhados em luz branca.

Antes de ser descrita como a luz de qualquer religião, a luz era simplesmente luz. A luz faz parte da matéria elementar. Mais tarde, com o desenvolvimento da história da humanidade, institucionalizou-se o conceito de luz, que passou a ser, então, interpretado segundo as convicções culturais e religiosas. A luz pura tornou-se, assim, a luz de Deus, a luz da verdade, a luz do Buda, a luz de Jesus, a luz cósmica e o oceano de luz, dependendo de onde se nascia e do ensinamento recebido. A luz, porém, é a constante. É a energia fundamental.

O Novo Testamento, referindo-se a João Batista, diz: "Ele veio como testemunha, para que testemunhasse a respeito da luz, a fim de todos virem a crer por intermédio dele." Mais tarde, Jesus diz: "Enquanto tendes a luz, crede na luz, para que vos torneis filhos da luz." Deus apareceu a Moisés em meio às chamas do arbusto sarça ardente. Segundo o Velho Testamento, quando Ezequiel viu a glória do Senhor, disse: "Vi-a como fogo e um resplendor ao redor dela."

O místico inglês George Fox, fundador da religião dos quacres, empregou o termo "luz interior" para descrever nossa capacidade de sentir Deus dentro de nós mesmos. Ele mesmo vivenciou isso, o que o deixou com a convicção perpétua de que todos podem ouvir a voz de Deus, sem intermediação de padres ou de rituais eclesiásticos. Essa é a doutrina principal da Sociedade dos Amigos.

Segundo o budismo, todos os seres estão imbuídos de uma luz divina interior. Ao descrever nossa natureza búdica original, recorremos a expressões como luminosidade inata, esplendor primordial, a mente clara natural e não obscurecida e a luz clara da realidade. Os mestres zen a denominam natureza original ou "seu rosto antes do nascimento dos seus pais". Os místicos judeus empregam palavras semelhantes quando falam da centelha interior ou da centelha de Deus. O Corão, referindo-se ao homem, fala da pequena chama que arde num vão da parede do templo de Deus.

Num dos mais famosos exemplos de transformação religiosa, São Paulo encontra com Deus no caminho de Damasco. As pessoas que estavam viajando com Paulo não podem ouvir Deus, mas todos vêem a luz. O Novo Testamento cita Paulo: "Tendo ficado cego por causa do fulgor daquela luz, guiado pela mão dos que estavam comigo, cheguei a Damasco."

É praticamente inevitável que a busca espiritual se torne a busca da luz divina ou sagrada. Ao cultivar nosso âmago sagrado, buscamos a luz dentro de nós mesmos, bem como no divino. Essa luz nem sempre é imediatamente visível. É como se estivéssemos cavando a terra bem fundo. A princípio encontramos terra sobre a pedra que está em cima do xisto, mas se formos capazes de prosseguir, acabamos por chegar ao núcleo brilhante e fundido da terra. Essa mesma idéia se aplica à luz clara, brilhante, que reside dentro de todos nós. Ela é nossa natureza primordial, energia pura ou espírito, sem princípio e sem fim. Ela é a base fundamental do ser.

No budismo tibetano essa luz clara chama-se "Rigpa", ou Luminosidade Fundamental. O *Livro tibetano dos mortos* ensina que na hora da morte a Luminosidade Fundamental – natureza búdica inata – manifesta-se para todos. Quando todas as nossas emoções negativas e preocupações mundanas se dissolvem, resta essa mente natural, livre das trevas da ignorância; assim a natureza luminosa do *ser* vem à tona e brilha.

Os meditadores tibetanos são treinados para ser capazes de reconhecer essa luminosidade quando ela ocorrer no momento da morte, pois esse é um momento de brilho, quando ocorre a possibilidade de libertação. Mas a possibilidade de libertação também ocorre em todos os momentos da vida. É necessário que nos desvencilhemos do que é exterior, reconheçamos e sigamos a luz natural da consciência e da verdade.

Na natureza é evidente que a luz é essencial para o crescimento. Observe as plantas da sua casa e veja como se voltam para a luz a fim de receber nutrição. Da mesma forma, nós, buscadores, nos voltamos para a luz divina em busca de nutrição, devido a um tropismo espiritual natural. Podemos começar a treinar na meditação da luz divina fechando os olhos e olhando para o nosso próprio brilho interior. Qualquer pessoa consegue fazê-lo. Feche os olhos, pressione levemente o globo ocular e veja a tremulante luz negra. Olhe para dentro dela; descobrirá que não é tão escuro além das suas pálpebras quanto você pensa.

Em seu excelente livro *O poder curativo da mente*, o professor tibetano Tulku Thondup Rinpoche diz:

"Podemos utilizar as meditações sobre a luz para curar problemas específicos, ou para nos ajudar a nos sentirmos mais abertos e amplos. Ao meditar sobre a luz, podemos imaginá-la expandindo-se para além do nosso corpo e brilhando incessantemente. Vemos o mundo inteiro como se fosse tocado, se expandindo e se transformando em luz pura e tranqüila. Se meditarmos sobre a luz de maneira bem sincera, percebemos que a luz é infinita, sem fronteiras nem limites espaço-temporais."

Outra maneira de se treinar a meditação da luz interior é praticar a meditação simples da luz da vela. Faça o seguinte:

Acenda uma vela num cômodo escuro.
Afaste-se uns 60 centímetros dela e sente-se,
   olhando sua chama.
Sente-se confortavelmente.
Comece, então, a inspirar e expirar silenciosamente
   pelas narinas.
Relaxe seu corpo. Respire naturalmente.
Concentre-se somente na chama da vela.
Observe-a durante alguns minutos.
Não pense em nada em especial. Deixe seus pensamentos
   fluírem, deixe que se acomodem.
Observe a chama. Deixe sua mente penetrar nela.
Sopre a vela rapidamente e feche os olhos.
Veja a imagem que se forma dentro de suas pálpebras.
Medite sobre essa luz.

Uma outra forma simples de se estar cônscio da luz interior é fechar os olhos e se concentrar num ponto da sua testa que está localizado entre as sobrancelhas, uns 2,5 centímetros acima delas. Ele se chama "terceiro olho". Na ioga kundalini, ele é conhecido como "chacra" da testa, um dos sete pontos essenciais de energia, ou chacras, do corpo humano.

Tome consciência da luz do centro da sua testa da seguinte forma:

Fique à vontade, feche os olhos e concentre-se no chacra da testa. Procure o ponto da luz e concentre-se nele durante alguns minutos. Essa luz faz parte do seu próprio sistema natural de cura.

Tente fazê-lo num cômodo escuro.

Por alguns instantes, esqueça suas preocupações mundanas. Elas são preocupações que podem limitar a visão. Permita que o chacra da testa se abra e experimente uma sensação aberta, ampla, de quem você é. Relaxe. Não fique ansioso por encontrar um novo lugar no universo ou uma nova compreensão do que é importante. Não tenha medo de descobrir sua própria luz interior.

Pensamentos sobre Deus

*A cada dia que passa as pessoas se afastam
da igreja e retornam a Deus.*
LENNY BRUCE

Deus não exige sinagoga – exceto no coração.
DITADO HASSÍDICO

Deus não tem religião.
MAHATMA GANDHI

*Os etíopes dizem que seus deuses têm nariz chato e são negros,
os trácios dizem que seus deuses são ruivos de olhos azuis.*
XENOPHANES

Se os triângulos tivessem um deus, ele teria três lados.
CHARLES DE MONTESQUIEU

Nirvana é outra palavra para Deus.
THICH NHAT HANH

*Uma vez o rabino Kotzker perguntou a vários de seus discípulos:
– Onde Deus existe?
– Por toda parte – responderam prontamente os alunos, surpresos.
– Não – disse o sábio rabino. – Deus só existe onde o homem
o deixa entrar.*
CONTO HASSÍDICO

Deus e Buda,
em forma e essência

A verdade é: Deus fala com todos.

NEALE DONALD WALSCH, *Conversations with God*

Talvez não exista outra palavra mais aberta a interpretações, más interpretações, discussões e debates do que a palavra "Deus". É por isso que geralmente é proibido falar de religião, e também de política, nas reuniões familiares nos Estados Unidos. É um assunto arriscado demais para abordar com parentes e amigos.

Pelo menos até certo ponto, a sua idéia acerca de quem ou o que Deus é ou não é depende do que lhe ensinaram e de como você reagiu a esses ensinamentos. Aqui no Ocidente, a grande maioria recebeu uma educação culturalmente ligada às tradições judaico-cristãs e ao Deus que essas religiões abraçaram. E com quem Deus se parecia? Provavelmente um senhor de idade com uma barba comprida, sentado em cima das nuvens ou montado nelas. Ou talvez ele fosse um sósia de George Burns.

Existem minorias no sul da Índia que são predominantemente cristãs. O Jesus representado em sua arte não é branco nem louro. Ele parece indiano – na verdade, bem parecido com o deus indiano Krishna, com pele morena e cabelos negros. Foi a esse que Joseph Campbell chamou de Deus com milhares de faces. Ou, como dizem os muçulmanos, Alá tem mil nomes.

Apesar de toda essa conversa sobre Deus, muitos de nós neste mundo multicolorido, pluralista e multinacional em que vivemos já esquecemos ou nunca aprendemos as origens comuns do conceito do Deus único. Sei que já conversei com muitos amigos ocidentais que conhecem muito a respeito das línguas e das religiões asiáticas, mas pareciam não perceber que o Deus cristão do Novo Testamento, Jeová, o Deus judaico do Velho Testamento e Alá, o Deus islâmico do Corão, são um só – ou que essas três religiões "ocidentais" evoluíram a partir da mesma fonte.

Aqui no Ocidente, qualquer que fosse nossa afiliação religiosa ou como quer que imaginássemos Deus, passamos a juventude ouvindo falar muito nele – em casa, na escola e também em locais de culto. Assistíamos a filmes que falavam sobre ele e às vezes até mostravam Deus falando do céu. Nas nossas cidades, passávamos pelas igrejas e templos e ouvíamos os cânticos e as preces por trás das portas fechadas. Aos domingos, no Natal e na Páscoa, ligávamos a televisão e víamos cardeais e bispos, e às vezes até o papa, discorrer sobre Deus. Durante o Hanukkah, o Yom Kippur e a Páscoa, ouvíamos falar da relação entre o povo judaico e o Deus do Velho Testamento, Jeová ou Javé.

Muitos de nós aprendemos a orar a Deus na infância. Alguns de nós fomos criados sentindo uma ligação próxima com o Deus para quem orávamos; outros não tinham tal apego; e outros ainda lembram que temiam Deus e a sua ira e juízo. Nem sempre parecia ser algo muito bonito. Em resumo, todos conhecíamos o conceito de Deus, concordássemos com ele ou não.

Na minha família, por exemplo, meu pai seguia as tradições religiosas israelitas. Minha mãe, como muitas pessoas de sua geração, era menos religiosa e parecia mais ligada à cultura judaica do que à religião. Lembro-me, porém, da minha avó, pedindo-me que jamais escrevesse a palavra "Deus" com todas as letras, pois estaria usando o nome em vão; segundo ela eu estaria provocando a ira divina. Ela me garantia que a maneira correta de escrever era "D-s". Mais tarde tive problemas nos meus trabalhos escolares, pois insistia na grafia que aprendera em casa.

Em países budistas como o Tibete pouco ou nunca se ouve a palavra "Deus", embora se ouça muito falar nos mesmos conceitos que as religiões ocidentais associam à fé na presença divina: integridade infinita e perfeição total; local sagrado, refúgio e proteção; estar em unidade consigo mesmo e com o universo; compaixão, amor incondicional, eterno e divino.

O budismo não é, naturalmente, uma religião teísta. Na teoria, o budismo não lida com teologia, nem com Deus como criador ou ser eterno. Contudo, o sistema de crenças asiáticas é habitado por inúmeros deuses (com "d" minúsculo) e deusas, deidades meditacionais, protetores, dakinis, e espíritos e forças invisíveis. Mas não devemos confundi-los com a idéia que os ocidentais têm de Deus.

Buda não foi um deus e não declarava ligação familiar com deus nenhum. Durante sua vida, perguntavam ao Buda se Deus existia ou não. Diante dessa pergunta, Buda permanecia em silêncio. Na verdade, Buda dizia que achava inútil a especulação intelectual sobre a existência de Deus. Ele não afirmava nem negava Deus; simplesmente deixava a teologia para os filósofos bramanistas e hindus de sua época.

Os ensinamentos do Buda estavam relacionados com a paz nirvânica e a liberdade da iluminação, o fim de todas as formas de sofrimento e ilusão. Para ele essas metas eram determinadas pelo princípio de causa e efeito do comportamento individual, sem interferência divina.

Há quem diga que Buda era ateu; a maioria acredita que Buda não era ateu, porém agnóstico. Existe pelo menos uma referência clássica ao Buda falando de Deus. Encontra-se num pequeno e obscuro "sutra", ou discurso do Buda. Nele, o Buda fala a uma seita bramanista do sul da Índia sobre o caminho da iluminação. Como hindus, os bramanistas, evidentemente, acreditam em Deus com "D" maiúsculo e em várias outras deidades ou deuses menos poderosos. No decorrer dos séculos tem havido muitos debates sobre o motivo de o Buda falar sobre Deus. A explicação mais freqüente é a de que um dos grandes dons do Buda era sua capacidade de falar a cada pessoa de maneira que ela entendesse. Por conseguinte, quando falava aos bramanistas, empregava palavras que eles entendessem com facilidade.

Há incontáveis idéias e conceitos de Deus pelo mundo. Para certos povos, Deus é o nome atribuído ao Criador Supremo, à Consciência Cósmica Absoluta, ou ao Espírito Divino. Outros o consideram um espírito ou energia transcendental. Outros ainda falam que Deus é a personificação da verdade e do amor. Para outros povos, Deus é a Realidade. Certos povos acham simplesmente que Deus é um ser que "existe" além da nossa compreensão humana; outros acham que Deus está somente "aqui dentro", nas profundezas do espírito ou da alma humana.

Certa vez um dos meus mestres zen, Sazaki Roshi, me transmitiu o seguinte enigma zen ou "koan": "Como perceber Deus ao dirigir um carro?" Se estivéssemos em sua terra natal, o Japão, meu mestre talvez tivesse perguntado: "Como perceber Buda ao cortar lenha?" Na Califórnia, porém, que era onde estávamos naquela ocasião, o grande mestre zen achou que faria mais sentido, ao doutrinar um ocidental, substituir Buda e lenha por Deus e carro. Para ele a palavra "Deus" não era problema porque o enigma, ou koan, original tratava do conceito da compreensão. A forma era diferente, mas o enigma essencial da vida permanece: Como podemos penetrar na espiritualidade sem importar o que estejamos fazendo?

Alguns devotos hindus dizem que Deus e o guru são uma só pessoa e que, ao prestar culto ao guru, presta-se culto a Deus. No hinduísmo, pode-se prestar culto a Deus prestando culto até ao nosso cônjuge. Vemos, portanto, Shiva e Shakti, Ram e Sita, Krishna e Radha, todas elas imagens arquetípicas personificando um Deus andrógino, numa polaridade feminina e masculina – Sr. e Sra. Deus, por assim dizer.

Sei que você tem algum tipo de fé. Todo mundo tem. Até os incrédulos têm uma fé. Ninguém fala mais de Deus que os ateus e os agnósticos. Talvez convenha definir aquilo em que se crê, ou talvez deixá-lo permanecer completamente amorfo. Talvez lhe satisfaça mais imaginar Deus como uma magnífica entidade masculina, feminina ou andrógina, ou talvez tenha mais afinidade com o conceito de Deus como Presença Divina. Não acho que nós, os buscadores espirituais dos dias de hoje, precisamos estar ligados a uma definição formal de Deus. No nível mais fundamental, a luz está sempre presente, mesmo na escuridão, daí serem as sombras contornadas pela luz.

Se você examinar atentamente as enormes e coloridas mandalas tibetanas, verá no centro uma representação do Buda. Ela pretende lembrar às pessoas da essência que está contida na forma. Forma e essência/vacuidade são inseparáveis.

DA FORMA E DA ESSÊNCIA NA SUA PRÓPRIA PRÁTICA ESPIRITUAL

Quando promovo ou freqüento um retiro neste país, impressionam-me as origens espirituais tão diversas dos participantes. Alguns foram criados no catolicismo, outros no protestantismo, outros no judaísmo ortodoxo, conservador ou reformado. Outros ainda provêm de famílias de comportamento rigidamente fundamentalista; outros iam à igreja, ao templo ou à sinagoga no máximo uma ou duas vezes por ano. E todas essas categorias contêm subcategorias e variantes.

Qualquer que seja a sua formação, se procurar vai encontrar costumes religiosos e espirituais que tiveram significado para você. Talvez você gostasse muito de cantar nos cultos noturnos. Talvez gostasse de acender velas durante o sabá. Ou talvez adorasse a sensação de participar de uma congregação ou de um grupo espiritual. Talvez se sentisse atraído pela música evangélica, pelo canto gregoriano, pelo incenso ou pelos ícones russos.

Aqui, no Ocidente pós-denominacional de hoje, muitos de nós tentamos criar uma espiritualidade nova e revigorada. Isso não significa, porém, que temos de nos descartar do que é antigo. Ao tentar criar sua vida espiritual a partir da estaca zero, pense nas peças e nas ferramentas sobressalentes que você já possui. É possível que você já tenha um baú cheio de ferramentas espirituais que se encaixem perfeitamente nas suas mãos. Examine-as para ver se podem fazer parte da sua vida. Você já sabe alguma prece de cor? Existem hinos ou cânticos que lhe calem tão fundo quanto na infância? Você jejua e reza no período do Yom Kippur? Sente vontade de ir à igreja para participar da Sexta-Feira Santa e da Páscoa? Não fuja desses impulsos. Seja qual for o seu passado religioso, amor é amor; reparação é reparação; prece é prece; renovação espiritual é renovação espiritual.

Há quem discorde desse método, chamando-o de espiritualidade "colcha de retalhos", menosprezando-o como demasiadamente "Nova Era". Alguns desses críticos preocupam-se, achando que é um método de "religião dietética" que, praticamente por definição, vai diluir-se numa facilidade conveniente. Eu discordo. Muitos de nós viemos de famílias, cidades e bairros que podemos definir como "colcha de retalhos", em que uma espiritualidade que combina elementos de diversas tradições chega a fazer sentido. É algo que parece verdadeiro e autêntico para quem somos. Afinal de contas, estamos na América, o grande caldeirão cultural. Os críticos são, em geral, pessoas que se sentem ameaçadas pela mudança. Uma nova espiritualidade que reflita a vivência ocidental não significa necessariamente que as práticas e os valores sérios serão descartados ou eliminados por parecerem difíceis demais.

Janine, uma dramaturga de 45 anos de idade, diz que seus pais eram gregos ortodoxos, mas quando a família se mudou para uma cidade do meio-oeste, lá não havia igreja grega ortodoxa. Sua mãe passou, então, a freqüentar os cultos da igreja metodista local, ao passo que o pai se tornou católico. O motivo exposto na época foi que a mãe dela achava a missa católica romana "formal demais" e o pai achava que o culto metodista era "liberal" demais.

Durante a infância, Janine ia à missa com o pai, mas freqüentava a escola dominical metodista. Aos vinte anos de idade, casou-se com um judeu. Ela e o marido combinaram que iriam criar os filhos na seita dos quacres porque se sentiam muito atraídos por uma filosofia que enfatizasse a paz. Agora que os filhos cresceram e ela se divorciou, Janine assiste com freqüência às missas gregas ortodoxas ou católicas. Às vezes ela sente uma necessidade muito grande do ritual. Contudo, nessa fase da vida, ela diz que jamais pensaria em se envolver profundamente com qualquer uma dessas religiões. Ela não concorda com a postura da igreja católica relativamente às mulheres e, por ser divorciada, nem sabe ao certo qual seria a sua situação.

Recentemente Janine começou a praticar meditação, freqüenta aulas de ioga três vezes por semana e está começando a compreender a dimensão espiritual desses ensinamentos. Enquanto isso, continua prestando serviços voluntários junto com colegas quacres num abrigo para mulheres. Janine se define como uma pessoa profundamente comprometida com um modo de vida espiritual, mas não vê motivo para se prender aos limites de qualquer grupo religioso.

Assim como Janine, muitos de nós têm um passado que contém elementos de diversas religiões. Alguns de nós recebem pouca educação religiosa; outros não têm recordações muito boas das instituições religiosas da nossa infância; outros ainda nos casamos com pessoas de outra religião; e alguns outros são filhos desses casamentos.

No Ocidente também existe uma outra grande categoria de buscadores: pessoas que sentem forte atração pela vivência espiritual, embora se sintam desvinculadas das religiões nas quais nasceram. Pessoas assim às vezes passam a praticar o budismo e descobrem, para seu espanto, que a vivência espiritual as aproxima mais da religião da infância ou, de fato, de todas as vivências espirituais. De certa forma, foi o que aconteceu comigo.

Como sempre digo, sou de família judaica. Nascido no Brooklyn, meu nome era Jeffrey Miller. Depois que nasci, minha família mudou-se para Long Island, onde tive uma infância normal, jogando beisebol no time infantil e freqüentando os acampamentos da ACM, onde me apresentaram formalmente ao cristianismo quando eu ia às missas campais aos domingos, sob pinheiros altíssimos. De resto, minha educação foi culturalmente judaica. Aprendi hebraico suficiente para ter meu bar mitzvah aos 13 anos e acompanhar meus pais ao templo nas festividades religiosas.

Na faculdade, deparei com a filosofia e com a teologia, e comecei a explorar meu lado espiritual. Logo após a graduação, viajei para a Índia e lá comecei a explorar todas as religiões orientais. Meu primeiro guru, Neem Karoli Baba, deu-me um novo nome, Surya Das, cuja tradução é "discípulo da luz". Eu morava num ashram e estudava meditação com Goenka, o grande mestre de vipassana. Passei um ano no Japão, estudando zen, e morei na Coréia, onde estudei com um mestre zen coreano. A maior parte das décadas de 1970 e 1980, porém, passei em mosteiros tibetanos. Recebi os ensinamentos para me tornar lama nos mosteiros dos meus mestres no Nepal, em

Sikkim, na Índia e no sul da França. Sou um lama americano, pertencendo a uma antiga tradição budista tibetana. Mas, é claro, também sou ativista espiritual judeu americano. Na nossa atual sociedade altamente móvel, todos nós somos hifenizados-híbridos de alguma forma.

Como ocidentais, vivemos num mundo multicultural. Por definição, nossas preferências espirituais serão ecléticas. Não faz sentido negar nossas experiências ou nossos sentimentos. Essa abordagem mais aberta dos assuntos espirituais não enfraquece nosso compromisso com um modo de vida tranqüilo, piedoso, nem nossa determinação de agir ética e apropriadamente. Passar de formas e instituições mais superficiais da religião para os princípios mais essenciais da espiritualidade é uma opção boa e significativa.

Em todas as tradições verdadeiramente sagradas há uma determinação essencial de nutrir a vida e tratar o próximo com ética e generosidade. Todas essas tradições nos incentivam a nos abrir à presença divina, exterior e interiormente, e nos mandam "praticar o que pregamos" sem hipocrisia nem truques. Para muitos essa mensagem tem importância essencial, qualquer que seja seu arauto.

Em seu livro, *That's Funny, You Don't Look Buddhist: On Being a Raithful Jew and a Passionate Buddhist*, minha amiga instrutora de meditação vipassana Sylvia Boorstein fala de sua participação num curso de uma semana ministrado pelo Dalai Lama. No fim do curso, o Dalai Lama disse aos participantes que, mais tarde naquele mesmo dia, ofereceria a Iniciação de Tara Verde como parte do encerramento. Tara Verde é uma deidade feminina tibetana que personifica a proteção amorosa e a compaixão. Quando o Dalai Lama oferece essa iniciação, é uma bênção especial para ajudar quem a recebe a despertar a compaixão em seu próprio coração.

Sylvia conta que, quando o Dalai Lama fez esse comunicado, um dos participantes levantou a mão para fazer uma pergunta. Era católico praticante e queria saber se devia ou não participar daquela iniciação. A princípio o Dalai Lama respondeu que achava que não haveria problema, mas se o participante não se sentisse à vontade com algum elemento da cerimônia, simplesmente não devia participar.

Mais tarde, quando o Dalai Lama estava preparando-se para começar a iniciação, escreveu Sylvia, "o Dalai Lama, num tom coloquial, disse: "Pensei um pouco mais na questão de participar da iniciação quando se pertence a outra tradição espiritual. Acho que você pode fazê-lo." Deu uma lista de razões, explicando vagarosa e cuidadosamente, dizendo em essência que "compaixão é compaixão" e "bênção é bênção".

Acho importante que isso permaneça sendo um tema da nossa evolução espiritual. Tente, então, não reagir impulsivamente de forma antagônica no tocante a experiências espirituais que sejam diferentes, estranhas ou estrangeiras. É importante lembrar, quando estiver criando seu método diário, que compaixão é compaixão, bênção é bênção e bom coração é bom coração.

Fazendo opções espirituais

*Se ir embora é o que é ser um monge,
então voltar
   realmente
   realmente
é o que é ser um Buda
Mas com certeza só se pode realmente voltar
quando se foi realmente embora?*

KO UN

Ontem à noite, em todo o planeta, milhões de novos pais foram despertados pelo som do choro de um bebê. No mundo inteiro, esses pais reagiram com um gemido ao se levantar e se dirigir ao berço para fazer o que era preciso fazer. Todos esses pais estavam renunciando, abrindo mão, deixando de lado seu tão necessário descanso porque se preocupavam mais com o bem-estar de uma criancinha. As necessidades do filho eram mais importantes que as suas próprias. Seu amor paterno era mais forte que seu apego ao próprio sono.

A renúncia, tema espiritual comum e importante, não é tão complicada de se entender. Renúncia significa sacrificar ou desistir de algo que pareça importante no momento, em benefício de algo que sabemos significar mais. Sempre que fazemos isso estamos fazendo uma opção espiritual – a decisão de acatar algo maior. Tomar essas decisões espirituais ou desprendidas nem sempre é um ato tão generoso quanto parece. Assim como os pais que reagem ao choro do filho, quando fazemos essas opções nós as fazemos para satisfazer nossas maiores e mais profundas necessidades.

É verdade: É quase inevitável que a jornada espiritual comece com a decisão de renunciar a certo modo de vida. Mas essa decisão tem menos a ver com a mudança do ambiente ou com abandonar pessoas ou coisas do que com a transformação do seu ser interior – aprender o significado interior da renúncia para descobrir a naturalidade sábia e a simplicidade autêntica.

A história clássica da renúncia, inúmeras vezes contada, é a história de como um jovem príncipe casado que se chamava Siddhartha Gautama abriu mão de sua herança para partir em busca da iluminação e acabar tornando-se o Buda. Siddhartha nasceu herdeiro de um reino pequeno, porém opulento, aos pés do Himalaia, local que hoje é parte do Nepal ocidental. Pouco antes de seu nascimento, profetas locais haviam visto os presságios e disseram ao pai que o filho seria um poderoso monarca ou um santo asceta; previsão que mais tarde foi confirmada pelo astrólogo da corte.

O pai de Siddhartha, o rei, ficou apavorado com a idéia do filho vir a ser um mendigo errante e asceta. Havia muitos homens desse tipo vivendo na Índia naquela época, e a imagem do filho de sangue nobre vestido com trapos, carregando um pires para esmolar e vivendo em meditação à beira de uma estrada poeirenta aterrorizava o rei. Para impedir que Siddhartha percebesse a remota possibilidade de tal opção, o pai cercou o filho de luxos e o protegeu contra as duras realidades do mundo.

Siddhartha já estava com 28 anos quando seu criado o ajudou a se aventurar fora do palácio pela primeira vez. Quando o jovem príncipe viu o mundo exterior pela primeira vez, viu quatro coisas que mudariam sua vida e as nossas: (1) Um homem sofrendo as dores de uma doença grave; (2) Um homem sofrendo as aflições da idade avançada; (3) Um cadáver levado para a cremação, cercado de pessoas de luto. Esses exemplos comoventes do sofrimento humano não o assustaram tanto mas despertaram a compaixão latente em seu coração. Por que essas pessoas sofriam tanto e o que poderia ele, Siddhartha, fazer para ajudar? Assim, ao voltar para o palácio, cheio de indagações a respeito do sofrimento e da mortalidade humana que vira, Siddhartha viu (4) um homem caminhando tranqüilamente pela estrada, usando a túnica ocre de asceta errante e carregando um prato para pedir esmola. Essa quarta visão determinaria o rumo de sua vida dali para a frente.

Contam-nos que Siddhartha achou sua rápida experiência do lado de fora do palácio tão surpreendente e comovente, que – assim como o mendigo de túnica de algodão – se sentiu na obrigação de fazer uma opção espiritual e tornar-se buscador. Naquela mesma noite o príncipe deixou a família, deu as costas ao prazer e ao conforto do palácio do pai. As escrituras budistas relatam como os "devas" – deuses e anjos – amorteceram o barulho dos cascos do cavalo do príncipe para não acordar os moradores do palácio, que impediriam a missão espiritual do príncipe.

Siddhartha renunciou à vida que conhecia e livrou-se da ligação aos seus entes queridos porque aspirava a algo mais importante. Uma vez tomada a sua decisão, Siddhartha não hesitou. Não houve dúvida. Assim que chegou à floresta do lado de fora do palácio, cortou os longos cabelos principescos com sua própria espada e, antes de partir sozinho para a selva, o homem que se tornaria o Buda trocou suas roupas de nobre pelas do cocheiro. Mais tarde, quando deu seus primeiros passos decididos no caminho espiritual, fez com trapos sua própria vestimenta ocre simples.

Muitos diriam que esses primeiros passos representavam a renúncia do Buda. Mas a saída do palácio do pai foi só o início. O Buda não conheceu a iluminação simplesmente porque se livrou da ligação à família. O Buda meditou e praticou iogas e filosofias hindus de todos os tipos durante seis longos anos até tornar-se totalmente iluminado. No decorrer desses anos, ele teve de aprender a renunciar a outros apegos talvez ainda mais difíceis de prescindir. Precisou abrir mão de seu apego ao próprio ego, às próprias opiniões, conceitos, convicções e interesses egocêntricos. Precisava parar de se conter para atingir a suprema realização espiritual e a perfeita iluminação consciente do nirvana, a paz perfeita.

Acho importante não cometermos o erro de pensar que o budismo, ou outro caminho espiritual genuíno, nos incentive a nos afastar das responsabilidades, dos amigos ou da família. A renúncia espiritual é muito mais profunda que qualquer um desses gestos simbólicos exteriores. Kabir, o poeta-santo indiano do século XV, disse que não queria simplesmente tingir as roupas da cor de açafrão de uma ordem sagrada; ele disse que desejava tingir o coração com amor divino.

Milarepa, o grande iogue tibetano do século XI, dizia que "partir da terra natal é realizar metade do Darma". Ele jamais se afastou da terra natal, mas modificou seu estilo de vida radicalmente e foi à selva para meditar, praticar ioga e rezar, mas não saiu do Tibete.

"Sair da terra natal" tem um sentido mais amplo do que nos afastarmos das rotinas e dos hábitos a fim de reinventar espiritualmente as nossas vidas e, por fim, a nós mesmos.

Milarepa dizia que queria viver e morrer sem remorsos. Ele queria libertar-se da culpa e do temor; queria ter paz de espírito e coração amoroso. E tinha muitos motivos para ter remorsos. Hoje é lembrado como poeta, santo e sábio, mas antes de dedicar a vida à meditação, Milarepa foi responsável por várias mortes numa rixa entre clãs. Com tanto remorso, culpa e temor, Milarepa deu uma guinada completa e, ao fazê-lo, diz-se que alcançou a iluminação perfeita ainda em vida. Milarepa renunciou ao próprio comportamento, afastou-se da vida tumultuada em que se envolvera. Sabemos que ele não renunciou inteiramente à família porque sua irmã Peta o ajudou e acabou tornando-se iogue também.

Um livro muito lido na década de 1970 foi *Be Here Now*, de Baba Ram Dass. Ram Dass era um famoso professor de psicologia de Harvard conhecido como Dr. Richard Alpert. Quando foi para a Índia na década de 1960 para estudar, Ram Dass abandonou a carreira e muitas de suas posses, inclusive um Mercedes, uma motocicleta, um carro esporte MG e um avião Cessna. Acho que ele conhece o verdadeiro significado da renúncia. Ele escreveu:

"Talvez você encare a renúncia em termos de algum ato exterior, como um projeto para o Ano-Novo, ou afastar-se da família e dos amigos para ir morar numa caverna. Mas a renúncia é muito mais sutil, mais difícil e muito mais duradoura. Na jornada espiritual, renúncia significa desapego.

"Libertar-se do apego significa romper o laço que o identifica com seus desejos. Os desejos permanecem: fazem parte da dança da natureza. Mas quem renuncia já não se identifica mais com seus desejos."

Naturalmente, a renúncia implica certos sacrifícios. E ninguém gosta muito de falar em sacrifícios hoje em dia. Parece algo fora de moda e enfadonho. Mas, se nos comprometemos a mudar de vida, precisamos falar a respeito do que fica e do que sai. Fazemos essas opções pelo nosso próprio bem. Em administração, isso se chamaria lucro líquido.

Você já teve os seguintes pensamentos?

– Não posso continuar assim.

– Esta situação tornou-se intolerável; preciso modificá-la e a mim também, ou deixar tudo para lá.
– Nada do que faço parece importante; quero que minha vida tenha mais finalidade e sentido.
– Estou cheio de emoções negativas; quero aprender a amar.
– Sinto muita ternura pelos outros, mas não sei como expressá-la. Preciso aprender a demonstrar compaixão.
– Não posso continuar vivendo uma mentira; quero autenticidade; quero sentir-me bem comigo mesmo.

Pensamentos assim são sinais de que estamos preocupados para fazer algumas opções espirituais; estamos preparados para renunciar a estilos de vida e padrões de comportamento que não dão certo; estamos preparados para nos tornarmos quem queremos ser. Nenhum de nós pode dar-se ao luxo de desperdiçar os dias, os anos, ou a vida. Temos muito para dar; temos muito para viver.

Para a maioria, a renúncia não é algo que se faz de uma vez só. Estamos todos cobertos por camadas e mais camadas de parasitas incrustados, sedimentos, algas e bugigangas da nossa sucata cármica. É preciso remover essas coisas aos poucos. Todos acumulamos uma bagagem emocional excessiva, e normalmente só conseguimos nos desfazer dela pouco a pouco; todos temos opiniões e posturas arraigadas. Só é possível amenizar esses hábitos impactados e calcificados e essas posturas com o tempo. Para isso, fazemos milhares, talvez milhões, de opções espirituais, pequenas e grandes. E o fazemos dia após dia.

Só você sabe a que precisa renunciar na sua própria vida. Todos precisamos trabalhar nossas tendências à ganância, ao consumismo, à ira, ao ciúme, à manipulação ou à dependência excessiva. Cada pequena renúncia a cada hábito ou pensamento autodestruidor facilita mais a próxima renúncia. Começamos a nos sentir mais leves. Começamos a nos sentir energizados. Começamos a enxergar com mais clareza. Começamos a descobrir o que estamos procurando. Nós nos sentimos realmente diferentes, e isso é extremamente gratificante.

A renúncia e o desapego têm um outro aspecto igualmente importante e também espontâneo e estimulante. Chogyam Trungpa Rinpoche talvez o tenha expressado melhor quando disse: "Renunciar significa deixar de manter."

Há 2.500 anos, quando o Buda viu o sofrimento que existia no mundo fora do seu palácio, parou de conter. Abriu o coração compadecido. Não fugiu do que viu; não cobriu a cabeça para se esconder. Não enterrou a cabeça como o avestruz. Não guardou os sentimentos. Não evitou a realidade. Não tentou isolar-se do sofrimento ao seu redor. Pelo contrário, deu um salto gigantesco. A Terra ainda está estremecendo com seu pouso.

Acho que isso é uma questão importante para o buscador dos dias de hoje. Precisamos lembrar que renunciar não é simplesmente libertar-se dos apegos. É o despertar de uma certeza interior de que existem mais coisas aqui do que o olho enxerga, e que precisamos nos abrir a elas. Como? Afrouxando nossas garras; abrindo nossos olhos, nossos ouvidos, com os punhos cerrados e o coração cauteloso. Podemos abrir os braços para abraçar o que vemos. Dessa forma, como o Buda, começamos a reivindicar nossa herança espiritual; começamos a retornar ao que somos genuinamente. É simples, mas nada fácil, apenas libertar-se. É provável que o mundo de hoje seja mais complicado que o do tempo do Buda. Já que nos tornamos mais complicados, o Caminho também se tornou. Mas continua existindo exatamente sob os seus pés.

O DESAPEGO É O CAMINHO PARA A LIBERDADE

Anunciem a despedida, sinos ardentes, ao céu ardente...
Anunciem a despedida do velho, anunciem
a chegada do novo...
Anunciem a despedida do ilusório, anunciem
a chegada do verdadeiro...

ALFRED LORD TENNYSON

O caminho para a liberdade e para a liberação está repleto de lições sobre o desapego. São as lições espirituais às quais estamos sempre resistindo quase automaticamente. Sabemos que é sábio afrouxar um pouco os laços. Mas é tão difícil fazê-lo! As lições que precisamos aprender repetem-se inúmeras vezes. E em todas elas somos incapazes de soltar as amarras e queimamos as mãos nas cordas, tamanha é a força com que as seguramos.

Na semana passada, conversei com minha amiga Pamela, que estava muito aborrecida com os contínuos problemas que estava tendo com o computador. Sempre que o computador falha ela fica nervosa. Vamos supor que o disco rígido enguice; que ela não consiga acesso ao e-mail e ao caderno de endereços; que perca os dados; que a assistência técnica não esteja disponível de imediato. O computador dela tem tido tantos problemas que ela passa dias e dias sob o domínio da ansiedade. Como ela tem sistemas duplos de *backup* instalados no computador, é pouco provável que venha a perder os dados; ela pode recorrer a diversos técnicos; e, por ser proprietária de uma empresa bem-sucedida, ela pode pagar pela assistência técnica. Não obstante, toda vez que o computador apresenta algum defeito, ela instala um programa novo, criado para garantir que ela não volte a ter esse problema, mas o programa novo sempre cria um problema novo e diferente. "Parece que estou recebendo um recado", diz Pamela. "Estou sempre ansiosa com meus bens; acho que eu não devia ter um computador. Acho que eu não devia ter nada."

Concordo com Pamela. Talvez seja um recado. Mas o recado não diz que ela deve renunciar aos bens materiais, inclusive ao computador, ou até mesmo ao casaco de inverno. Talvez Pamela precise relaxar um pouco para não se deixar subjugar pela ansiedade. A questão é aprender a livrar-se da ansiedade, e não do computador.

É como ir ao médico e ouvi-lo dizer que você é alérgico a chocolate. Só depende de você – e de ninguém mais – desistir de sua atração por essa guloseima deliciosa. Mas como fazê-lo? Talvez você esteja acostumado a tomar sorvete de chocolate toda noite. E isso lhe dá prazer, mesmo que também dê dor de barriga. Por exemplo, acabo de eliminar o consumo de cafeína. Sei que é o certo, mas ainda há ocasiões em que sinto necessidade daquela explosão de energia. Contudo, meu estado geral melhorou tanto que nem preciso de muita força de vontade e disciplina para continuar afastado da cafeína. Não preciso daquela lama grudenta para sujar minha luz interior!

Minha velha amiga Susan também está aprendendo a desapegar-se, porque resolveu que precisa acabar com uma relação que se tornou destrutiva. Mas será que ela vai conseguir soltar as amarras?

Mark, um médico bem-sucedido, abriu um consultório junto com vários outros médicos. Por mais tolo que pareça (até para ele mesmo), ele não pára de discutir com os sócios a respeito da cor da tinta que o decorador escolheu para as paredes do consultório. É tarde demais, já está pintado, mas Mark não gosta da aparência das paredes e não consegue deixar o assunto de lado, mesmo que os outros implorem: "Mark, pare com isso. Esqueça. É só tinta." Mas Mark não desiste.

Todos sabemos o que é tentar libertar-se de idéias obsessivas que insistem em criar um turbilhão na cabeça como se tivessem vida própria. Quando tentamos abandonar velhos modos e hábitos, quase sentimos uma dor física. Não raro estamos tão envolvidos no que se passou antes que nos agarramos com insistência. Nós nos apegamos loucamente ao que pensamos – em como pensamos e em como agimos. Repetimos os mesmos erros dia após dia. Por que não podemos simplesmente mudar a marcha?

Um dos contos dos ensinamentos sufis de que mais gosto gira em torno do famoso sábio louco Nasrudin. Na tradição islâmica, embora haja abundância de histórias a respeito das loucuras de Nasrudin, seu comportamento sempre se presta a transmitir uma sabedoria impregnada de um raro bom-senso.

Esta história começa com Nasrudin num mercado do ensolarado Oriente Médio. Parece tão constrangido e infeliz que um grupo de fregueses da feira se reúne ao seu redor. Nasrudin está com o rosto vermelho, os olhos cheios de lágrimas e o suor lhe escorre em cascata pela testa. A princípio as pessoas não sabem o que está havendo, mas depois reparam na pilha de pimentas que Nasrudin está comendo, uma de cada vez. A cada mordida seu desconforto parece aumentar, mas ele continua mastigando. Por fim, alguém pergunta: "Nasrudin, por que você está fazendo isso?"

E ele responde: "Porque estou procurando uma pimenta doce."

Na vida, não nos comportamos todos um pouco como Nasrudin? Insistimos em fazer tudo à nossa maneira, mesmo que essa maneira já tenha fracassado dezenas de vezes. Achamos que vamos derrotar a lei das probabilidades. Tolamente comprometemo-nos com o que fazemos e também nos apegamos às histórias que contamos a nós mesmos sobre o nosso comportamento. Nasrudin, por exemplo, exemplifica a pessoa que se apega tanto às próprias opiniões que continua procurando amor (ou pimentas doces) nos lugares errados. Parece que não aprende com a experiência. Em nossa maioria, comportamo-nos de forma semelhante. O culpado é o apego. Ceder, soltar-se e seguir em frente é a solução.

Tenho certeza de que você tem na sua própria vida diversos métodos que não dão certo. Todos temos. Às vezes esses apegos representam hábitos questionáveis, como fumar, beber, ou até trabalhar em excesso. Esses apegos também costumam ser reflexos das histórias que contamos a nós mesmos sobre o mundo e sobre nosso lugar nele.

Os ensinamentos budistas destacam certos apegos sem os quais poderíamos viver muito bem. Todos refletem posturas e comportamentos que nos impedem de progredir no caminho espiritual.

Eis uma lista deles:

❊ *Apego ao princípio do prazer e da dor*

As inúmeras realizações de Daniel estão bem à vista, para quem quiser ver: um excelente emprego, sua casa enorme, seu chalé na montanha, os dois carros, os três computadores, as relações pessoais e profissionais, a bela esposa com suas roupas da moda, os filhos adoráveis brincando com seus diversos brinquedos caros. Ele realmente espera satisfação e prazer das diversas coisas bonitas que possui. Mas a verdade é que ele praticamente não tem tempo para ir ao chalé praticar esqui ou para ficar em casa brincando com os filhos. Não raro acorda, olha para tudo o que tem, sente-se infeliz e sai para comprar mais um objeto que espera lhe trazer satisfação.

Quase todos nós nos apegamos ao que tem boa aparência ou sabor. Nós nos intoxicamos com o prazer sensual, com objetos bonitos e com comidas e vinhos fabulosos. Sempre que nos aborrecemos, procuramos algo externo para nos proporcionar uma cura rápida. Dia ruim no trabalho? Compre um par de sapatos novos. Discutiu com um colega? Coma chocolate. Sente-se inseguro? Tire férias, beba alguma coisa ou arranje uma amante. A necessidade desse tipo de gratificação pode assumir o controle e criar vida própria. Nós nos ocupamos tanto na satisfação dos apetites, que não nos aprofundamos nas causas fundamentais da nossa necessidade constante de estímulo e prazer. Estamos à mercê dos nossos incessantes desejos e aversões. A legenda desta tira de quadrinhos é: "Quero o que quero quando e como quero. E não quero que nada se interponha no caminho!"

É fácil compreender por que nos sentimos atraídos pelo prazer, mas, como Buda assinalou, alguns de nós nos apegamos tanto aos nossos sentimentos negativos quanto aos positivos — tão apegados à nossa infelicidade e às histórias de vítimas que contamos a nós mesmos quanto aos nossos pontos altos. Por mais dolorosos que sejam nossos pontos fracos, existe algo no drama a eles associado que nos transmite uma sensação de satisfação. Combina com uma visão pessoal, e familiar, do mundo e do nosso lugar nele. Com freqüência nos permitimos sentimentos de pena de nós mesmos; agarramo-nos a imagens nossas em posição de vítimas; ruminamos detalhes de nossas decepções. Dizemos a nós mesmos: "Se ao menos..." e "Eu só queria..."

❦ Apego a opiniões e idéias

Quem não acha que suas opiniões políticas são as melhores? Quem não acha que suas opiniões devem ser aceitas? As opiniões são parte integrante de quem achamos que somos. Às vezes até herdamos nossa versão do mundo, como se fosse um DNA inflexível: "Sou democrata/republicano/liberal/marxista/conservador porque fui educado para sê-lo." "Minha mãe e meu pai pediam comida chinesa para jantar todo domingo à noite, e eu também peço. Nunca faço outra coisa. De jeito nenhum." Todos conhecemos pessoas assim. Às vezes nós mesmos somos assim.

E, além de ter opiniões inflexíveis, também julgamos as pessoas que discordem da nossa visão de mundo. As pessoas entram em guerra por causa de opiniões; brigam com seus melhores amigos por causa de opiniões; às vezes nossos casamentos chegam ao fim porque achamos mais fácil nos livrar do cônjuge do que amenizar nossas idéias. Glen, por exemplo, vem tentando convencer a esposa a se mudar para outra cidade. Sua maneira de fazê-lo é por intermédio de longos discursos todas as noites. Glen apega-se muito a seu estilo de manter relacionamentos. Não funciona nunca, mas ele continua tentando. Uma conversa verdadeira e comunicativa é impossível durante esses discursos intermináveis, mas isso não o detém.

Existe um conto zen sobre um professor arrogante e pedante. Vamos chamá-lo de professor Sabe-Tudo. Certo dia o professor lê algo sobre o budismo num jornal da faculdade. O artigo lhe desperta a atenção e, embora tenha certeza de que ninguém tem nada a lhe ensinar, resolve pesquisar a respeito da filosofia oriental. Ele sabe que há um venerável mestre zen na cidade onde leciona. Então, telefona e marca um encontro para tomar chá na casa do mestre zen.

No dia marcado, o professor e o mestre zen sentam-se um de frente para o outro. E o mestre zen começa a servir o chá ao professor. Mas não pára de colocar chá na xícara. A xícara do professor transborda e o chá começa a se espalhar por toda a mesa e no chão. O professor diz:

— Pare, mestre! Por que continua colocando o chá? A xícara já está cheia. Não cabe mais chá.

E o mestre responde:

— Da mesma forma que você está cheio do seu conhecimento e das suas opiniões. Você precisa se esvaziar para poder aprender.

A mensagem, naturalmente, é que quando nos agarramos às nossas opiniões e aos nossos julgamentos, não sobra espaço para mais nada. É como se todas as nossas opiniões e idéias estivessem escritas em papeizinhos e coladas, como aqueles papéis "Post-It", em todo o nosso corpo. São tão pesadas que puxam para baixo nossos braços e nossas pernas. Cobrem-nos os olhos e os ouvidos também. Ficamos tão envolvidos nas nossas versões da realidade que pouquíssima luz consegue sair ou entrar.

❀ *Apego a ritos e rituais*

O Buda, da mesma forma que os reformadores religiosos de todo o mundo, sabia muito bem que alguns de seus discípulos entregavam-se facilmente a hábitos ritualísticos. Davam tanta importância ao cumprimento da lei que perdiam contato com seu espírito. Sempre que nos apegamos demasiadamente à forma de uma prática espiritual (ou de qualquer outra coisa), arriscamo-nos a perder o significado de sua essência. Acabamos por comer as cascas e nos esquecemos das nutritivas polpas e grãos que contêm.

Os cultos religiosos às vezes despertam nossas tendências compulsivas, obsessivas — nossa tendência natural a nos concentrar na forma em que nos sentimos seguros. Achamos que se meditarmos durante um número suficiente de horas ou fizermos milhares de preces, reverências, mantras ou oferendas, acontecerá alguma coisa automaticamente. Mas isso é exatamente o oposto do que o Buda pretendia. Ele descobriu que o que fazemos com nossa atenção é mais importante do que sons e gestos simbólicos.

O comportamento de todos nós é, de certa forma, ritualizado. Acordamos, levamos o cachorro para passear, tomamos banho, tomamos suco, tomamos chá, lemos o jornal. O que acontece se mudarmos a ordem dos nossos hábitos diários? Se permitirmos que nosso apego aos rituais se entranhe demais, esses rituais podem transformar-se em vícios. Isso vai obscurecer os miraculosos acontecimentos que brotam como flores ao longo do caminho.

Recentemente conversei com uma pessoa que se queixava de sua vida vazia e solitária; ela dedicava tanto tempo às práticas espirituais que não sobrava tempo para amizade ou relacionamentos pessoais. Ela consumia muitas horas do dia em meditação, fazendo compras para a dieta vegetariana e fazendo ioga que não havia espaço para mais nada. Reconheceu imediatamente que se tornara obsessivamente rígida com relação a essas atividades e que sua vida se tornara cada vez mais limitada.

Quando nos tornamos ritualistas demais em qualquer atividade, nossas prioridades inevitavelmente se confundem e a forma assume importância maior que a essência. Por exemplo, em vez de dedicar algum tempo aos filhos, ficamos incomodando-os para que mantenham seus quartos com determinada aparência. Franqueza, carinho e amor proporcionam mais proteção do que a atenção às meras aparências. Na verdade, quando amadurecemos, parece cada vez mais óbvio que, em todos os níveis, a aparência externa não importa.

❊ *Apego ao ego*

Para a maioria de nós, o apego ao ego – preocupação consigo mesmo – é o tema predominante das nossas vidas. Há alguma dúvida a esse respeito? Às vezes ficamos tão absortos conosco mesmos que sobra pouco espaço para qualquer outra pessoa.

Não faz muito tempo entrei numa loja especializada em artesanato de americano nativo. Num dos balcões, vi a escultura da cabeça de um nativo de aparência bem máscula. A característica predominante daquele rosto era um nariz grande, quase totalmente dobrado para o lado. A cabeça propriamente dita estava repousando numa mão enorme, cujos dedos se dobravam sobre a testa do índio. A escultura estava identificada por uma etiqueta que dizia: "Nariz Quebrado na Mão do Criador."

Quando perguntei ao dono da loja sobre aquela peça, ele me disse que Nariz Quebrado era um xamã *iroquois* lembrado por dois motivos: (1) poder xamanístico extraordinário e (2) um ego de igual porte. Parece que Nariz Quebrado era um pouco mais do que convencido.

Certo dia, Nariz Quebrado resolveu que seus poderes eram tão fantásticos que ele poderia desafiar qualquer um, inclusive o próprio Criador. Então desafiou o Criador para uma competição, um teste de força. Muito seguro de si, Nariz Quebrado ficou de pé em frente a uma montanha, respirou fundo e, com enorme facilidade, moveu a montanha pelo menos uns 30 centímetros numa direção. Fantástico! Nariz Quebrado afastou-se e esperou para ver o que o Criador iria fazer.

O Criador não perdeu tempo e ergueu a montanha, movimentando-se tão rapidamente que sua atividade e a própria montanha ficaram turvas, como num projetor de cinema em alta velocidade. Em seguida a montanha desapareceu, porque o Criador a levou para dar uma volta ao mundo. Quando virou a cabeça para ver o que havia acontecido, a montanha voltou voando para o mesmo lugar e bateu no rosto de Nariz Quebrado, dando-lhe o apelido pelo qual sempre seria lembrado, assim como a lição que nos lembra que, apesar de seus poderes admiráveis, Nariz Quebrado era simplesmente humano, como qualquer outra pessoa... como eu e você.

Existe um motivo por que tantas culturas e religiões nos ensinam a respeito dos efeitos nocivos do egocentrismo em excesso. Com freqüência, ego, arrogância e orgulho (a idéia de que se é especial ou invulnerável) se tornam sinônimos. Antigamente, nos Estados Unidos, o provérbio "Não há pior despeito que o de pobre enriquecido" era tão popular que as pessoas o bordavam em artigos de tecido. Os gregos antigos chamavam o orgulho de soberba. Qualquer pessoa que estudou mitologia ou teatro grego se lembra de ter ouvido falar das lições da família conhecida como estirpe dos átridas. Era uma família muito influente, poderosa e rica, e seus membros assassinavam, seduziam, engravidavam e traíam uns aos outros com uma regularidade assustadora. Às vezes até se banqueteavam uns com os outros. Conseqüentemente, geração após geração vivia tragédia após tragédia. Eram freqüentemente acusados de soberba, a convicção arrogante e trágica de que qualquer mortal pode estar acima das leis do universo.

Não pensamos todos, de vez em quando, que somos grande coisa? Um pouquinho melhores, mais inteligentes, mais fortes, mais divertidos do que as pessoas à nossa volta? Pessoalmente, acho que preciso viver cuidando do ego e do orgulho, mas sempre tenho dificuldade. É humilhante admitir o quanto luto contra isso, mas luto, e é algo de que tenho tido consciência durante quase toda a vida.

Provavelmente tive minha primeira lição a respeito de apego ao ego quando jogava na liga infantil de beisebol. Acho que chamávamos o time de PeeWee farm team. Eu devia estar com uns seis anos de idade e aquele deve ter sido meu primeiro ano. Naquela época, eu me achava um dos maiores rebatedores do mundo. Eu jogava bem. Eu sabia que não era tão bom quanto os New York Yankees, mas me achava incrível.

Lembro-me nitidamente de voltar para casa com os outros membros do time – os Cheyennes – no carro do nosso treinador, um enorme Cadillac de oito cilindros. Também lembro que o carro era tão grande que cabia dentro dele o time quase inteiro. Perdemos o jogo, mas estávamos indo tomar um sorvete assim mesmo. Eu achava que tinha jogado muito bem, na verdade melhor do que todos os outros. Comentei com o treinador a respeito do que *euzinho* achava ser um grupo enorme de jogadores bananas no nosso time. Com tanta soberba quanto um menino de seis anos poderia ter, lembro-me de que perguntei:

– Por que os outros não são iguais a mim?

E o treinador respondeu:

– Porque se todos fossem iguais a você, Jeffrey, teríamos nove jogadores de primeira base canhotos.

Entendi o recado.

Seja qual for o nome que lhe dêem: arrogância, orgulho, soberba, narcisismo ou egocentrismo, o apego ao ego é o que nos separa dos nossos semelhantes no planeta Terra. Só conseguiremos nos relacionar verdadeiramente uns com os outros quando estivermos dispostos a nos encarar de igual para igual, sem armaduras, barreiras ou barricadas para nos separar.

Todos temos a tendência de nos definir e nos identificar por intermédio do *curriculum vitae*, das roupas, do emprego, das realizações acadêmicas. Sou uma pessoa bem-sucedida porque possuo coisas boas; sou inteligente porque leio e penso muito e tenho opiniões bem-informadas. Acreditamos em histórias que nós (e os outros) contamos sobre quem somos com base nos nossos apegos. Não raro damos nossos primeiros passos no caminho espiritual porque descobrimos que não queremos mais fazer isso.

Quando assumimos um compromisso com o caminho espiritual, fazemos um contrato não verbal conosco mesmos: combinamos que vamos meditar a respeito de quanto nos custam os nossos apegos. Começaremos a pensar nas histórias que contamos a nosso respeito com relação a quem somos e sobre o que é importante.

Perguntamos a nós mesmos: somos os donos dos nossos bens ou são eles que nos possuem? Somos controlados pelo nosso desejo de prazer? Nossas opiniões nos definem de modo que nossa bondade inata se perca na retórica? Somos tão dominados pela nossa necessidade de ritos e rituais pessoais, agendas, cronogramas e maneiras preestabelecidas de agir que nossas prioridades se perdem? Somos tão apegados ao nosso ego que, assim como o xamã Nariz Quebrado, somos acidentes em potencial?

Ao percorrer o caminho espiritual, começamos a renunciar aos apegos que não são importantes a longo prazo.

Cada perda abre caminho para outros dons nem imaginados antes.

> *Os celeiros queimaram*
> *Agora*
> *Posso*
> *ver a lua*

MASAHIDE

ALGUMAS IDÉIAS SIMPLES SOBRE A SIMPLICIDADE SINGELA

*Uma ipoméia na janela me satisfaz mais
do que a metafísica dos livros.*
WALT WHITMAN

O mero existir é uma bênção. O mero viver é sagrado.
RABINO ABRAHAM HERSCHEL

*Einstein foi um homem que sabia fazer
perguntas imensamente simples.*
JACOB BRONOWSKI, The Ascent of Man

*Seja humilde, pois você é feito de esterco.
Seja nobre, pois você é feito de estrelas.*
PROVÉRBIO SÉRVIO

APROXIMANDO-SE MAIS
DA SIMPLICIDADE PURA

Simplicidade, simplicidade, simplicidade! Que suas ocupações sejam duas ou três, e não cem ou mil; em vez de um milhão, conte meia dúzia e guarde suas contas na unha do dedão.

HENRY DAVID THOREAU

Quando renunciamos ou abandonamos o que é irrelevante, resta-nos o essencial, que é impossível perder. Quando abrimos mão do apego ao ego, aliviamos nossa carga e descobrimos quem realmente somos. Essa é a magia da simplicidade.

Essa abordagem está no âmago de todos os ensinamentos budistas.

Todos concordamos: A simplicidade é bela; a simplicidade é espiritual; a simplicidade é uma bênção. A simplicidade é o que desejamos. Menos é decididamente mais. Vemos essa sabedoria criar vida na elegância estética do budismo zen. No zen, por exemplo, a meditação é chamada de "Zazen", simplesmente sentar-se. Mas o verdadeiro significado de Zazen é permanecer no momento e simplesmente estar. Abandonar os pensamentos, os movimentos e os discursos supérfluos. Simplesmente estar. Pura presença.

Em nossa vida agitada, desejamos elegância simples, ansiamos um retorno à pureza, à naturalidade e à inocência. Por mais que sonhemos, porém, com um modo de vida que revele simplicidade, geralmente não vivemos assim. Ao fazer as malas para uma viagem, ou olhar ao redor dentro de casa ou no ambiente de trabalho, muitos de nós param de perguntar: "Tenho tudo de que preciso?" Pelo contrário, perguntamos: "Será que preciso realmente de tudo o que tenho?"

O que significa simplificar? Quando morava num mosteiro, vivia satisfeito com túnicas de monge e sandálias de dedo. Agora que voltei a ser cidadão da sociedade ocidental, viajo tão carregado de tralhas como qualquer outra pessoa, e fico me perguntando por quê.

Quando saí da Ásia e voltei para este país, em meados da década de 1990, andei de ônibus e trens entre aeroportos e centros para retiro. Após alguns anos, meu pai me presenteou com seu enorme Buick 1981 marrom, com tração nas rodas traseiras, que nós chamávamos de "Batmóvel". Em certa ocasião, fui passar seis meses no Nepal e deixei o carro estacionado no celeiro do meu amigo Tom. Quando voltei e descobri o que os morcegos que viviam nos barracões do celeiro haviam feito, o apelido do carro ganhou sentido literal.

Após alguns invernos gelados na Nova Inglaterra, passei o Batmóvel adiante e comprei um Plymouth vermelho de segunda mão, com tração nas rodas dianteiras. Pouco depois, meu mestre Lama Nyoshul Nyoshul Khenpo e esposa foram me visitar. Passeamos bastante e o carro ganhou o carinhoso apelido de Lamamóvel. Era um carro de fácil manutenção e me levava aonde eu queria ir, e eu estava bem satisfeito com ele. Até que, um dia, quando voltava para minha casa de Cambridge, derrapei no gelo e perdi o controle do carro, que saiu da estrada. Não foi uma experiência agradável. Depois da derrapagem, alguém sussurrou as palavras mágicas – "freio antiderrapante" – no meu ouvido, e eu vendi o carro e comprei um mais novo, porém ainda pequeno. Era um carro azul e, sim, era mais seguro em estradas de gelo.

Depois, mudei-me para uma área ainda mais rural de Boston. Isso fazia parte do meu desejo de levar uma vida mais simples e tranqüila. No interior da Nova Inglaterra, as palavras "limpa-neve" e "reboque" ganharam um novo significado. Não havia alternativa. Meu carrinho simplesmente não conseguia negociar com o caminho cercado de árvores de um quilômetro e meio até minha casa. Eu voltava para casa de um retiro onde fora para lecionar, carregando uma mala, uma maleta, um computador laptop, livros e outros objetos, e descobria que o caminho estava enterrado sob mais de dois metros de neve. Tração nas quatro rodas era a única solução. Eu achava que não tinha saída. Comprei um jipe.

Esse tipo de progressão aconteceu em tantas outras áreas da minha vida. Eu ainda estaria satisfeito com o primeiro computador que comprei, mas parece que a consciência tribal assumiu o controle. O disco rígido não tinha espaço suficiente, os softwares não eram inteligentes o bastante, a velocidade do modem não era suficiente. Uma coisa após a outra. Tive, então, que fazer uma atualização. "Atualização"? O que isso tem a ver com a qualidade dos nossos dias?

A vida é assim. Imprevisível, complicada e tão difícil de controlar quanto um cavalo selvagem. Pela própria natureza, a vida não é simples. É freqüente nos surpreendermos fazendo atualizações em momentos quando o que mais convém é aumentar a eficiência e reduzir os custos. Hoje mesmo, de manhã, uma amiga me ligou para lamentar-se da complexidade da vida. Ela é produtora de noticiários de TV e está achando impossível manter-se atualizada com as novas tecnologias, câmeras, computadores e gráficos computadorizados e, ainda assim, viver a vida. "Por que estão fazendo isso comigo?", disse ela em tom de brincadeira. Ela se sente esmagada pela sobrecarga de detalhes nessa grande era do excesso de informações. Precisa saber tanto antes de ao menos iniciar o serviço.

Todos os sábios de todas as épocas disseram o mesmo de milhões de maneiras: Perdemos Deus, o sentido e a nós mesmos na complexidade. A "unidade na multiplicidade" é a farsa mágica da vida. Quando nos envolvemos na multiplicidade, perdemos a unidade. Em meio ao excesso de formas, perdemos de vista a essência.

Nós, buscadores espirituais, queremos ser capazes de ver o significado simples e fundamental do que fazemos. Queremos ser capazes de organizar a desordem da nossa escrivaninha, da nossa vida, do nosso coração e da nossa mente para encontrar o que estamos procurando. Encontrar soluções simples nos estilos de vida caóticos de hoje em dia requer muita atenção e autodomínio. Uma vez li um pensamento escrito num papelzinho amarelo num quadro de avisos que dizia: "Do caos surge uma estrela dançante." É mais ou menos como organizar roupas empilhadas numa cadeira e achar a última camisa limpa. ("Eu sabia que estava ali!") Queremos ser capazes de fazer o mesmo com nossa vida. Queremos organizar o caos, descascar as diversas camadas da cebola e encontrar a estrela dançante. Ela pode estar enterrada no caos, mas sabemos que está lá, não sabemos? As estrelas dançantes somos nós. Com nossa própria luz, vamos descobrir sozinhos o que queremos ser. Mas antes precisamos simplificar.

O conceito do bobo santo ou do louco sagrado está contido em todas as tradições filosóficas do mundo. O bobo santo – e muita gente já argumentou de maneira bem convincente que Buda, Jesus Cristo e Maomé pertencem a essa categoria – consegue observar as complexidades perturbadoras do mundo, descascar suas camadas e ver as verdades simples e essenciais ali enterradas. A *Unidade* dentro da multiplicidade.

Geralmente também se relaciona a simplicidade com a inocência e o espanto infantil. J. M. Barrie, autor de *Peter Pan*, escreveu: "Não sou suficientemente jovem para saber tudo." Jesus disse que é preciso voltar a ser criança para entrar no reino de Deus. O poeta japonês Kitaro Nishido escreveu: "Se meu coração puder tornar-se puro e simples como o de uma criança, acho que provavelmente não haverá felicidade maior." No fundo do coração, recordamos nossa infância, recordamos uma época em que víamos o mundo com certa clareza e compreensão intuitiva. Tínhamos tão pouco excesso de bagagem, ainda iríamos acrescentar inúmeras projeções, preconceitos, hábitos e apegos.

Lutamos pela simplicidade na nossa própria vida arrancando camadas e mais camadas de sujeira que se grudaram a nós com o passar dos anos, ou talvez até de várias vidas. Sentimos tanto o peso da carga supérflua. Um haicai clássico de que sempre gostei transmite uma mensagem zen instantânea:

> *Quão deleitante é*
> *o relincho de um burro de carga*
> *quando o livram de todo o fardo!*

Não seria maravilhoso nos livrarmos das cargas auto-impostas e nos despirmos do não essencial? No caminho espiritual, podemos lidar com a simplicidade em três níveis.

EXTERNO: Para simplificar nossa vida, afrouxamos o apego às diversas camadas e temperamentos de pessoas, planos, expectativas e objetos de nossa vida. Escolhemos opções mais espirituais, abandonando maus hábitos e comportamentos insatisfatórios.

INTERNO: Para simplificar nossa vida, simplificamos nossas mentes. A melhor maneira de fazê-lo é por intermédio do autoquestionamento e pela prática da meditação.

INATO: Depois de transpor todas as camadas e véus, ficamos com a luminosidade fundamental. Natureza búdica inata. Simplesmente Ser – Presença Autêntica.

Não resta mais nada para analisar, compreender ou adquirir. Chegamos. É tudo tão simples.

EM BUSCA DA EXPERIÊNCIA MÍSTICA

A mais bela emoção que podemos experimentar é a mística. Ela é a força de toda a verdadeira arte e ciência. Aquele para quem essa emoção é desconhecida, que não é mais capaz de se maravilhar nem ficar extasiado, está morto. Saber que aquilo que é impenetrável para nós existe realmente, manifestando-se como a sabedoria mais elevada e a beleza mais radiante que nossas insípidas faculdades só possam compreender em suas formas mais primitivas – esses conhecimentos, essa sensação, está no âmago da verdadeira religiosidade. Nesse sentido, e somente nesse sentido, pertenço à categoria dos homens devotamente religiosos.

ALBERT EINSTEIN

Nesta era pós-moderna, ninguém quer ter fé na divindade, nem mesmo compreendê-la. Todos querem algum tipo de evento espiritual especial. Todos querem a retribuição de uma iluminação ou experiência mística. Querem ser capazes de tocar, sentir, pesar e conhecer sozinhos.

Essa necessidade de reforçar as convicções com provas tangíveis e imediatas é bem compreensível. As pessoas do mundo inteiro adoram ouvir e contar histórias de fenômenos misteriosos e inexplicados. No Tibete, essas histórias freqüentemente giram em torno de eventos que ocorrem na hora da morte. Dizem que o corpo de alguns mestres de meditação tibetanos, por exemplo, transformou-se em Corpo de Luz do Arco-Íris no momento da morte.

Esse é um fenômeno no qual o corpo do praticante altamente evoluído se dissolve numa energia elementar conhecida como "prana" e, ao se dissolver, gera uma luz semelhante à do arco-íris.

Contam-nos que, quando isso acontece, quase sempre resta pouco, ou nada, do corpo propriamente dito. Às vezes só restam os cabelos e as unhas; os discípulos depositam esses restos, cerimoniosamente, em santuários religiosos para propiciar um bom carma e bênçãos. Meus mestres Kalu Rinpoche, Trungpa Rinpoche e Dudjom Rinpoche contavam aos discípulos que haviam testemunhado essas ocorrências, que diziam ter sido frutos da prática longa e árdua da meditação e da ioga.

Os contos tibetanos, bem como as histórias de pescador e de caçadores de urso do mundo inteiro, vão crescendo a cada vez que são contados. Essas histórias podem tornar-se exageradas demais. Espera-se que os mestres experientes do tantrismo vivenciem o êxtase, a paz e a iluminação; já ouvi relatos a respeito de certos iogues tântricos tão leves que são capazes de voar pelo céu. Também soubemos que alguns mestres de meditação não conseguem simplesmente prender a respiração e se concentrar por alguns minutos, mas que o fazem durante horas, dias, semanas e até meses. Um dos exemplos mais extremos desse tipo de contos gira em torno da lenda – ainda contada por alguns guias turísticos – de que o antigo patriarca budista tântrico e místico chamado Kukai está sentado em "samadhi" (absorção meditativa total) em sua caverna emparedada no alto da montanha sagrada de Koyasan, perto de Kobe, no Japão; há mil e duzentos anos.

Meu próprio mestre, Nyoshul Khenpo, uma vez me falou que os lamas da Antigüidade dormiam numa caverna no alto de uma montanha e meditavam em outra caverna, do outro lado do vale. Ele disse que esses praticantes evoluídos empregavam respiração iogue e energia psíquica para viajar de um ponto a outro. Diariamente, os habitantes do vale viam lamas em levitação cavalgando os raios do sol poente. Sempre adorei a imagem da hora do *rush* com o céu do Himalaia cheio de lamas voadores.

É preciso manter o senso de humor nesses assuntos. As histórias contadas no Tibete sobre o extraordinário e o miraculoso fazem parte de uma tradição oral que vem sendo transmitida de geração em geração. Aprendi a ouvir todas essas histórias com muita reserva. Contudo, quando estava no Nepal com lamas cultos, aconteciam coisas dificílimas de explicar. Por exemplo, eu estava lá quando meu velho mestre iogue tibetano expirou, sorriu tranqüilamente e morreu conscientemente em estado de meditação. Vi com meus próprios olhos que ele permaneceu sentado em Meditação da Luz Clara durante quase uma semana, sem a menor deterioração física. O corpo ainda estava quente, e o rosto e o peito ainda tinham um brilho rosado.

Outro dos meus primeiros gurus, o falecido Décimo Sexto Karmapa, leu meus pensamentos claramente em diversas ocasiões e, de vez em quando, fez previsões explícitas para mim e para outros discípulos que tinham um modo sobrenatural de se realizarem. Todos o consideravam clarividente. Conheci diversos lamas que pareciam não dormir nunca. A explicação dada para isso é que esses mestres purificaram totalmente as obscuridades que encobriam e obstruíam sua mente inata desperta. Ao fazê-lo, liberam-se e abrem-se para um fluxo de energia inesgotável e ilimitadamente sagrado. Eles têm acesso ao princípio vital cósmico e imortal, que se pode chamar de luz clara, luminosidade interior, ou natureza búdica.

Testemunhei experiências de iluminação e de cura numerosas demais para lembrar. Essas coisas não são tão raras quanto se pensa; mas são mais divulgadas no Oriente tradicional. Creio piamente que profundas conscientizações e preces "Vajrayana" (Veículo do Diamante) feitas por certos lamas altamente evoluídos, e talvez até iluminados, estenderam a vida de pessoas que conheço. Também vi que esses sábios mestres conseguiram provocar descobertas e experiências súbitas de iluminação em dezenas dos meus velhos amigos do Darma.

Com tudo isso, porém, o maior milagre que já testemunhei foi o milagre do amor: aquele incondicional amor divino, a compaixão e as bênçãos espiritualmente estimulantes que transbordam dos corações de quem, por meio da sabedoria e da prática do Darma, realizou e consumou dentro de si os frutos do caminho espiritual. Segundo o Darma budista, existem duas categorias de poderes milagrosos, ou "siddhis". São conhecidos como poderes mundanos e poderes transcendentais. Alguns exemplos de poderes mundanos são telepatia, levitação, adivinhação etc. Os poderes transcendentais, que são o amor divino e a iluminação, são muito mais significativos. No budismo tibetano, o amadurecimento espiritual – exemplificado pelo amor e pela verdade – é venerado acima de tudo, com ou sem poderes mágicos ou sobrenaturais.

Com relação aos fenômenos inexplicados, os budistas não estão sozinhos. Santos e sábios de todas as denominações e religiões já demonstraram milagres e curas, que não são imediatamente aceitos, como se pensa. A Igreja Católica Romana, por exemplo, já profissionalizou a autenticação de milagres associados a Lourdes, o local de peregrinação na França onde Sta. Bernadete teve a visão de Maria. Os requisitos para a prova parecem ser bem rígidos mas, mesmo assim, ainda há curas para as quais ninguém encontra explicações racionais. Achei que a caverna com a fonte em Lourdes é um local sagrado extraordinário, de grande energia e poder espiritual, e que vale a pena visitar. Também tenho amigos e alunos aqui nos Estados Unidos que visitaram curandeiros e juram que aconteceu algo de positivo. Não há dúvida a esse respeito: existe vasta documentação de coisas que não conseguimos explicar por qualquer outro método além de dizer que estão no reino dos milagres.

Querer acreditar nos mistérios e nos milagres faz parte genuinamente da busca espiritual. Não obstante, esse desejo de explicações sobrenaturais nos deixa vulneráveis a todos os tipos de charlatões e falsos adivinhos. De vez em quando também podemos ser manipulados pelo nosso desejo de acreditar durante nossa elevação espiritual.

Perguntaram inúmeras vezes ao Buda por que ele não exibia poderes milagrosos. Ele dizia que eram menos importantes que a sabedoria e o amor, que são verdadeiros milagres. Segundo os sutras, porém, em várias ocasiões ele realizou milagres. Um desses discursos relata um debate entre alguns sábios locais e o Buda, que acabou se transformando num concurso de milagres. Um dos sábios caminhou sobre a água; outro caminhou sobre o fogo; por fim, Buda encheu o céu com milhares de Budas iguais a ele, e todos se curvaram em respeito por sua capacidade espantosa. Esse milagre ocorrido em Sravasti ainda se encontra pintado nas paredes de muitos templos budistas.

Um pouco mais tarde, alguns discípulos do Buda lembraram-lhe as diversas vezes em que ele disse que não havia sentido demonstrar poderes milagrosos, a não ser que fosse para ajudar alguém. Buda disse que, no caso do céu repleto de Budas, aquilo aconteceu para revelar que O Iluminado é mais do que parece; essa façanha tornou possível aos incrédulos verem com seus próprios olhos o que normalmente ficava oculto. Sempre se contam histórias assim para inspirar fé e devoção e, em muitos casos no decorrer dos séculos, funcionaram exatamente dessa forma.

Muitos buscadores começam a meditar para passar por experiências ímpares. Quando comecei a meditar na Índia com meu mestre S. N. Goenka, lembro que fiquei espantado com o tipo de experiências que eram possíveis. Goenka fazia retiros intensos de meditação que duravam dez dias. Eu e os outros discípulos seguíamos uma disciplina monástica: dormir pouco, não comer alimentos sólidos depois do meio-dia e silêncio total, exceto durante as instruções de Goenka. Era surpreendentemente diferente de qualquer coisa que eu conhecesse. Comecei a ter incríveis experiências de luz e sensações de êxtase físico. À noite eu tinha sonhos nítidos e a sensação de ser abençoado e iniciado pelos Budas. Diversas noites eu dormia pouco ou nada, mas, mesmo assim, no dia seguinte eu só precisava de um cochilo depois do nosso almoço vegetariano, que comíamos em pratos feitos de folhas.

Eu ficava entusiasmadíssimo e corria para contar minha experiência ao professor. Ele apenas ria e dizia: "Bom, bom. Muito bom. Continue a meditar." Mais tarde eu conversava com outros discípulos, que tiveram a mesma experiência. Goenka sempre dava as mesmas respostas, contudo todos nos afastávamos satisfeitos.

O que eram esses eventos que minha mente produzia durante e após a meditação? Todos os mestres de meditação, como Goenka, dão o mesmo conselho: Não se prendam a essas experiências. Simplesmente percebam-nas, sintam-nas, conscientizem-se bem de qualquer coisa que se apresentar momentaneamente, e libertem-se dessas experiências. Não tentem interpretá-las. Não tentem habitar nelas nem possuí-las. Não tentem racionalizar nem se prender a elas. Simplesmente, continuem a meditar.

Quando estava estudando no Japão com o mestre zen Uchiyama Roshi, fiz perguntas semelhantes. Ele sempre respondia enfaticamente: "É tudo 'makyo'. Simplesmente assista ao espetáculo." ("Makyo", naturalmente, significa ilusão ou fantasmagoria.)

Meus diversos mestres de meditação e ioga nos lembravam com freqüência de não nos deixar levar por aparições passageiras ou estados mentais, por mais belos e claros que fossem. Eles nos explicavam que eram apenas abstrações – como dizem os sutras budistas, como sonhos, como bolhas num riacho. Um conto doutrinário tibetano de advertência relata o que aconteceu a um iogue tibetano que morreu afogado na perseguição a visões ilusórias de deuses que havia conjurado após passar a noite inteira meditando à beira de um lago.

Diversos discípulos vêm a mim com muitas experiências do mesmo tipo e algumas exclusivas. Não deve haver nada de novo sob o sol, mas sempre há novas formas de ilusão. Por exemplo, alguns ocidentais me dizem que a meditação os levou a crer que são reencarnações de lamas importantes. Muitos dizem que tiveram visões de suas vidas passadas; outros dizem que têm certeza de que têm elos cármicos com pessoas que conheceram – principalmente as fascinantes e atraentes. Freqüentemente se empolgam e até se alegram muito com o que estão vivenciando. Alguns me disseram que numa vida passada foram o fundador do budismo tibetano no século VII, o Guru Rinpoche. É interessante, evidentemente, que ninguém jamais se lembre de ter sido o criado de alguém, ou até mesmo um pato de estimação. Contudo, há razões cármicas para que esses discípulos tenham essas experiências. Caso não tenham nenhuma outra finalidade, são lembretes de que a realidade é mais do que vemos com nossa visão obscurecida.

Hoje, naturalmente, meu conselho a esses buscadores é bem semelhante ao que meus mestres me davam: Continue a meditar. Mantenha os olhos desanuviados, a mente desperta e o coração aberto. O que mais há para se dizer? Às vezes makyo é apenas makyo e requer pouca ou nenhuma interpretação de sonhos. Não se deixe levar por essas experiências. Não se prenda ao que aconteceu ontem, mesmo que tenha sido um sonho visionário abençoado ou uma descoberta importante durante a meditação. O que tem valor permanecerá, ao passo que o efêmero se dissolve como o orvalho matinal. Por que se empolgar ou se decepcionar? Basta ficar no Caminho do Meio do equilíbrio. Não procure provar que as descobertas feitas durante as suas experiências místicas são reais. Caso seja realmente o seu carma, os que estão procurando lamas ou herdeiros dos Romanov reencarnados o encontrarão.

Às vezes nossas percepções relativas a experiências paranormais são válidas; outras vezes estamos nos enganando. As lições genuínas que aprendemos permanecem conosco, mas os efeitos especiais desaparecem rapidamente. Tudo o que cresce no monte Fuji nasce e morre, mas a montanha permanece. Em resumo: não se desvie da história principal. Não deixe de seguir em frente. Dez mil anos, sempre em frente. Agora mesmo.

SOMBRAS AQUI, SOMBRAS ALI

*A Sombra é um problema moral que desafia toda
a personalidade-ego, pois ninguém pode conscientizar-se
da sombra sem um empenho moral considerável.
Conscientizar-se dela requer o reconhecimento do aspecto
obscuro da personalidade como presente e real. Esse ato
é a condição essencial do autoconhecimento e, portanto,
via de regra depara-se com resistência considerável.*

CARL G. JUNG

Assim como nascemos todos com luminosidade, também nascemos todos com um lado obscuro ou sombrio. Assim como não existe direita sem esquerda, nem acima sem abaixo, nem leste sem oeste, também a luz sem sombra é uma contradição. Veja o jogo de luz e trevas que há ao seu redor. No próprio céu há estrelas brilhantes, mas também há buracos negros impossíveis de se examinar. Alguns dizem que só Deus existe sem sombra. Mas, se Deus é luz pura, também há quem diga que o próprio mundo representa o lado sombrio de Deus.

A vida espiritual sempre é definida como busca de luminosidade e luz. Mas, se é esse o caso, o que fazer com as trevas que todos sabemos que existem? O que fazer com nossas próprias sombras pessoais? Como integrar o Dr. Jekyll e o Sr. Hyde que há em todos nós?

A maioria dos teólogos e eruditos contemporâneos diz que é tolice acreditar que podemos simplesmente transcender ou negar o elemento sombrio, argumentando convincentemente que a única maneira de lidar com o lado sombrio é enfrentá-lo, reconhecê-lo pelo que é e resolver os conflitos a ele relacionados.

Todos os buscadores acabam por descobrir que seus próprios elementos sombrios apresentam as maiores lutas da vida espiritual.

O Buda não foi exceção. No final da noite anterior à sua iluminação, ele enfrentou as trevas na forma de Mara, uma deidade arquetípica das trevas, que às vezes é vista como incorporação da morte; o próprio nome de Mara significa destruição. A fim de sabotar a busca de iluminação pelo Buda, Mara chegou com um exército de demônios que, também, representavam as trevas. Mas não adiantou nada, porque o Buda não demonstrou medo das trevas. Por fim, Mara chamou sua filha mais bela e a instruiu a seduzir o Buda. Mas o Buda dominava seus desejos; não precisava provar nada; já havia se desvinculado dos apegos do ego. Enquanto o Buda a encarava impassível, a filha de Mara também voltou a se transformar em demônio.

Essa lenda da iluminação do Buda não é tão diferente do relato evangélico do que aconteceu com Jesus antes de iniciar a pregação. Assim como Buda, Jesus foi para o deserto para jejuar, meditar e rezar. "O diabo, levando-o a um alto monte, mostrou-lhe todos os reinos do mundo, e seus esplendores, disse-lhe o diabo: Se tu me adorares, tudo será teu. E Jesus, respondendo, disse-lhe: Vai-te, Satanás." Embora alguns teólogos interpretem literalmente essas histórias de Buda e de Jesus, outros as interpretam como alegorias, exemplos claros do que se pode esperar que aconteça a todos os buscadores espirituais.

Se o próprio Buda foi importunado por demônios, como podemos esperar evitá-los? Todos teremos que evitar nossas próprias legiões das trevas, todos teremos nossas próprias "noites sombrias da alma". Isso não acontece porque um verdadeiro ser do tipo Darth Vader se apresenta a nós com um convite para batalha física. Não, nossas lutas são mais internas. Os demônios que enfrentamos são todos de nossa própria criação. Alguns deles nem parecem assustadores. Assim como a filha tentadora de Mara, à primeira vista muitos parecem bastante atraentes.

Segundo Carl Jung, essas figuras sombrias podem ser definidas como os elementos reprimidos da personalidade, com os quais escolhemos não nos identificar. A sombra é o ponto fraco das nossas *personalidades* brilhantes. Contém as nossas partes que mantemos ocultas, às vezes até de nós mesmos. E quem não tem pelo menos alguns esqueletos se chacoalhando nos diversos armários da psique e da memória? Basta tentar reprimir, suprimir e negar o lado sombrio da própria personalidade para correr o risco de atrair esses elementos para a nossa vida de outras formas.

Não cometa o erro de acreditar que isso não tem significado nenhum na sua vida. "A sombra" não é um mero conceito filosófico. Durante a vida, inúmeras vezes deparamos com nossas sombras. Elas nos tentam e brincam conosco. Elas nos assustam e provocam repulsa. Vêm em diversos formatos e tamanhos, e se apresentam de diversas maneiras, dependendo de quem somos e de como é nossa vida. John, por exemplo, depara-se com sua sombra sempre que se irrita tanto com a mulher ou com os filhos que não consiga controlar o mau gênio. Margo encontra sua sombra toda vez que bebe demais. Dave depara-se cara a cara com sua sombra sempre que faz concessões irracionais e deixa de dizer o que pensa. Carolyn encontra sua sombra nas relações de dependência às quais se agarra como parasita. Em resumo, nossas sombras nos obrigam a fazer e dizer coisas que preferíamos não admitir.

Vemos sombras em ação por toda parte. Os jornais e a televisão estão repletos de histórias de escândalos e de palavras hipócritas de líderes, tanto políticos quanto espirituais, bem como a respeito deles, que são incapazes de fazer o que pregam. Esses líderes podem parecer estar usando uma armadura psicológica de aço inoxidável brilhante, contudo são vulneráveis; os elementos sombrios não param de transbordar.

Sinceramente, não acredito que a hipocrisia que testemunhamos à nossa volta seja intencional. Isso acontece porque não raro nossos líderes não conhecem a si mesmos. Preocupam-se tanto com a persona e com as imagens que apresentam ao mundo que optam por negar e reprimir, em vez de enfrentar e lidar com os conflitos de suas sombras. Esse tipo de repressão traz consigo seu próprio estado de espírito infernal. Podem estar tentando projetar o bem, mas ele fica obscurecido.

As sombras também aparecem na nossa vida como projeções. Olhamos para os outros e as qualidades que se destacam são as que não nos agradam ou que simplesmente reprimimos ou não conseguimos reconhecer em nós mesmos. De fato, sempre nos cercamos de pessoas que têm as qualidades que achamos menos desejáveis. Timothy, por exemplo, tem inúmeros amigos cujo comportamento pode ser interpretado como bem abaixo do ideal. Os amigos de

Timothy são gananciosos, frívolos e às vezes até amorais. Não são como Timothy, que se vê como uma pessoa ética. Ele julga com dureza essas pessoas com quem gosta de andar. Mas por que passa tanto tempo nesse ambiente?

Todos nos comportamos um pouco como Timothy, e a sombra explica por quê. As sombras enterradas nos levam a locais aonde preferiríamos não ir. Quanto mais somos incapazes de encarar nossas próprias sombras, nossos próprios demônios, mais somos levados a enfrentá-los e vivenciá-los de outras formas, menos conscientes. Procuramos nossas próprias sombras nos rostos dos outros; e as atraímos para nós.

Nossas sombras podem tornar-se nossas aliadas e professoras ou nossos agressores e adversários. Quanto mais conscientes nos tornamos de tudo o que há dentro de nós, positivo e negativo, claro e escuro, mais capacitados estaremos para levar a vida de maneira equilibrada, sadia e espiritual.

William James disse: "Nossa consciência comum não passa de uma forma de consciência. À nossa volta há mundos infinitos, separados apenas por véus mais tênues."

As profundezas dos mundos invisíveis, não manifestos, das trevas que nós tememos são simplesmente expressões de uma realidade interior, obra subconsciente silenciosa do nosso espírito não explorado. Só descobrimos o que há ali por meio de auto-exploração – mergulhando e trazendo à luz o que tememos, da mesma forma que o oceano revela seus segredos quando somos capazes de mergulhar em suas profundezas – bem abaixo da superfície espumante e iluminada pelo sol.

Nossos lados sombrios, bem como nossas facetas mais claras, também existem para nosso enriquecimento e sustento. Existem para que possamos aprender e crescer. A mensagem é bem clara: Explore-se e transforme-se. Da mesma forma que o Buda encontrou-se com Mara antes de seu despertar, freqüentemente nos deparamos com nossas sombras mais escuras pouco antes de claras auroras. São João da Cruz a chamava de "noite escura da alma". Em Dzogchen nós a chamamos de noite escura e sem lua, que é profundamente luminosa por dentro – à diferença de uma clara noite de lua. A lua cheia num céu escuro simboliza a iluminação, mas chegou a esse estado depois de completar o ciclo que começa com um fio de luz que vai crescendo nas trevas.

O que devemos ter sempre em mente é que nunca nada é totalmente negativo ou impossível, ou que se deva chegar ao desespero. Todos conhecemos o velho ditado: "Há males que vêm para o bem." É possível dar a volta. Vermos a luz. Com essa convicção, vivemos e florescemos.

Quando atingimos uma visão mais holística e completa da realidade e da totalidade, vemos que as sombras também não são nada além de luz. Na verdade, não existem trevas nem frio. Esses dois termos são meramente definidos por nós em relação à quantidade de luz, energia e calor presente ou ausente. Isso reflete o princípio espiritual que nos ensina que só existe luz, ou que tudo é fluxo do Tao, energia pura – o estado natural.

Tenho uma pequena sombra que entra e sai comigo,
e sua utilidade é maior do que percebo.
Ela é muito parecida comigo, da cabeça aos pés;
E eu a vejo pular à minha frente quando pulo na cama.

ROBERT LOUIS STEVENSON,
O jardim poético da infância

TRAZENDO A MORTE À LUZ

*Você tem que adorar a vida, meu bem, porque ela é,
com certeza, muito melhor do que a morte.*

FRANK SINATRA

A morte, assim como a vida, é um processo. Pode-se até dizer que já nascemos morrendo. Que vamos morrer é uma certeza. Quando negamos o fato da morte, ou o mantemos oculto num recesso obscuro do espírito, para jamais ser examinado, evitamos pensar tanto na vida quanto na morte.

Frank Sinatra morreu. A Princesa Diana morreu. Madre Teresa morreu.

Albert Einstein morreu. Albert Schweitzer também. As pessoas mais poderosas, famosas, inteligentes, ricas, santas, bonitas, talentosas do mundo morrem. Todos morreremos um dia, mas quem dentre nós vive como se acreditasse mesmo nisso?

Nós, budistas, aprendemos a preservar a vida, a apreciar a vida e, como Frank Sinatra, a amar a vida. Contudo, pensar na morte – refletir acerca da nossa mortalidade – é uma prática espiritual budista fundamental. Não desejar a morte, não esperar a morte, não fazer nada para apressar a morte, mas pensar na morte. Na verdade, o Buda disse que a morte era seu guru; a morte era seu maior professor. Essa é uma questão que merece explicação.

O Buda não é, obviamente, o único mestre espiritual que aconselhou os discípulos a meditar sobre os fatos da vida e da morte. Com certeza outros fizeram o mesmo. Durante todos os séculos, sempre se achou que a doutrina religiosa assusta as pessoas por falar de coisas como inferno, fogo e enxofre. Concordo que isso quase sempre parece desnecessariamente assustador, exagerado e até questionável. Contudo, a consciência da morte sempre é uma idéia propulsora para quem segue o caminho espiritual.

Quando estava no meu primeiro retiro de meditação de três anos em clausura, um dos intrépidos monges do nosso grupo de monges e freiras era um pouco mais velho que todos nós. Ele morava na cela ao lado da minha e eu não pude deixar de perceber que praticava a meditação com uma determinação e um entusiasmo impressionantes. Aquela alma pura e generosa atribuía sua diligência à consciência de que estaria vivo para a doutrina menos anos do que nós. Ele queria ter certeza de que, quando morresse, teria alcançado a paz interior e um certo nível de iluminação.

A contemplação da nossa própria impermanência nos faz lembrar a natureza fugaz e tênue da vida; proporciona, assim, lições essenciais sobre viver o momento presente. A vida humana é uma grande bênção. Se aceitarmos e assimilarmos o fato da nossa própria mortalidade, então, por definição, teremos de lidar com as questões essenciais de como vivemos e de como passamos o tempo que nos foi reservado. Precisamos parar de procrastinar, de fingir que temos a eternidade para fazer o que queremos e ser o que ansiamos. Se pensarmos que queremos nos tornar seres humanos melhores e mais amorosos, é melhor começar a andar nessa direção imediatamente. A lembrança da morte nos coloca diante do fato de que a vida é como uma cachoeira que cai de um penhasco; não pode ser adiada. Sua vida é aqui e agora, neste exato momento.

O que você faria hoje se soubesse que vai morrer amanhã, ou no mês que vem? Com quem você falaria? O que iria querer fazer? Que recados gostaria de dar? Que negócio do coração permaneceria sem conclusão?

Recentemente ouvi a história de um homem – vamos chamá-lo de Gordon – que recebeu o diagnóstico de uma forma raríssima de câncer. O médico informou que ele teria menos de um mês de vida. Foi uma surpresa terrível e inesperada pois Gordon só tinha cinqüenta anos de idade. Ele esperava viver ainda muitos anos; pensava que ainda teria muito tempo. Gordon não tinha vivido uma vida lá muito nobre. Tinha três ex-esposas que estavam zangadas com ele; algumas pessoas nem queriam mais falar com ele. Teve alguns filhos, que estavam zangados com ele, e também irmãos furiosos.

Tinha uma namorada – também zangada. Gordon também estava zangado consigo mesmo.

Gordon era cientista e fez uma pesquisa rápida sobre essa forma de câncer e também chegou rapidamente à conclusão de que os médicos lhe haviam dado informações corretas. Aceitou a realidade da situação.

Ele tinha, então, apenas um mês de vida. Gordon era um homem complicado. Geralmente se relacionava com os outros como se tudo fosse uma batalha que ele não tinha a intenção de perder. Nem sempre fora um homem bom; na verdade, houve ocasiões em que causou muito sofrimento emocional a outras pessoas. Não obstante, era inteligentíssimo; sabia que não queria morrer cercado de rancor. E não queria morrer solitário. Gordon era um homem de ação. Diante da morte iminente, qual poderia ser a sua atitude?

Finalmente Gordon fez a única coisa que conseguiu imaginar. Telefonou para todas as pessoas importantes de sua vida, informou o prognóstico e lhes pediu que esquecessem pelo menos um pouco dos ressentimentos. Perguntou-lhes se poderiam concentrar-se nas boas recordações; e também lhes pediu, um por um, que fossem visitá-lo para ajudá-lo a morrer. Surpreendentemente, atenderam ao seu pedido. Ex-esposas, namoradas, irmãos, filhos, ex-sócios e ex-empregados, todos reservaram uma parte de seu tempo para estar com ele.

Nas últimas semanas de vida, Gordon queria conversar com a família e os amigos sobre seus relacionamentos e sobre tudo o que ele fizera. Queria pedir desculpas pelas ocasiões em que fora insensível e mesquinho; queria morrer com uma certa ordem nas questões emocionais. Até organizou diversos jantares em casa para reunir a todos.

A princípio tudo parecia muito esquisito para as ex-esposas, os filhos, os enteados, os irmãos, as irmãs, as sobrinhas, os sobrinhos, os ex-amigos e colegas. Não sabiam o que dizer uns aos outros ou a Gordon. Mas, ao se reunirem na grande sala, ou fazerem companhia a Gordon em seu quarto com recursos médicos, tudo começou a fazer sentido. Todos começaram a recordar o que havia em Gordon que um dia amaram ou admiraram. Em sua melhor forma, ele era um espírito generoso, com uma tremenda energia positiva. Nesse momento crítico, encarando a própria morte, Gordon assumiu seu lado melhor. Havia boas recordações para guardar, bem como más recordações, que precisavam ser esquecidas. E aconteceu algo mais. Todas aquelas pessoas que tinham se separado não só de Gordon, mas umas das outras, começaram a se reunir, como a grande família moderna que formavam.

Quando Gordon entrou em coma num hospital, a família inteira, e também vários amigos, ficaram à cabeceira. E ficaram lá, um grupo de pessoas de cada vez, revezando-se 24 horas por dia. Quando ele morreu às três horas da madrugada, menos de cinco semanas após o diagnóstico, havia cerca de vinte pessoas reunidas no quarto, amparando-se mutuamente e também a Gordon.

A história da morte de Gordon é bem incomum. Chega a parecer ficção, mas sei que é verdadeira. Gordon morreu exatamente como o médico previra, mas naquele curto período, conseguiu mudar totalmente seu ambiente emocional, bem como o modo como se relacionava com as pessoas. Ele queria que sua vida e seus relacionamentos melhorassem e foi exatamente o que fez. A maioria de nós vive a vida como se ela fosse eterna. Se achasse que lhe resta pouco tempo de vida, o que você faria?

No Ocidente, raramente se fala a respeito de como as pessoas morrem, mas entre os budistas do Tibete é um assunto bem comum. Não faz muito tempo recebi um e-mail de um companheiro de Darma do Nepal com a notícia da morte de um lama importante. O e-mail dizia que embora o lama tivesse morrido uma semana antes, continuou num estado de intensa absorção meditativa e que o tom de sua pele permaneceu o mesmo. O corpo não se enrijeceu nem começou a se decompor.

Dudjom Rinpoche costumava brincar dizendo que "a morte é quando os verdadeiros praticantes podem finalmente se exibir". Com isso ele queria dizer que após uma vida inteira ocultando a luz espiritual para abrandar o orgulho, a morte dos praticantes sérios geralmente vem acompanhada de manifestações físicas milagrosas e de presságios meteorológicos. Esses sinais físicos têm grande significado para os fiéis. Alguns deles são difíceis para os ocidentais compreenderem ou acreditarem.

Hoje em dia, sempre que estou na Ásia e me encontro com lamas antigos e suas esposas, costumamos conversar sobre como as pessoas morreram. Eles estão sempre curiosos a respeito de como a morte aconteceu para os praticantes ocidentais experientes. Sempre perguntam se houve presságios ou milagres. Morreu sentado ou meditando? Houve arco-íris? Havia águias voando no céu? Rapidamente a minha mente oriental entra em ação e eu deixo de lado o meu ceticismo ocidental normal. Geralmente dou uma risadinha para mim mesmo, de mim mesmo. Tenho certeza de que meus amigos orientais não precisam ouvir relatos de milagres para fortalecer sua fé nas tradições budistas tibetanas. Mas o que parecem querer ouvir é se os adeptos ocidentais continuam devotos nesse momento tão importante durante o tempo suficiente para obter algum tipo de resultado verdadeiramente transcendental.

Um das minhas boas amizades no nosso retiro de três anos era uma americana chamada Terry Clifford. Terry era uma nova-iorquina inteligentíssima, que tinha o grau de doutorado, e que se interessou pelo budismo em fins da década de 1960. Ela havia escrito um livro sobre psiquiatria e cura tibetana e se empenhado muito para ajudar a levar lamas tibetanos aos Estados Unidos para que pudessem compartilhar suas doutrinas com os ocidentais. Estava com 45 anos quando voltou para os Estados Unidos após um retiro de três anos na França. Pouco tempo depois começou a se queixar de dores de cabeça e o tumor no cérebro foi rapidamente diagnosticado.

Terry começou a definhar rapidamente. Eu ainda estava no retiro, mas lembro-me de ter ouvido falar que o mestre dela em Sikkim, Dodrup Rinpoche, a visitara e ministrara diversas iniciações e bênçãos esotéricas. Embora estivesse prestes a morrer, todos contavam que ela parecia estar animada. Terry havia realmente assimilado os ensinamentos budistas e fizera as pazes com a própria vida.

É costume ter a assistência do lama na hora da morte para entoar cânticos e conduzir o discípulo pelos "bardos" (transições) após a morte, e o mestre de Terry, Tulku Pema Wangyal, telefonou para ela e se ofereceu para ir aos Estados Unidos para fazê-lo. Mas Terry disse: "Obrigada, mas não é necessário." Lembro de ter ouvido isso e pensado que era fantástico o quanto ela havia evoluído na devoção. Ela havia chegado a um ponto em que sinceramente não precisava mais daquele tipo de consolo e apoio formal externo. Todos nos orgulhávamos dela.

Terry morreu pouco tempo após o diagnóstico. Quando chegou a hora da morte, ela morreu sentada, à maneira dos iogues. Estava em casa, na cidade de Nova York, amparada nos braços da querida amiga do Darma, Vivian. Mais tarde Vivian me contou que, quando morreu, Terry estava sentada, lúcida e meditando. Imediatamente antes de morrer, ela sussurrou para Vivian: "Chegou a hora." E faleceu.

Pareceu um fim bem inspirador para uma vida tão espiritual. Foi uma maneira bem budista americana morrer nos braços de uma condolente irmã de Darma americana. Depois que ela morreu, os irmãos Nyingma Khenpo vieram fazer preces e rituais pela passagem, e, novamente, na sua cremação.

Ela morreu com uma certeza abençoada e paz de espírito. Foi capaz de encarar a morte com honestidade, sapiência e vigilância. Achei que Terry havia cumprido o objetivo de sua vida e colhido os frutos da doutrina espiritual. Mesmo assim, sinto saudades dela. Tivemos momentos maravilhosos juntos, tanto em nosso país quanto no exterior.

Pensar na própria morte pode ser uma experiência incômoda. A maioria de nós pensa um pouco como Woody Allen quando ele disse: "Não tenho medo de morrer. Só não quero estar presente quando isso acontecer." Acho que pensamos mais ou menos assim. A idéia da morte é assustadora. A negação pode até parecer uma boa solução.

Temos medo de morrer porque não queremos abrir mão de quem pensamos que somos. Nosso maior apego não é aos entes queridos nem aos nossos bens. É a nós mesmos. Ninguém quer morrer. O ego não quer ir embora. É por isso que, no budismo, a morte do ego se chama "grande morte" e a morte física se chama "pequena morte". O que temos dificuldade para compreender é que a existência voltada para o ego é realmente narcotizante. O renascimento espiritual por meio da autotranscendência e da iluminação nos libera para um êxtase imorredouro que não difere, ou chega a ser sinônimo, do nosso conceito ocidental de "vida eterna". É claro que há muito mais por baixo da definição superficial!

Quando o Buda incentivava seus seguidores a lembrar-se da mortalidade humana e a contemplar a morte, não lhes estava pedindo que se tornassem mórbidos nem que se fixassem nas trevas de maneira pessimista. Estava simplesmente lembrando que o corpo envelhece e se modifica, e que eles (e nós) não seriam sempre capazes de contar com as satisfações mundanas, com a segurança material, nem com a clareza mental. O Buda ensinava que a única coisa com a qual podemos todos contar é a nossa bondade inata, nossa natureza búdica essencial – nossa luminosidade inata, a luz do amor que temos dentro de nós. O Buda estava pedindo que as pessoas se concentrassem naquela luz, que ele sabia existir por experiência própria, e aprendessem a viver dentro dela e a partir dela, aprendendo a amar todas as criaturas da mesma forma que amamos a nós mesmos.

> *Oh, filho/filha de uma família iluminada. Seu despertar inato (rigpa) é luminosidade e vacuidade inseparáveis e vive como uma grande expansão de luz; além do nascimento e da morte ela é, de fato, o Buda da Luz Imutável.*
>
> De *O livro tibetano dos mortos*

Renascimento, de vez em quando

O budismo tibetano é famoso principalmente pelos ensinamentos sobre renascimento, mas o renascimento é uma crença muito mais universal do que geralmente se pensa. Lendo alguns jornais antigos, recentemente encontrei o seguinte:

EPITÁFIO DE BENJAMIN FRANKLIN

O corpo de Benjamin Franklin, Impressor,
Assim como a capa de um livro velho,
Com o conteúdo destruído e despido das letras e da douração,
Aqui jaz,
Alimento para os vermes;
Mas a obra não se perderá,
Por seu desejo (como ele acreditava)
Aparecerá uma vez mais
Em edição nova e mais elegante
Revista e corrigida
pelo Autor.

BENJAMIN FRANKLIN

Benjamin Franklin foi um dos heróis da minha infância. Durante sua vida, envolveu-se com tudo o que acontecia de importante no mundo ao seu redor. É claro que eu o admirava por seus aforismos e ditos espirituosos. Porém o que mais me empolgava era a história de sua tentativa de empinar uma pipa durante uma tempestade para aprender mais sobre a eletricidade. Dois séculos depois, sua curiosidade intelectual ainda parecia emocionante e admirável.

Durante a juventude em Long Island, embora tivesse ouvido falar bastante a respeito de Ben Franklin e do Sino da Liberdade na

Filadélfia, eu nunca tinha ouvido nada a respeito de suas opiniões com relação à reencarnação – ou mesmo das opiniões de qualquer outra pessoa. Foi somente alguns anos depois, naturalmente, que Shirley MacLaine começou a escrever a respeito de suas experiências e tudo mudou, até na periférica Long Island.

Como demonstra o epitáfio de Ben Franklin, acreditar na reencarnação não é algo tão estranho e esotérico como se imagina. Muito antes de Benjamin Franklin – e Shirley MacLaine – havia pessoas no mundo inteiro que acreditavam na idéia de reencarnação. A maioria dos estudantes de geometria lembra-se de Pitágoras, que nasceu em 582 a.C. na Grécia antiga, pela bela lógica matemática do teorema de Pitágoras – $A^2 + B^2 = C^2$. Mas, durante sua vida, Pitágoras e seus discípulos também foram famosos pela crença na transmigração das almas. Existe até uma anedota antiga, atribuída àquele período, que sobreviveu até os dias de hoje: "Dizem que certa vez Pitágoras estava passando pela rua quando viu um cachorro sofrendo maus-tratos. 'Pare!', disse Pitágoras. 'Não bata nele! É a alma de um amigo. Reconheci quando ouvi a voz dele.'"

Os judeus da época do nascimento de Jesus também acreditavam na reencarnação.

E assim também um grande número de antigos cristãos, até 325, quando o Conselho de Nicea julgou-a oficialmente herética. Hoje, assim como antes, naturalmente, a maioria da população mundial, quer sejam hindus, jainistas, taoístas, ou budistas, aceita alguma forma de reencarnação.

Quando os mestres budistas querem ser precisos, porém, costumam não usar a palavra "reencarnação", mas preferem o termo "renascimento". A reencarnação é, na verdade, uma crença mais hindu do que budista, porque implica uma alma constante, imutável, eterna, que renasce inúmeras vezes. É freqüente a comparação com uma pessoa trocando de roupa. Embora cada vida traga uma nova identidade exterior, a dita alma eterna permanece a mesma, vida após vida, até alcançar a perfeita (re)união com Deus.

O renascimento, termo preferido pelos budistas, descreve a crença num espírito inato, que evolui e se modifica constantemente. Em geral se faz uma comparação com as ondas do oceano. Embora as ondas não se transformem em nada além de água, que é sua natureza essencial, com o passar do tempo modificam-se muito – tornando-se maiores ou menores e movendo-se em velocidades diferentes. Na nossa analogia, a água (natureza búdica) passa por diversas manifestações, ou encarnações, como as ondas, formando-se e transformando-se uma na outra, vida após vida, assim como dia após dia e segundo após segundo. A imagem tradicional é a de um roda-d'água enchendo e esvaziando as cubas conforme vai girando.

O que fazemos a cada momento (e também em cada vida) tem o poder de purificar e alterar o espírito luminoso inato. Essa sutil diferença entre haver ou não uma alma imortal e quem ou o que RENASCE foi um dos modos pelos quais o Buda rompeu com as tradições hindus de sua época.

O Buda, que acreditava haver nascido muitas vezes, dizia que, ao atingir a iluminação, percebeu todo o carma e as interligações de causa e efeito em todas as suas diversas vidas anteriores. Compreendeu totalmente o programa inteiro. Não viu somente o início e o fim de suas vidas; viu os ciclos e os padrões de comportamento que criaram essas vidas; e entendeu intuitivamente os princípios cármicos de causa, interconexão, interdependência e interpenetração.

Ocidentais provenientes de tradições que acentuam tanto o espírito quanto a alma parecem não ter dificuldade em sintetizar os dois conceitos – reencarnação e renascimento – em um só. Os buscadores normalmente não se concentram nos conflitos teológicos sutis que vêm acontecendo no decorrer da história. Sempre o associam, porém, ao debate atual do budismo moderno contemporâneo que gira em torno de ser ou não ser necessário crer no renascimento para poder denominar-se budista. Houve uma época em que essa crença era considerada essencial, mas isso mudou com o tempo.

Muitos mestres modernos agora dizem que uma das maravilhas do budismo é que não precisamos acreditar em nada para progredir no caminho da iluminação consciente. Esses mestres dizem que o budismo se baseia na meditação, no autoconhecimento, na sabedoria, na bondade amorosa e numa abordagem ética do mundo e de todas as suas criaturas. Nessa doutrina, a crença é secundária; considera-se que a experiência direta é fundamental.

RENASCIMENTO NO TIBETE

Grande parte das informações que os ocidentais recebem sobre o renascimento provém do que leram ou ouviram a respeito da longa sucessão de Dalai Lamas, que os tibetanos aceitam como encarnações do Bodhisattva Avalokitesvara, o Buda da Compaixão. O atual Dalai Lama é o décimo quarto desses líderes espirituais. No Tibete, acredita-se que, quando um grande mestre budista como o Dalai Lama morre, é capaz de optar pelo renascimento de uma forma que conduza à continuidade de sua missão.

Quando um Dalai Lama morre, seus pertences são entregues a seus conselheiros e discípulos mais próximos, que ficam com eles até que haja presságios ou profecias que (a) lhes digam que o novo Dalai Lama já renasceu e (b) lhes dêem alguma idéia da localização da criança. O Dalai Lama não é eleito nem escolhido; é procurado, encontrado e reconhecido, num processo às vezes auxiliado por indicações do falecido na forma de instruções orais ou escritas.

Como sabe quem viu o filme *Kundun*, a criancinha que se acredita ser o Dalai Lama geralmente passa por testes para averiguar se tem recordações da vida anterior. Também se realiza esse procedimento para a descoberta de vários dos mais importantes lamas do Tibete. É um método conhecido no sistema "tulku" tibetano, e os lamas encarnados são conhecidos como "tulkus". A palavra "tulku" pode ser traduzida como "personificações da sabedoria" ou "manifestações búdicas".

Vários dos meus primeiros mestres tibetanos já morreram, mas seus tulkus, que usam o mesmo nome, estão sendo educados em diversos mosteiros espalhados pelo mundo. Acredita-se que o sábio e culto mestre de meditação Kalu Rinpoche, por exemplo, renasceu como filho de um sobrinho que foi seu secretário e também um de seus discípulos mais chegados. Essa criança atualmente mora com os pais em seus mosteiros de Darjeeling e Bhutan. Meu primeiro mestre tibetano foi o Lama Yeshe. Seu tulku é um adolescente espanhol que agora vive no sul da Índia, no mosteiro lá conhecido como Sera, que também era o nome de seu famoso mosteiro no Tibete. Também há vários ocidentais que foram reconhecidos como encarnações de mestres tibetanos. Alguns são mulheres.

Voltei recentemente do Mosteiro Shechen do meu mestre no Nepal, onde fui assistir à entronização, com duração de uma semana, de uma criança que se acredita ser o tulku de Dilgo Khyentse Rinpoche. Essas entronizações, como se pode imaginar, são ocasiões especialmente alegres.

Como agora o Tibete está sob o controle da China, tem havido muitos problemas com relação a alguns dos mais novos tulkus tibetanos. O segundo lama na hierarquia (abaixo do Dalai Lama) sempre foi o Panchen Lama. Nos últimos anos tem havido vários relatos a respeito da descoberta do novo Panchen Lama. O Dalai Lama reconheceu um menino que ainda vive no Tibete como o Panchen Lama. O governo da China, que queria ter um Panchen Lama que pudesse controlar, escolheu outra criança. Levaram, então, o primeiro menino para fora da China, e ninguém mais teve notícias dele. Isso é uma questão de grande importância para os tibetanos, e tentar ajudar a criança, que se acredita estar na China, é prioridade para o Dalai Lama, que se refere a essa criança como o mais jovem prisioneiro político do mundo. É uma verdadeira tragédia.

Dentro do próprio Tibete, provavelmente a linhagem mais famosa de lamas reencarnados, depois do Dalai Lama e do Panchen Lama, é a linhagem dos Karmapa Lamas, que são os exemplos mais antigos do sistema tulku. Esse sistema entrou na cultura tibetana durante o século XII, quando o primeiro Karmapa, que era o chefe da estirpe Kagyu, alcançou a iluminação. Há uma lenda sobre a primeira iluminação de Karmapa, que é aceita pelos tibetanos como evangelho. Reza a lenda que, quando Karmapa alcançou a iluminação, as deidades femininas conhecidas como "dakinis" ficaram tão entusiasmadas que quiseram oferecer algo especial. Com seus próprios cabelos, teceram para o Karmapa um gorro negro, que repousa, simbolicamente, sobre sua cabeça aonde quer que ele vá. O Karmapa é, portanto, conhecido como o Lama do Gorro Negro. Séculos depois, o imperador da China mandou fazer uma coroa negra cravejada de pedras preciosas para o Quinto Karmapa. Em geral, usa-se essa coroa durante cerimônias e iniciações. Os tibetanos crêem que quem vir o Karmapa usando essa coroa receberá mais bênçãos e a garantia de que virão a receber a iluminação.

Uma outra lenda diz que, durante sua vida, o Buda predisse que um dia haveria uma linhagem de mestres iluminados e que eles iriam disseminar o Darma para o bem geral, até que todos fossem iluminados. De fato, a tradução de "Karmapa" é "aquele que realiza o trabalho de um Buda". Diz-se que os Karmapas, que continuam sendo a mais antiga linhagem não interrompida de tulkus tibetanos, são capazes de prever sua própria morte e seu próprio renascimento. Conseqüentemente, em geral deixam instruções na forma de uma carta premonitória sobre como e onde renascerão.

O Décimo Sexto Karmapa foi um dos meus mestres mais amados e íntimos. Ele era considerado um Buda vivo. Todos que mantinham contato com o Gyalwa Karmapa pareciam saber que estavam diante de um poder e uma grandeza espiritual espantosos.

Conheci o Décimo Sexto Karmapa quando estava no mosteiro do meu mestre em Darjeeling. Meu primeiro encontro face a face com ele aconteceu porque eu estava num grupo em fila para ser abençoado. Quando chegou a minha vez, fiquei espantado. Ele tinha uma presença espiritual imensa. Era impossível deixar de perceber aquele espírito terno e brilhante, e eu sempre me comovia muito com a presença dele.

Depois daquele primeiro encontro, meus amigos me disseram que a minha foto com o Karmapa estava em exibição numa vitrine da cidade. Na próxima vez que fui à cidade, vi a fotografia a que se referiam. O Karmapa estava sorrindo para mim. Minha cabeça estava virada, e só uma parte do meu rosto estava visível. Estava suficientemente visível, porém, para que o fotógrafo, que conheci mais tarde, reclamasse em tom brincalhão que eu havia estragado a foto. Ele disse que queria fotografar somente o rosto sorridente do Karmapa, mas não conseguiria eliminar o meu perfil sem destruir a foto. Ainda tenho uma cópia da foto. É uma das minhas lembranças físicas mais estimadas.

O Karmapa, que viajou para dar diversos cursos nos Estados Unidos, tinha um mosteiro no alto de uma colina em Woodstock, Nova York. Morreu num hospital de Chicago em 1981. Assim como a maioria dos tibetanos, ele acreditava piamente no renascimento. O Décimo Sexto Gyalwa Karmapa adorava animais. Quando o conheci no Nepal, ele tinha um cachorro preto e também vários pássaros tropicais e papagaios raros, aos quais tinha ensinado a recitar o mantra de seu nome, "Karmapa chenno", cuja tradução é "Lama, cuide de mim".

Uma das minhas histórias favoritas sobre o Karmapa me foi contada por um de seus assistentes. Quando Sua Santidade era ainda era menino e morava no mosteiro do Tibete, tinha um criado chamado Yonga que, súbita e misteriosamente, partiu na calada da noite e nunca mais voltou. Ninguém sabia para onde Yonga tinha ido. Quando Karmapa fez consultas espirituais, descobriu que Yonga não sofrera mal nenhum e resolveu deixar o assunto de lado. Alguns anos depois, o Karmapa descobriu que Yonga morrera. O jovem Karmapa, que amava Yonga, ficou triste ao saber disso; fizeram preces por Yonga e a vida continuou.

O tempo passou. Um dia, o ainda adolescente Karmapa e seus seguidores estavam viajando a cavalo na pouco habitada planície do leste do Tibete.

Quando o grupo parou para descansar, o Karmapa afastou-se na estepe. Um monge assistente o seguiu, não muito longe.

De repente o Karmapa gritou: "Yonga, Yonga!" – como costumava fazer ao chamar o falecido criado. O assistente ficou curioso, mas continuou a seguir o Karmapa, na certeza de que os protetores do Darma estavam protegendo o patrão.

Karmapa continuou vagando pelo gramado deserto, chamando "Yonga, Yonga". De repente apareceu, balindo, um pequeno carneiro do Himalaia. Sem medo, o carneiro aproximou-se do Karmapa e se abaixou para lamber sua mão estendida.

O Karmapa virou-se para o fiel assistente, sorriu docemente e disse: "Yonga voltou para mim."

Daquele dia em diante, contaram-me que o rei do Grande Darma, Karmapa, e seu carneiro tornaram-se inseparáveis.

RENASCIMENTO NO OCIDENTE

O próprio Darma búdico está renascendo aqui no hemisfério ocidental devido ao trabalho espiritual de um grande grupo de dedicados mestres budistas provenientes da Ásia, que tiveram a bondade de transmitir seus conhecimentos aos ocidentais. Pelo menos parte do crédito pelo renascimento do Darma aqui no Ocidente pertence ao Décimo Sexto Karmapa. Acreditava-se que o Karmapa fosse um Buda, e muita gente o considerava onisciente e também presciente. Preocupado com as intenções da China Comunista, por exemplo, o Karmapa saiu do Tibete bem antes do golpe comunista em 1959 e fundou um mosteiro com seus seguidores em Sikkim.

Durante toda a vida, o Décimo Sexto Karmapa trabalhou no plantio das sementes do Darma no mundo inteiro, fazendo várias viagens longas do seu mosteiro em Sikkim à Europa e à América. Ele o fez porque achava ser necessário levar o Darma para fora da Ásia. Ele também tinha conhecimento, é claro, das profecias impressionantes feitas no século VIII pelo fundador do budismo tibetano, Padma Sambhava. Suas hoje famosas profecias afirmavam: "Quando o pássaro de aço voar e os cavalos andarem sobre rodas, o povo do Tibete se espalhará como formigas pelo mundo e o Darma chegará à terra do povo de rosto vermelho." Muita gente disse que, quando o Décimo Sexto Karmapa preferiu morrer em Chicago, e não em sua própria terra, enviou uma mensagem clara aos budistas do mundo inteiro. O Darma e o budismo tibetano haviam dado um passo gigantesco. Estava pronto para renascer de maneira nova: no Novo Mundo.

Sempre penso no Karmapa e sonho com ele com uma freqüência espantosa. Ele disse aos discípulos: "Cada um de vocês estará no meu coração durante todas as minhas vidas. Ouçam minha voz dentro de vocês; assim vocês saberão." Ninguém jamais disse que ele era culto; só diziam que era piedoso, poderoso, onisciente e clarividente. Foi um grande mestre espiritual.

Quando se está no Oriente, com os diversos lamas, tulkus, monges, monjas e budistas comuns, que acreditam totalmente no renascimento, é difícil não pensar da mesma forma. Quando o Décimo Sexto Karmapa ministrava iniciações e consagrações, aconteciam coisas incríveis. Sonhos espirituais, erupções de energia e visões do Buda e de outras deidades eram lugar-comum. E também outros tipos de experiências de despertar. Naquele ambiente, o renascimento parecia perfeitamente racional. Quando um jovem tulku conversa conosco a respeito de suas recordações da vida passada, como aconteceu comigo, parece completamente verossímil. Aqui no Ocidente, porém, estamos mais propensos a dizer: "Quem pode ter certeza?"

RENASCIMENTO AQUI E AGORA

Então o que essa antiga doutrina universal do renascimento e da nossa reciclagem tem a ver com nossa vida cotidiana? Convém lembrar que a idéia de renascimento não se aplica somente aos indivíduos. Idéias renascem, movimentos renascem e, sim, até o próprio Darma pode renascer. Na verdade, está renascendo aqui e agora, literalmente, enquanto conversamos. Está renascendo em você, em mim e em qualquer outra pessoa que ouça seu chamado.

O renascimento de pessoas não se aplica somente a uma vida após a outra. Também significa aqui e agora, um renascimento momento após momento. Cada vez que exalamos é como se fosse uma pequena morte e, conseqüentemente, renascemos a cada segundo. Toda vez que passamos por uma transformação, a menor que seja, e por mudança de vida, renascemos. Temos a oportunidade de nos reinventar continuamente. E é o que fazemos. Todas as células do nosso corpo mudam a cada sete anos. Não estou inventando isso agora; é um fato científico. Nossa mente está em constante mudança. Estamos todos em construção, como gosto de dizer, com possibilidades praticamente infinitas.

Todos já nos sentimos deprimidos ou derrotados em alguma ocasião. Nesses momentos, o que sempre esperamos é um renascimento da esperança. As pessoas que se separam e depois se reconciliam sempre falam de um renascimento do amor. Várias pessoas já assinalaram para mim que esse conceito de renascimento não está tão distante da idéia cristã de renovação simbolizada pela Páscoa e pela ressurreição.

Todos queremos saber, e nos preocupamos, com o que vai nos acontecer quando morrermos, não é? O que há além do túmulo? Será que é uma vida melhor ou um frio ostracismo? A doutrina do renascimento ajuda-nos a observar em nossas próprias vidas como é que ocorre a mudança. Abandonamos nossa infância e nossa juventude; renunciamos a antigos relacionamentos; passamos à meia-idade e depois à velhice. Quanto maior é nossa habilidade de renunciar, maior é a elegância com que desfrutamos o estágio seguinte. É preciso retirar do copo um pouco dos nossos velhos preconceitos, opiniões e fixações para poder desfrutar o que vem a seguir. Os ensinamentos tibetanos sobre o renascimento consistem em aplicar os princípios de viver o momento. Trata-se de viver consciente e também morrer conscientemente.

O renascimento tem ainda outra finalidade espiritual. Assim como os mestres asiáticos que concordaram em ensinar o Darma aos ocidentais, todos temos a capacidade de nos tornar representantes do que é bom, sábio e atencioso. Assim, ajudamos a sabedoria, a bondade e a solicitude a renascer infinitas vezes nos outros.

Na era do nanossegundo, o renascimento, como qualquer outra coisa, parece acontecer muito mais depressa. Um pensamento leva a outro; um pensamento antigo é reciclado; renasce um novo pensamento. Tudo acontece muito rapidamente. Em todas as vidas deparamos com uma miríade de oportunidades de renascimento e de novos começos gloriosos. Quanto mais nos aprofundamos no momento presente, menos resistimos ao fluxo e refluxo da mudança e da evolução. Se formos capazes de viver no aqui e agora, seremos capazes de trafegar com elegância pelo fluxo de eventos. Quando assumimos posições fixas e a elas nos agarramos, somos arrebatados, como tudo acaba sendo – inclusive grandes rochedos e até continentes. Para aproveitar totalmente o renascimento nesta vida, temos de aprender a ceder, a não nos prender ou fixar a nossas idéias ou conceitos. Paramos de resistir e permitimos o fluir da realidade através de nós.

Em todas as épocas as pessoas já tentaram de diversas maneiras prolongar a vida ou descobrir meios de controlar as transformações naturais. Já empregaram todos os tipos de métodos, da criogenia à mumificação. Isso tudo tem um lado obscuro, e os buscadores deviam sempre tomar cuidado com afirmações superficiais nessa área. As questões da vida e da morte são tão amplas e tão assustadoras, que às vezes temos a tendência de nos agarrar a qualquer possibilidade. Existem os que optaram pelo suicídio como maneira de evitar as transformações naturais. Estou pensando nas pessoas que se mataram em Jonestown ou nos membros do culto Heaven's Gate. Vimos alguns deles na televisão. Pareciam inteligentes e cultos. O que estavam pensando? O que os levou a crer que poderiam pegar carona num cometa? O budismo tibetano ensina que matar alguém, inclusive a si mesmo, é um ato negativo.

Compreender o verdadeiro significado do maravilhoso conceito do renascimento permite-nos aceitar a inevitabilidade da mudança. Ensina-nos a abrir mão daquelas coisas às quais não podemos nos agarrar – em sentido mais amplo, nosso próprio corpo; em sentido mais restrito, o sabor delicioso de uma sobremesa suntuosa; e, de maneira bem significativa, a convicção de que podemos controlar o incontrolável. Essa aplicação prática do renascimento fortalece a nossa intenção de viver o presente com ética, verdade e alegria, com o conhecimento de que tudo se recicla e renasce.

Nascer duas vezes não é mais surpreendente do que nascer uma vez.

VOLTAIRE

FÉ E DÚVIDA

*Ora, a fé é a certeza de coisas que se esperam,
a convicção de fatos que se não vêem.*

HEBREUS 11:1

A vida requer fé. É preciso ter fé para escovar os dentes, para cuidar das roupas, programar o despertador e ir para a cama toda noite. Toda noite, antes de ir dormir, os mestres Kadampa do Tibete costumavam seguir um costume de leito de morte, virando ao contrário suas xícaras de chá. Faziam isso para lembrar que a vida é passageira. Não existe certeza de que nenhum de nós vá acordar. Então, quando nos deitamos e programamos o botão de "soneca" do despertador, acreditamos em algo. Acreditamos num amanhã que ainda não vimos. Isso é fé.

Parece quase impossível discorrer sobre a espiritualidade contemporânea sem falar das implicações da fé. Toda religião ou sistema de crença requer algum tipo de fé sem comprovação do fato. Os judeus crêem que receberam a palavra de Deus, que o Messias virá e que todos os judeus se reunirão em Israel. Um dos temas principais do culto da Páscoa é o refrão "Ano que vem em Jerusalém". Os judeus compartilham essa fé. Os cristãos, naturalmente, acreditam que o Messias já veio, têm fé em Jesus e em sua promessa. Em milhões de igrejas ao redor do mundo, todos os domingos os católicos entoam o refrão do mistério de sua fé: "Cristo nasceu, Cristo subiu aos céus, Cristo voltará." E os muçulmanos têm fé no profeta Maomé e que suas palavras provêm diretamente de Deus.

Contudo, já que o budismo não é uma religião no sentido teísta tradicional, alguns eruditos argumentam que a fé não tem lugar na prática budista. Assinalam, e eu acho que têm razão, a importância da prática. Thich Nhat Hanh disse: "Não é uma questão de fé. É uma questão de prática." O próprio Buda tinha uma opinião bem pragmática a respeito da prática espiritual. "Experimente e veja você mesmo se funciona" é um conselho do Buda sempre citado.

Mas enfatizar o lado prático não deve anular o papel da fé na prática budista. Na verdade, todos os mestres tibetanos, sem exceção, dizem que fé e devoção têm um papel importantíssimo no caminho. Há uma canção bastante conhecida na linhagem Mahamudra que diz: "A Renúncia são os pés da meditação; a atenção plena e a consciência são o coração; a fé e a devoção são a cabeça. Que concretizemos essas qualidades e esses progressos espirituais no caminho."

A renúncia é comparada aos pés porque trilhar o caminho espiritual ajuda o buscador a se afastar dos valores mundanos; a consciência e a atenção plena estão no centro, são os núcleos da doutrina; a fé e a devoção são comparadas à cabeça porque a cabeça contém os olhos, que representam a visão para continuar pesquisando mais profundamente.

Assim que terminei a faculdade, viajei para Bodh Gaya, o local da iluminação do Buda. Lá eu era apenas um numa fileira interminável de buscadores e peregrinos. Uma das coisas de que me lembro melhor são as diversas vezes em que fiquei acordado até tarde da noite conversando e debatendo a questão da fé e do espírito com meus companheiros de caminhada. Éramos um grupo bem heterogêneo. Havia cristãos, judeus, budistas, hindus e também pessoas que trilhavam os caminhos taoísta, sufi, sikh e jainista. Havia pessoas que tinham fugido da Califórnia e estavam a caminho de Kathmandu, acadêmicos elaborando dissertações, lingüistas, atletas internacionais, alpinistas, ex-Boinas Verdes que haviam servido no Vietnã, comerciantes e contrabandistas, juntamente com inúmeros monges e monjas católicos e budistas. Havia os que passavam uma noite no ashram e os que já estavam lá havia décadas. Havia os devotos a um guru e os que já haviam passado por todos os gurus. Havia sábios e boçais, santos e pecadores e todo o tipo de gente.

Bodh Gaya era repleta de templos – birmaneses, tibetanos, zens e hindus. O templo zen tinha um gongo de bronze enorme que fora levado do Japão de navio. Ao amanhecer e ao anoitecer, dois monges batiam diversas vezes no gongo com uma tora de madeira. Aguardávamos o som, que cronometrava nossos dias com o sonoro estrondo que se ouvia ecoar nas planícies desertas. À noite, assim que começava a escurecer, milhares de tibetanos carregando lampiões e velas caminhavam ao redor da stupa sagrada. Depositavam os lampiões e velas com reverência diante do histórico trono de pedra dourada do Buda sob a Árvore da Iluminação.

Era impossível deixar de perceber quanta fé e devoção havia em Bodh Gaya. Mas, quando ficávamos conversando à noite, também se tornava evidente que cada um tinha uma opinião diferente a respeito de em quem ou em que acreditar. Contudo, todas aquelas pessoas tinham de acreditar em alguma coisa; caso contrário, por que estariam fazendo aquela peregrinação?

Existem muitos fiéis no mundo. Nós os vemos por toda parte, contudo não existe ninguém para quem a fé seja automática e imediata; ela nunca vem com facilidade. É preciso trabalhar a fé. Sim, existem aqueles que acham mais fácil. Sempre me considerei um tanto cético e uma pessoa que questiona tudo. Aqui no Ocidente, conheço muita gente que tem sistemas de fé que contam com anjos da guarda, astrologia, cristais, guias espirituais e demônios, bem como Deus e uma vasta série de santos tradicionais. Muitos outros, porém, simplesmente não conseguem acreditar em algo que não tenham experimentado pessoalmente.

De fato, existem os que caçoam da fé, comparando-a a superstição. Mas a verdade é que a fé nos faz bem. Inúmeras pesquisas médicas demonstram que as pessoas que têm fé vivem mais e se recuperam mais rapidamente das doenças. Tudo isso prova que o que uma pessoa chama de superstição outra pessoa chama de ciência. A fé profunda elimina o medo e proporciona a noção do lugar da pessoa no universo. O falecido teólogo católico Henri Nouwen disse: "A fé é a confiança radical de que nosso lar sempre existiu e sempre existirá."

No Oriente, é claro, existem inúmeras deidades que são cultuadas, ou nas quais se tem fé. Quando o budismo se expandiu da Índia para o Himalaia, o sudeste da Ásia, a China, a Coréia, o Vietnã e o Japão, assimilou partes das religiões já existentes nesses países. Evoluíram, então, três ramos distintos do budismo – Zen, Theravada e Vajrayana. A alma infinita do Darma é atemporal e não se deixa limitar pelas armadilhas da cultura, da língua ou do tempo. Entretanto, há diferenças entre os ramos do budismo que denotam pequenas diferenças na fé.

No Tibete, por exemplo, a religião nativa que antecedeu o Budismo era conhecida como Bon, uma crença xamanista com seu próprio panteão de deuses e demônios. Alguns dos exóticos rituais da tradição Bon foram assimilados pelo budismo tibetano e ainda existem. Esses rituais são bem aceitos por alguns ocidentais; outros os consideram "exóticos" demais. Da mesma forma, alguns se sentem à vontade com a elegância simples e reservada do zen, ao passo que outros o acham rígido demais. Muitos budistas ocidentais me dizem que se sentem muito à vontade com a tradição da meditação vipassana moderna ou Meditação da Percepção, que provavelmente tem o menor número de ritos e rituais.

Dadas essas três tradições, sempre me perguntam: "Em que, precisamente, crêem os budistas?" Na verdade, sempre me pergunto é EM QUE temos fé. Quais crenças, se é que há alguma, são os sustentáculos essenciais do budismo? Acho que há diversas práticas que exprimem a essência do sistema de fé budista.

Por exemplo: os *budistas crêem que todos podemos encontrar um refúgio, um porto seguro nas tempestades da vida.*

Encontramos esse santuário no que se conhece pelo nome de Três Jóias:

O Buda, o Darma e a Sangha. Em todas as tradições budistas, o novo praticante integra-se à comunidade participando de um ritual antigo conhecido como cerimônia do refúgio. A prece ou voto do refúgio afirma simplesmente:

Eu tomo refúgio no Buda, o mestre iluminado.
Eu tomo refúgio no Darma, os ensinamentos espirituais.
Eu tomo refúgio na Sangha, a comunidade espiritual.

Tomar refúgio nas três jóias significa confiar e ter fé no Buda, como mestre desperto, e na iluminação búdica – a possibilidade de iluminação para cada um de nós; significa que temos fé no Darma, os ensinamentos espirituais iluminados e a realidade da própria verdade; significa que temos fé na Sangha, a possibilidade de poder curar e ser curado pelo amor e pela dedicação encontrada na comunidade espiritual. Sempre que procuramos consolo espiritual e algo em que confiar, voltamo-nos para Buda, Darma e Sangha.

Essa fé tem implicações sutis e amplas. Se o buscador for capaz, por exemplo, de crer em sua própria possibilidade de iluminação (ou pelo menos simplesmente abrir-se para ela) – sua própria natureza búdica inata –, irá, por definição, ter fé em seu próprio valor fundamental, em seu próprio potencial e em sua própria capacidade inata para a bondade. Certa vez o Dalai Lama surpreendeu um grupo de eruditos ocidentais ao pedir-lhes que explicassem o que queria dizer a expressão "baixa auto-estima" sobre a qual os ocidentais freqüentemente discorrem. Sua Santidade não conhecia bem aquele conceito, embora já lecionasse teoria e prática budista aos ocidentais havia décadas.

No Tibete não há expressão que corresponda a "baixa autoestima". Como poderia haver um país onde todos fossem vistos como um Buda em potencial? Considera-se óbvio um certo grau de auto-estima, ou de valorização e adequação pessoal. Essa fé no próprio valor estende-se logicamente, então, à fé não apenas no próprio potencial para a compaixão desperta, mas também no potencial inato de todas as outras pessoas.

Quando discorremos sobre a fé, também precisamos tocar no assunto da dúvida – o lado oposto ou sombrio da fé. Quando olhamos o mundo ao redor, temos razão, com certeza, de duvidar. Na verdade, há quem diga que a dúvida é um dos maiores problemas da humanidade contemporânea.

T. S. Eliot escreveu:

> *Entre a concepção,*
> *e a criação,*
> *Entre a emoção,*
> *E a reação,*
> *Recai a Sombra.*

A sombra representa a dúvida. O que precisamos compreender é que é difícil empreender qualquer coisa sem alguma dúvida ou incerteza. Até uma sessão de meditação traz certo número de dúvidas. "Minha mente nunca está tranqüila... Não sei fazer isso... Acho que não estou fazendo certo... Acho que não consigo chegar a vinte minutos."

Os meditadores experientes, porém, contam com as divagações da mente. Esperam que surjam dúvidas e confusão, e estão preparados para lidar com elas. Não chega a surpreender que a dúvida tenha atingido todos os santos e sábios, inclusive o próprio Buda. Bem-vindo ao clube. É a fé que nos ajuda a seguir em frente apesar das dúvidas.

Na minha própria vida, acabo de me mudar. Foi um empreendimento importante que envolveu mobília, roupas, pratos, quinquilharias e, naturalmente, muitos livros, fitas, artefatos e jornais budistas. Esses livros estão agora dentro de caixas de papelão empilhadas na fazenda que será meu novo lar. Quando olho para essas caixas, duvido sinceramente que eu volte a encontrar meus livros ou qualquer coisa de que precise. Se eu me concentrar na dúvida, ela só crescerá mais e se tornará esmagadora; pode até transformar-se em desespero. Mas já me mudei antes e compreendo o que acontece. Portanto, tenho fé que tudo sairá dessas caixas de papelão mais cedo ou mais tarde, e em bom estado. Tenho fé nas pessoas que estão me ajudando e na minha própria capacidade de me adaptar e ultrapassar esse período intermediário. Já fiz isso antes e não é um bicho de sete cabeças.

No caminho espiritual, podemos esperar passar por períodos em que a fé nos escapa e surge a dúvida, às vezes até o desespero. Pode parecer tudo caótico, confuso e repleto de vales profundos e sombrios. Começamos a duvidar da doutrina; começamos a duvidar até da própria possibilidade de iluminação. Meu mestre zen coreano Ku San (Nove Montanhas) costumava dizer: "Pequenas dúvidas (e questionamentos) trazem pequena iluminação; grandes dúvidas (e questionamentos) trazem grande iluminação!" Ele costumava nos desafiar para diálogos animados chamados de "Batalhas do Darma", num duelo brincalhão com nossos medos mais profundos, dúvidas e problemas.

Às vezes, a única coisa que podemos fazer no caminho espiritual é ter fé suficiente para prosseguir, percebendo que tudo está em transição. Por pior que seja, a vida garante que a situação vai mudar. Homens e mulheres sábios resignam-se e têm fé em que tudo é simplesmente passageiro. Quando nos desesperamos com alguma coisa na vida, sempre podemos tirar um tempinho ou um dia de folga antes de recomeçar, pois nada está no ponto final; tudo está em andamento. Mesmo que não saibamos de imediato como modificar uma situação difícil, podemos nos renovar, recarregar e reabilitar, com a fé de que tudo é transitório, tudo se transforma e se metamorfoseia diante dos nossos olhos. Existe uma antiga técnica de meditação que é ensinada para aqueles momentos em que a sessão de meditação se torna difícil. Pare, respire ar fresco, relaxe, revigore-se e recomece. O mesmo se aplica à vida. Quando alguma coisa não dá certo, ou você não consegue encarar uma situação dolorosa, espere um pouco e depois recomece. Isso é sabedoria eterna e conselho oportuno. Experimente. Para conseguir fazê-lo é preciso ter fé.

Esse tipo de fé provém da convicção de que podemos estar abertos à sabedoria de permitir que nossa vida se desenvolva. Essa fé no futuro é exatamente o contrário de tentar controlar nossa vida ou a vida daqueles que nos estão próximos. A fé é o tema subjacente da famosa máxima budista "soltar", que implica realmente deixar estar. Quando temos fé, estamos mais autenticamente abertos a dançar com a vida, seja qual for a forma em que ela se apresente. Esse tipo de fé traz mais alegria e entrosamento e menos medo, hesitação e aversão quando pensamos no que o futuro trará. Permite-nos experimentar mais espanto diante dos mistérios da vida e menos preocupação.

A CONFISSÃO

Assim como os nadadores ousam
deitar-se encarando o céu
e a água os sustenta,
assim como os falcões planam no ar
e o ar os sustenta, eu gostaria de atingir
a queda livre e flutuar
para dentro do intenso abraço do Espírito Criador,
sabendo que esforço nenhum merece
essa graça envolvente.

DENISE LEVERTOV

CARMA: VERDADE
E CONSEQÜÊNCIAS

Não menospreze as boas ações muito pequenas, pensando que não trazem benefícios; até gotas minúsculas de água acabam enchendo um vaso enorme.

Não menospreze as más ações simplesmente por serem pequenas; por menor que seja, uma centelha pode incendiar uma pilha de feno do tamanho de uma montanha.

O BUDA

Todas as principais tradições espirituais baseiam-se na crença de que o universo tem uma dimensão moral e que existe algum tipo de responsabilidade pessoal por nossos atos. A partir da expulsão de Adão e Eva do Jardim do Éden, a tradição judaico-cristã, por exemplo, descreve um Deus que odeia o mal e ama o bem. Nas tradições teístas, a virtude e a retidão são basicamente recompensadas pela graça divina.

No budismo não teísta, não há Deus para recompensar o bem e punir o mal. Não há, portanto, intervenção externa. Pelo contrário, o budismo baseia-se na idéia da lei e da responsabilidade universal. Isso se chama "carma" ou lei de causa e efeito. Não nos apoiamos em nenhum outro criador como causa primeira ou iniciador do universo. A lei da causalidade é explicada da mesma forma que a física básica: para cada ação há uma reação. Colhemos o que plantamos. Jogue um copo de vidro no chão: ele se quebra; jogue uma bola: ela vai pular; puxe um fio: a trama se desfaz; acaricie um cão amigo: ele balança o rabo em retribuição; alimente um bebê que chora: ele cresce; ajude um vizinho a se mudar: você conquista confiança na sua capacidade de dar. Quanto mais der, mais receberá.

A lei do carma nos ensina que podemos ter fé na nossa capacidade de influenciar nossa própria vida e a vida de outras pessoas. O budismo acredita que, ao fazer o bem, acumulamos méritos que afetam nosso destino, gerando uma espécie de conta-corrente cármica. Essa interpretação tem raízes profundas no reconhecimento da interligação e na interdependência de todas as coisas. Sobre esse assunto, o Dalai Lama escreveu: "A doutrina do Buda é que você é seu próprio senhor; tudo depende de você mesmo. Isso significa que o prazer e a dor provêm de atos virtuosos e não virtuosos que não vêm de fora, mas de dentro de você mesmo."

Lecionar me leva a viajar por todo o país e eu passo muitas noites em hotéis, onde os hóspedes recebem exemplares de cortesia do jornal *USA Today*. Considero-o "o jornal do viajante". Hoje de manhã, ao abrir o jornal na primeira página do caderno de esportes, li um artigo sobre as finais do campeonato de beisebol e vi as seguintes palavras: "Toda série tem seu carma especial." Isso me fez sorrir para mim mesmo. Hoje em dia em toda parte se fala de carma, até nas páginas esportivas! Mesmo assim, nós, ocidentais, geralmente ficamos um tanto confusos sobre o que é exatamente o carma. Já ouvi mais de uma pessoa dizer: "Não sei o que fiz na outra vida para merecer isso." "Isso" geralmente é um relacionamento difícil, um emprego ruim ou uma maré de azar. O problema desse tipo de pensamento é que costuma ser fatalista e não leva em conta tudo o que a pessoa possa ter feito – ou deixado de fazer – na vida; não leva em conta tudo o que poderíamos fazer para alterar o que viveremos amanhã.

Os três erros mais comuns que cometemos com relação aos antigos, eternos, cósmicos, porém tão práticos ensinamentos do carma são os seguintes:

1) presumir que o nosso carma está, de certa forma, marcado ou predestinado;

2) acreditar que temos um futuro predeterminado e que o nosso carma está escrito ou gravado em concreto;

3) sentir-se indefeso diante do carma.

Para compreender o carma, precisamos reconhecer que no budismo a facticidade da transitoriedade, da contingência e do fluxo anula a idéia de qualquer paraíso ou inferno reais e eternos. Pelo contrário, os budistas dizem que o carma é a lei vigente da realidade. O universo é encarado quase como uma máquina de carma. O carma cria o mundo, a nossa vida e a nossa experiência. O carma coletivo modela o mundo; o carma pessoal modela nosso destino individual. O carma é o criador.

A moralidade budista não se baseia em nenhuma idéia de bem absoluto ou de mal absoluto. Em vez disso, o budismo trata de ato hábil e inábil, palavras, pensamentos e ação saudáveis e não saudáveis. O modo como nos conduzimos num universo de causa e efeito determina o nosso fado ou destino cármico. Quando agimos de maneira virtuosa, esses carmas ou ações são considerados hábeis; o oposto, naturalmente, também é verdadeiro – o comportamento não virtuoso é considerado inábil. Essa é a única base da ética e da moralidade budista; o mais importante fator do que é sábio e do que é tolo, do que é hábil e do que é inábil – a lógica compassiva do bem e do mal.

Cultiva-se e incentiva-se a ação hábil porque ela ajuda a construir o alicerce do bom carma. Não se esqueça: carma é causa e efeito, ou, como prefiro dizer, verdade e conseqüências. Quando nos comportamos de forma a revelar sabedoria, razão e compaixão, abrimos as portas para uma vida melhor – e um carma melhor. Em resumo: quando começamos a agir e reagir de forma diferente, obtemos resultados diferentes. O nosso carma torna-se nosso Darma – nosso destino, nosso dever, nossa expressão da verdade que conhecemos e vivemos.

Os mestres budistas dizem que quem compreende causa e contingência, no contexto do vazio, compreende a realidade. Tudo no budismo gira em torno da compreensão de como as coisas surgem e de como elas realmente são. A razão fundamental da meditação, por exemplo, é que ela nos ajuda a desenvolver uma consciência mais clara e reveladora da realidade e do que está acontecendo à nossa volta. Cultivar esse tipo de consciência significa que haverá menor probabilidade de sermos vítimas de circunstâncias externas ou das nossas próprias reações semiconscientes; seremos capazes de perceber e de nos libertar do condicionamento cármico; que seremos capazes de cuidar do nosso carma com habilidade, em vez de tentar tolamente evitá-lo, rejeitá-lo ou nos esquivarmos dele.

A consciência semelhante a um espelho é uma resposta sensata a qualquer tipo de situação ou estímulo. Ela melhora o nosso carma, quase por definição, porque nos abre e nos dá espaço e clareza para ver as coisas com objetividade antes de reagirmos. Dessa forma, nossas reações à vida tornam-se mais intencionais e hábeis. Assim descobrimos que temos opções; ficamos mais capacitados para nos livrar das reações automáticas condicionadas.

As leis do carma são realmente muito poderosas. Podemos sempre tomar conhecimento de ventanias emocionais e psicológicas que sopram de eventos e experiências passadas, mas, mesmo assim, o modo como vamos navegar nesses ventos pode fazer muita diferença. Por mais forte que tenha sido o nosso condicionamento, não precisamos passar a vida perpetuando esses hábitos.

Sempre ouvimos pessoas que dizem: "Já vi esse filme e não quero ver de novo." Às vezes encurtam a frase: "Não quero ver." Ao usar essa expressão, estamos dizendo que não queremos participar do mesmo trecho de fita, que se repete continuamente. Estamos afirmando que temos opções. Isso é uma questão de atenção consciente. Criar novos hábitos é a melhor maneira de trabalhar com o carma.

É importante que os buscadores sempre se lembrem de abordar as leis do carma com sentido de equilíbrio. Não usar o carma como uma arma para culpar a si mesmo, ao destino ou a qualquer outra pessoa por tudo o que não der certo. Não faz sentido ir tão longe em uma direção para ser constantemente dominado por sensações de culpa e vergonha; nem é útil exagerar na outra direção e ser niilista, como se nada importasse. Como disse o Buda, mantenha o equilíbrio em tudo.

Sempre me fazem diversas versões da seguinte pergunta: "Você acha que o motivo de eu estar tendo tantos problemas em meus relacionamentos (com minha mãe, meu pai, meu filho, Frank, Joan, James, Jane – preencha a lacuna) é porque temos uma ligação cármica de vidas anteriores?" Minha resposta sincera a essas perguntas é sempre a mesma: "Talvez; não sei. Vocês devem ter algum carma do passado para estar passando por isso juntos agora." Isso eu sei. O que não sei é se o carma foi gerado ontem ou centenas de anos atrás.

A lição mais importante que os buscadores podem aprender dos ensinamentos budistas sobre o carma é que se cria carma novo a todo momento. Assumimos compromissos com os outros no presente. Se você e seu cônjuge estão discutindo a respeito de quem deve lavar a louça ou ir ao mercado, provavelmente não vai adiantar consultar adivinhos a respeito de laços do passado. Padma Sambhava dizia: "Se você quer conhecer sua vida passada, examine a sua condição presente; se quiser conhecer seu futuro, examine seus atos presentes."

A sabedoria do Darma freqüentemente nos lembra a permanecer no presente e lidar com a verdade nua e crua como está acontecendo agora. No Novo Testamento, Jesus aconselhou seus seguidores a tratar do presente ao dizer: "Não vos inquieteis com o dia de amanhã, pois o amanhã trará os seus cuidados; basta ao dia o seu próprio mal." Uma vez, ouvi uma entrevista com o Dalai Lama num programa de televisão. Perguntaram-lhe se ele se lembrava de vidas passadas. Ele se esquivou da pergunta com a seguinte resposta: "Nem sempre consigo me lembrar do que aconteceu ontem."

Já que acumulamos carma tanto desta vida quanto de vidas passadas, podemos nos empenhar com sinceridade para gerar um bom carma para o futuro mantendo equilíbrio, objetividade e justiça em nossos tratos. A causalidade está sempre em evidência. Hoje, a falta de cooperação nas tarefas da cozinha de nossa casa, por exemplo, pode proporcionar argumentos para a discussão aparentemente sem cabimento de amanhã dentro do carro.

Por ser uma lei fundamental de causalidade, o carma atinge a tudo e a todos. Plantas, animais, nações, grupos e até mesmo o mundo estão entrelaçados no processo cármico. O mestre zen e poeta vietnamita Thich Nhat Hanh chama isso de "interser". Vemos os resultados cármicos diretamente no ambiente. No início do século XIX, ninguém achava perigoso jogar lixo nos mares. Agora estamos pagando as conseqüências cármicas de um pensamento tão imprevidente e incoerente. A sabedoria budista assinala que não existe acaso. O aquecimento global, por exemplo, não é acidental; todos nós temos participação nele.

Por outro lado, o universo é um lugar misterioso. O próprio Buda iluminado disse que, embora conhecesse quinhentas de suas vidas anteriores, somente alguém com onisciência total poderia compreender todas as concatenações cármicas ou elos causais. Para enfatizá-lo, ele assinalou a singularidade das caudas do pavão, cada uma com seus maravilhosos padrões e cores, dizendo que seria preciso ser onisciente para compreender detalhadamente como surgiu cada peninha da cauda. Quem pode saber quais combinações de eventos conspiraram para tudo o que acontece – seja bom ou ruim?

O budismo ensina, porém, que não importa o que fizemos no passado, nós determinamos nosso futuro e podemos fazê-lo com uma intencionalidade mais consciente. As tradições da sabedoria estão repletas de histórias de homens e mulheres que conseguiram superar e purificar até os piores tipos de atos e suas conseqüências cármicas. Embora o carma seja inexorável, é possível trabalhá-lo; ele pode ser alterado e transcendido. Os tibetanos dizem que o carma negativo tem uma característica redentora: ele pode ser purificado e transformado.

É claro que é difícil alterar nossos próprios hábitos e costumes carmicamente condicionados. Ninguém disse que deveria ser fácil. Estamos tão congelados e acostumados ao nosso próprio modo de viver e de nos relacionar que caímos numa rotina, neurótica ou não, e esquecemos que existem inúmeras maneiras de agir e de ser. Nossas opiniões ficam tão arraigadas que é difícil escapar das trilhas e dos sulcos antigos. Os hábitos mais fortes, é claro, são os vícios, que são exemplos excelentes de condicionamento cármico. Toda vez que agimos por força do hábito, fortalecemos o impulso. O vício é carma endurecido, como se colado, até parecer encaixado e congelado no lugar. Mas até os vícios podem ser recondicionados e, por fim, descondicionados.

Tenho uma amiga, por exemplo, que é viciada em chocolate, o que a faz engordar e ter espinhas no rosto. Ela tenta resistir à tentação, mas de vez em quando cede ao impulso de comer chocolate; tem a impressão, então, de que não consegue parar. Diz que quando isso acontece, precisa começar tudo de novo; até mesmo um pedacinho de chocolate torna muito mais difícil dizer "não" ao próximo. Eu me sinto assim com relação ao sorvete, que tento evitar.

Se é difícil abandonar o chocolate e o sorvete, pense em como é difícil abandonar a cafeína, o álcool, as drogas ou o tabaco. E os diversos padrões de comportamento reflexivo e as estratégias de concessão ao ego aos quais estamos acostumados a sucumbir? Conheço uma pessoa que tem muita dificuldade para controlar o mau gênio. Seguindo os conselhos de um terapeuta, ele está usando elástico ao redor do pulso para ajudar na prática da auto-observação. Quando sente vontade de gritar com alguém, puxa o elástico para lembrar-se de parar e pensar se ficar furioso é realmente o que quer fazer. Assim, ele vai lutando para se recondicionar e se reeducar. Parabéns para ele!

Qualquer pessoa que já tentou alterar o comportamento sabe como é difícil. A modificação bem-sucedida do comportamento, seja qual for o comportamento, requer intenções positivas combinadas com determinação, vontade, força, perseverança, consciência e caráter. Contudo, muita gente é suficientemente forte para comportar-se de outra forma e, ao fazê-lo, gera um novo carma. Na melhor das hipóteses, essas pessoas finalmente encontram a liberdade e a realização que sempre procuraram.

Se quisermos nos encaminhar para um futuro melhor, talvez o melhor a fazer seja começar a cultivar uma consciência mais plena de como criar um melhor destino cármico na nossa vida. Podemos fazê-lo individualmente ou em grupo. As pessoas que trabalham juntas podem gerar um carma melhor para o grupo inteiro. O movimento feminista, por exemplo, começou a alterar o carma de todas as mulheres. As pessoas que se dedicam a salvar as florestas tropicais, os mares e a fauna estão trabalhando em prol de um carma melhor para toda a humanidade. A lei simples e básica do carma: Das sementes de maçã vêm as macieiras.

Pergunte a si mesmo: o que posso fazer hoje para alterar o meu carma amanhã? Escolha alguma coisa em sua vida que não esteja como devia ser e comece a trabalhar nela. Existem muitas formas de carma – carma físico, carma emocional, carma familiar, carma comunitário, carma sexual, carma social, carma nacional. Você pode modificar o carma dos relacionamentos com seus entes queridos comportando-se de outra forma; no almoço de hoje você pode alterar o seu carma físico ao comer de outra forma.

Eis alguns exemplos simples de pessoas que estão modificando seu carma.

No ano passado, Annie foi ao médico e descobriu que embora só tivesse quarenta e poucos anos, estava correndo o risco de um ataque cardíaco. A taxa de colesterol estava exageradamente alta e a pressão arterial também. Começou a tomar medicamentos e, imediatamente, a fazer ginástica e dieta. Está mais bonita e se sente melhor. As melhorias da vida dela vão além das melhorias físicas. Ela diz que, ao sentir-se melhor consigo mesma, tornou-se melhor mãe e melhorou seu relacionamento com os filhos. Isso vai ajudar o carma dos filhos e o dela também.

David afastou a maioria das pessoas importantes de sua vida por causa de sua mesquinhez. Após anos de reclamações da esposa, David finalmente reconheceu que havia algo errado em sua relação com o dinheiro e resolveu fazer terapia individual e familiar. Faz apenas alguns meses, mas David já fez algumas concessões importantes no tocante ao modo como a família deve gastar dinheiro. Novamente, o carma de todos está mudando devido ao seu novo comportamento.

Janette, que mora na cidade de Nova York, sempre sonhou poder viajar para o interior nos fins de semana. Seu grande problema era não saber dirigir. No ano passado, Janette resolveu se empenhar e finalmente aprendeu a dirigir. Este ano, Janette já está alugando carros para fazer pequenas excursões. Ela diz que dirigir mudou sua vida. É tão divertido! Isso também modificou seu carma.

Meus mestres tibetanos sempre diziam que a melhor maneira de melhorar o carma é estimar, preservar e proteger todas as formas de vida. Fazê-lo cultiva a gentileza, a nobreza e a generosidade da alma. Recentemente, uma das minhas alunas me disse que, quando estava caminhando num jardinzinho, ouviu um farfalhar baixinho sob algumas folhas. Revirando as folhas, descobriu uma mariposa presa numa gavinha. Cuidadosamente, ajudou a mariposa a se libertar. Quando a mariposa saiu voando, ela se sentiu imediatamente melhor com o mundo e consigo mesma. Foi uma rajada positiva e instantânea de bom carma. Sempre que reprimimos nossos hábitos não saudáveis ou ruins melhoramos nosso carma; sempre que somos material, emocional ou espiritualmente generosos com o próximo, melhoramos nosso carma; sempre que prezamos ou preservamos a vida, melhoramos nosso carma. Sentimos o resultado imediatamente pelo modo como nos sentimos conosco mesmos.

As práticas budistas como a da plena consciência ajudam-nos a prestar mais atenção nas implicações e nos resultados dos nossos atos; isso, por sua vez, afrouxa os nós, os embaraços e as cadeias do carma repetitivo. Da próxima que se surpreender envolvido nesses círculos viciosos que surgem tantas vezes, como os sonhos repetidos, detenha-se antes de recair na fita cassete. Especifique o que está acontecendo. A sua fita cassete cármica está repleta de insegurança, auto-recriminação, culpa e ansiedade devido a algo que você não consegue controlar? Ira? Dependência? Sua fita está repleta de ânsias que levam ao vício? Haja o que houver na sua fita cassete, diga a si mesmo: *Lá vem a roda de novo.* E altere-a.

Não se deixe derrubar; não recorra ao seu comportamento habitual de fuga, fundamentalmente insatisfatório. Não se jogue como um saco de batatas na rotina da sua zona de conforto. Pelo contrário, vá até a janela, relaxe, respire um pouco e sorria, se puder. Inspire, acalme e relaxe a mente. Expire, soltando-se e sorrindo. Respire dez vezes, cantando:

> Inspirar, expirar... um
> Inspirar, expirar... dois

Agora, levante-se e siga o seu caminho. É provável que tenha alterado a gravação interior e, com isso, o seu carma também.

> *O Buda declarou que esse círculo de Causas e Efeitos,*
> *essa cadeia universal que nunca teve começo, é a Lei.*
> De *O caminho da purificação,* de
> BUDDHAGOSHA, mestre do século II

A BUSCA DA REALIDADE E DA VERDADE

As coisas não são como parecem ser e elas não são diferentes.
          SUTRA LANKAVATARA

O que significa "realidade"? Parece algo muito impreciso, muito duvidoso – que encontramos ora numa estrada de terra, ora numa pilha de papel na rua, ora num narciso silvestre ao sol. Ilumina um grupo numa sala e caracteriza alguns ditos informais. Subjuga quem vai para casa sob as estrelas e torna o mundo silencioso mais real do que o mundo da fala – e lá vai ela de novo dentro de um ônibus no alvoroço de Picadilly. Às vezes também parece residir em formas distantes demais para podermos discernir sua natureza. Mas fixa e torna permanente o que quer que toque. É o que permanece depois que se joga a pele do dia num canto; é o que resta do passado e dos nossos amores e ódios.
          VIRGINIA WOOLF
          A Room of One's Own

Realidade é aquela coisa que, quando se pára de acreditar nela, não desaparece.
          PHILIP K. DICK

A realidade deixa muito para a imaginação.
          JOHN LENNON

Já que nada existe nem deixa de existir, nada é real nem irreal, está literalmente além da adoção e da rejeição – bem que se pode cair na gargalhada.
          LONGCHENPA, mestre tibetano do século XIV

Viver verdadeiramente/ Personificar o Darma

Os sábios jamais são arbitrários quando conduzem outros em harmonia com a verdade. Os sábios são protegidos pela verdade, pois agem de acordo com o Darma.

O BUDA

A verdade costuma ser definida como o acordo ou a relação da mente com a realidade. Há séculos, os teólogos, e também os filósofos, vêm tentando definir a verdade com exatidão. A idéia da verdade é tão importante para a filosofia, que os filósofos antigos quase inevitavelmente escreviam a palavra com V maiúsculo. Ela se torna, então, Verdade com V maiúsculo.

No século V, o padre cristão Sto. Agostinho indagava se poderia dizer que as Escrituras eram verdadeiras ou não. Como poderíamos saber, por exemplo, se Moisés falara a verdade? Ele escreveu: "E se eu soubesse, seria por intermédio dele? Não... mas dentro de mim, nos recônditos da minha mente, a Verdade, que não é grega, nem hebraica, nem latina, nem bárbara, contar-me-ia, sem lábios, sem língua e sem sílabas sonoras: 'Ele fala a verdade.'"

Quase todos acreditamos que a verdade existe, caso contrário cessaríamos nosso questionamento; continuamos nossa sondagem do mundo em que vivemos porque acreditamos que, se procurarmos bastante, encontraremos a verdade que procuramos. O extraordinário na procura da verdade é ser uma procura incessante. Faz parte do processo da própria vida. O poeta Rainer Maria Rilke escreveu: "Viva em dúvida, em vez de se contentar com uma resposta fácil." É uma boa solução; mesmo assim às vezes a nossa procura nos frustra tanto, que nos sentimos como Gertrude Stein, que escreveu:

> Não há resposta,
> Não haverá nenhuma resposta
> Nunca houve resposta.
> Esta é a resposta.

No mundo inteiro, os termos "buscadores espirituais" e "buscadores da Verdade" sempre foram usados como sinônimos.

O grande líder espiritual indiano Mahatma Gandhi intitulou sua autobiografia de "*A história das minhas experiências com a verdade*". Sua prática espiritual, conforme ele mesmo definiu, era a procura da verdade. Como conceito, a Verdade tem ressonância em todos os buscadores, em toda parte. Aqui no Ocidente, sempre ouvimos a frase: "Deus é amor, Deus é Verdade." Então, mesmo que não sejamos defensores da idéia de Deus como ser supremo, somos partidários da idéia de verdade universal.

No Oriente, quando se fala em verdade universal, não raro empregamos a palavra "Darma". Darma é um termo abrangente com significados múltiplos. No sentido mais amplo, Darma refere-se a qualquer doutrina que exprima verdades essenciais e universais. O Darma é qualquer coisa que esteja em profunda harmonia com a realidade, seja espiritual, religiosa, filosófica, moral ou até mesmo científica. Assim, quando falamos nos ensinamentos budistas, nós os chamamos de Darma.

O budismo assinala que, embora seja difícil definir a verdade, podemos definir a realidade. Realidade é simplesmente "as coisas exatamente como são", não distorcida por nossas próprias projeções e ilusões. Realidade é o que é. Os budistas costumam chamar a isso de "qualidade essencial", como na expressão "tal como é", ou simplesmente "o ser em si". E é um ideal budista. Quando somos capazes de viver e agir em harmonia profunda com a realidade, estamos personificando a verdade; estamos personificando a sabedoria; estamos personificando o Darma.

De certa forma, naturalmente, a realidade também tem seu aspecto relativo ou condicional. Assim, a realidade tem forma e função, além de essência. A essência exprime o "ser em si", ou "as coisas exatamente como são", ao passo que a forma tem relação com "como as coisas funcionam". Podemos, por exemplo, nos referir a um objeto como uma mesa real ou um livro real, sabendo que poderíamos chamá-los de madeira real ou papel real. Para o ser humano, um copo d'água é apenas uma bebida, mas, para um peixe, a água é o lar e o próprio universo. Reconhecemos a "essência" da água; reconhecemos também seus diversos papéis e "como funciona".

Sabendo isso, percebemos que a procura da verdade e da realidade precisa ir além de quaisquer hipóteses e conceitos superficiais a respeito de nós mesmos, dos outros, ou do mundo em que vivemos. Ao procurar a verdade, descobrimos que precisamos aprender a não nos deixar enganar por meras aparências ou por nossas próprias projeções.

Neste ponto, aquele que procura a verdade talvez seja tentado a dizer: "Caia na real, Surya, chega de enrolação." A pergunta do buscador poderia ser: "Em termos práticos, como isso se aplica ao caminho espiritual?" A resposta é que o buscador espiritual se preocupa com a verdade de duas maneiras fundamentais e práticas:

❀ *O cultivo da clareza de visão* –
    ser capaz de ver a realidade – a verdade do que é e como as coisas funcionam

❀ *O cultivo da autenticidade pessoal* –
    ser capaz de "ser real" e viver realmente

O CULTIVO DA CLAREZA DE VISÃO

Uma vez o Buda disse:

> *Encare assim este mundo efêmero:*
> *Como estrelas que se esvanecem e desaparecem ao amanhecer,*
> *como bolhas de uma corredeira,*
> *como gotas do orvalho matinal que se evaporam nas folhas*
>   *da relva,*
> *como uma chama tremulando ao sabor de um vento forte,*
> *ecos, miragens e fantasmas, alucinações,*
> *e como um sonho*

Já houve um momento na história da humanidade em que precisamos mais da clareza de visão? No nível externo, quando ligamos a televisão, somos bombardeados por pessoas que nos dizem o que comprar, o que vestir, o que comer e o que pensar – em resumo, o que valorizar. Nos Estados Unidos há políticos, líderes religiosos, críticos, anunciantes, apresentadores de programas de entrevistas, bem como centenas de lobistas de grupos de interesses especiais. Parece que todas essas pessoas, com interesses fixos, querem que vejamos o mundo da mesma maneira que elas. Todas afirmam falar a "verdade". Por toda parte há alguém tentando amenizar a realidade. Existe até uma profissão nova; os especialistas em amenizar a realidade, os manipuladores profissionais.

No nível interno, nós também "amenizamos a realidade" da nossa própria vida. A fantasia é muito atraente, e costumamos contar histórias a nós mesmos sobre o que fazemos; contamos o que queremos ouvir. Às vezes, contamos a nós mesmos que somos bem-sucedidos e felizes; outras vezes contamos a nós mesmos que somos infelizes e fracassados. Às vezes contamos a nós mesmos que temos todas as respostas; outras vezes nós nos convencemos de que não temos resposta nenhuma. Contamos histórias a nós mesmos sobre nossa própria história e sobre o nosso presente, bem como sobre o nosso futuro. O fato é que estamos todos sujeitos a algum grau de negação e ilusão.

Às vezes o que nós, humanos, dizemos a nós mesmos corresponde ao que ouvimos dos outros. Muitos fumantes, por exemplo, optam por acreditar no que o lobby do tabaco afirmou que o fumo não faz tanto mal à saúde; muitos consumidores acham que não vale a pena viver se não puderem adquirir a última moda; muitos eleitores aceitam as explicações dos políticos sem questionar as suas propostas.

Um dos grandes princípios sobre os quais se baseia o Darma do Buda é o da "sabedoria", que definimos como "ver com clareza" ou "clareza de visão". Todos os ensinamentos do Buda ocupam-se de ajudar os buscadores a desenvolver a clareza de visão. Os budistas falam muito no significado da abertura do terceiro olho, o olho sábio da clareza de visão e da consciência penetrante. De fato, um dos primeiros livros do Dalai Lama chamou-se *Abrindo o olho da sabedoria*.

Eis o porquê: Quando somos capazes de ver "o que é", somos capazes de perceber o mundo em consciência e vigília total. Estamos aptos, então, a perceber todas as falsas mensagens e todos os falsos mensageiros; somos capazes de reconhecer e ver além do que nos atrai e nos repele; somos capazes de ir além dos nossos próprios preconceitos, projeções e tendências. Percebemos por que aceitamos a opinião de uma pessoa e rejeitamos a de outra. Dessa forma, nossas ilusões e distorções começam a perder o domínio sobre nós, e nos tornamos mais capacitados a reconhecer o que é importante e significativo. No nível individual, isso pode ter enormes implicações. Sabedoria – clareza de visão – significa que nos tornamos sábios, que somos menos controlados pelas circunstâncias, pelas pessoas, ou por hábitos insatisfatórios e questionáveis.

Os budistas crêem que, quando finalmente conseguirmos abrir o olho da sabedoria, o olho do Darma, poderemos nos descartar da nossa visão dualista do mundo. A sabedoria nos proporciona a compreensão para ver a visão maior e, dessa forma, ir além da nossa opinião comum, individualista e egocêntrica; ao contrário, vamos nos conectar com os outros a partir dos nossos pontos de vista em comum. Há um antigo provérbio que diz: "A verdade permanece para aqueles que não deixam que o desejo lhes obscureça a visão." Isso quer dizer, naturalmente, que só podemos começar a procurar a verdade depois que começarmos a nos desfazer dos nossos próprios apegos e preconceitos.

O CULTIVO DA AUTENTICIDADE PESSOAL

Se pudesse recomeçar minha vida, eu começaria descalça no início da primavera e continuaria assim até o fim do outono. Iria a mais bailes. Andaria mais na roda-gigante. Colheria mais margaridas.

Octogenária NADINE STAIR

Todos poderíamos nos dar ao luxo de ser um pouco mais genuínos, um pouco mais autênticos, não poderíamos? Por que precisamos envelhecer e nos tornar sábios para perceber que a criança interior continua existindo, passando muito bem e disposta a brincar? Por que precisamos envelhecer para compreender quanta alegria há em fazer coisas simples que exprimam e abarquem nossa alegria e nossa bondade essenciais?

Shakespeare disse: "Sê sincero contigo mesmo." A antiga inscrição no Oráculo de Apolo em Delfos, Grécia, diz: "Conhece-te a ti mesmo." Gandhi escreveu: "Vire o foco de luz para dentro." Mas como muitos de nós conhecemos ou até mesmo lembramos de nós mesmos? Passamos tanto tempo vivendo no mundo das "obrigações", tentando satisfazer as expectativas colocadas sobre nós – por nós mesmos e pelos outros – que não conseguimos ser autênticos. Não conseguimos ser sinceros conosco mesmos.

Alguns de nós carregam tantas vergonhas, que fingem até para si mesmos que algumas das suas recordações não existem. Trancamos essas recordações em cômodos secretos e jogamos fora a chave. Existem coisas que não queremos ver nem saber. Alguns acham que passamos muito tempo interpretando nossos papéis, nos escondendo atrás das máscaras que usamos para encarar o mundo. Usamos roupas especiais para criar uma imagem; criamos personalidades para combinar com as imagens que queremos criar. Com todos os papéis que interpretamos, às vezes percebemos que não somos quem pensamos. Então quem somos realmente? A pergunta "Quem sou?" é importante. Passamos a vida fazendo essa pergunta tantas vezes e de tantas formas, à procura da melhor resposta, procurando nossa verdadeira identidade. Talvez a resposta seja que não há resposta.

O que aconteceria conosco se começássemos a descascar as diversas camadas de personas? Se descascássemos as roupas, as expressões faciais, as metas, os planos, as ambições, o comportamento social, os papéis que interpretamos e os sentimentos que mantemos congelados... o que sobraria? Se pudéssemos continuar descascando e descascando, até o nível mais profundo, o que nos sobraria? Os cristãos diriam que nos resta a nossa alma eterna, o reflexo do reino de Deus. O budismo diz que, se nos aprofundarmos o suficiente, o que nos restará será o nosso estado natural inato, imortal, original, não trabalhado, o nosso ser genuíno. É a natureza búdica, nossa verdadeira natureza – nosso próprio quinhão de paraíso interior, ou nirvana. A total finalidade da prática da meditação é ajudar a nos conectar com a realidade e a verdade. A meditação é tão simples, tão direta, tão honesta e natural. A naturalidade é a essência búdica.

Todos admiramos as pessoas que são capazes de combinar a santidade com uma qualidade prática natural, gente que está genuinamente em contato com o próximo e também com sua própria natureza verdadeira. No Tibete, quando queremos nos referir a alguém como pessoa santa, um sábio e praticamente compassivo, o termo usado é "cheuba", que se traduz literalmente como "fazedor do Darma", um adepto espiritual, ou uma personificação ou adepto da verdade.

Admiramos os adeptos da verdade, mas como poderíamos viver assim? Os tibetanos rezam regularmente: "Abençoai-nos para que nosso coração-mente se unifique com o Darma. Que nossa vida se funda à verdade." Aqui no Ocidente, poderíamos rezar para que nossa alma e nosso espírito se unifiquem com a verdade e que caminhemos à luz da verdade.

Muito tempo atrás, havia um monge que praticava a meditação caminhando ao redor do Mosteiro Petring. Seu distinto mestre, Geshe Tempa, que também saíra para caminhar, viu o monge e disse: "É bom circular ao redor de locais sagrados, mas é muito melhor praticar o sublime Darma."

Disciplinado, o monge começou a estudar, decorar e recitar dezenas de antigos sutras Budistas. Certo dia, quando estava estudando os textos sagrados sânscritos e tibetanos, o mestre aproximou-se novamente: "Vale a pena estudar as escrituras e praticar atos virtuosos como decorar e copiar as escrituras", disse-lhe Geshe Tempa, "mas é muito melhor praticar o nobre Darma".

O monge ficou bastante confuso, mas pensou com seriedade nas advertências do mestre. Por fim, concluiu que precisava iniciar uma prática intensiva de meditação, e começou a meditar rigorosamente, hora após hora, dia após dia. Quando Geshe Tempa voltou a encontrá-lo, o monge estava sentado num canto, com o olhar compenetrado. "A meditação é uma excelente prática", disse Geshe Tempa, "mas a prática genuína do Darma seria ainda melhor."

Naquele momento, como era de se esperar, o monge não sabia mais o que fazer. Já havia tentado de tudo, mas o amado mestre ainda não havia aprovado seu empenho. "Venerável senhor", implorou o monge, "quero praticar o Darma, o que devo fazer?"

"Simplesmente pare de apegar-se", respondeu Geshe Tempa e prosseguiu tranqüilamente em seu caminho.

Não raro as verdades mais profundas são as mais simples e diretas. Começamos a praticar o Darma quando deixamos de nos apegar a nossas idéias preconcebidas a respeito do que devemos fazer e alcançar. Encontramos a verdade quando aprendemos a nos "desprender", a aceitar ver as coisas como são, e a simplesmente existir. Encontramos a verdade ao descobrir nossa luz interior, nosso valor interior, nossa autenticidade e genuinidade. Isso é viver verdadeiramente.

O budismo tibetano conta com um método notável de auto-indagação e análise que se volta para a eterna pergunta: "Quem sou?" Destina-se a ajudar os buscadores a compreender, discernir e chegar à verdade de quem somos, ao contrário do que parecemos ser e do que gostaríamos de ser – o que dizemos a nós mesmos que somos. O método chama-se "rushen", cuja tradução literal é "discernir a diferença entre". A prática do rushen leva a pergunta "Quem sou... O que sou?" a um nível novo e mais profundo.

Acho que o rushen é, realmente, um dos melhores e mais eficientes métodos de meditação para os ocidentais, pois emprega com habilidade a faculdade mental analítica para nos ajudar a ir além do ego. Essa análise mordaz nos ajuda a mergulhar profundamente e a sondar abaixo e além dos processos intelectuais; ajuda a nos libertar das ilusões e interpretações errôneas de nós mesmos.

MEDITAÇÃO ANALÍTICA RUSHEN
"QUEM SOU"

A finalidade do rushen é ajudá-lo a descascar as camadas e camadas de personas e de comportamento condicionado que cobrem sua luz interior, a sua natureza búdica luminescente. O rushen ajuda realmente a discernir, ou diferenciar, o real do irreal – sua natureza real da sua persona.

Inicie esta meditação perguntando a si mesmo: "Quem ou o que sou?"

Em seguida, comece a examinar, um por um, todos os rótulos que você ou outra pessoa aplicaria. Não tenha pressa, pense e responda a cada uma das perguntas. Não se limite a essas perguntas; crie outras que exprimam sua vida.

Quem sou?
Sou mesmo apenas eu? Realmente e apenas eu?
Qual é o meu nome?
Sou um homem? Sou uma mulher?
Sou alguma outra coisa?
Sou pai, mãe, irmã, irmão, filho, filha, tia, tio, sobrinha, primo?
Sou professor, carpinteiro, bombeiro, advogado, assistente social, estudante?

(Cite sua ocupação.)
Sou membro de uma comunidade, de uma comissão, freqüentador de igreja, meditador, membro de sangha?
Sou eleitor? Sou democrata, republicano, conservador, liberal, independente?
Sou amigo de alguém? Sou inimigo de alguém?
Sou a imagem que projeto para o mundo? Visto-me de maneira informal ou elegante? Capricho na aparência? Sou relaxado?
Sou uma pessoa que dirige um carro grande, um carro pequeno, uma caminhonete?
Sou mais alguma coisa?
Quais são os rótulos que uso para me descrever?
Quem sou realmente?

Agora aprofunde mais o exercício.
Quem ou o que está fazendo essas perguntas?
O que estou sentindo no presente momento? Estou entediado, cansado, curioso, confuso, feliz?
Por que estou sentindo o que sinto agora?
O que estou sentindo?
Que sons estou ouvindo neste momento?
O que estou vendo?

Analise, pouco a pouco, o que se apresentar ao seu campo de percepção – quer seja uma visão, um som, ou uma sensação física.

Que som é esse? Por exemplo. *Está fora de mim? Está dentro do meu ouvido? Está na minha mente?* Ou será uma interação entre os três – aquele que percebe, o objeto e a interação entre eles?
Onde está ocorrendo esta experiência? Está na cabeça, na barriga, no coração, na mente, no corpo?

Sabemos que ter ouvidos não é o suficiente para ouvir. Também precisamos da consciência auditiva. Afinal, o cadáver não ouve, embora tenha ouvidos. Quando afastamos as camadas do bem plantado ego defensivo, algumas espessas e outras finas, acabamos chegando ao ponto em que percebemos que a consciência é o menor e mais fundamental denominador.

Pergunte a si mesmo se é capaz de experimentar algo antes que surja, antes que você o conceitue e rotule. Você consegue, por exemplo, ouvir um som antes de lhe dar um nome? Consegue aprofundar-se o suficiente em quem você é para chegar a ter a percepção mais direta, mais nua, do som sem rótulos ou pensamentos? Simplesmente o som puro, sem a mediação de pensamentos, conceitos ou juízos?

Estamos tentando investigar a natureza da percepção e do conhecimento. Quem está rotulando? Quem está pensando "Gosto disso" ou "Não gosto disso"? Como sabemos, sentimos e pensamos? Repare, por meio da auto-observação direta, como os impulsos, a atividade volitiva, a vontade etc. surgem e nos impulsionam.

Pergunte a si mesmo: *O que penso de mim mesmo? Quais rótulos aplico a mim aqui e agora, neste momento? Vejo-me como competente, incompetente, desprezível, ou tão merecedor que tenha direitos positivos? Vejo-me como vítima?* Pergunte a si mesmo: *Sou só isso? Não há nada mais para mim do que o olho vê?*

Alguns desses rótulos são remanescentes de experiências passadas? Pergunte a si mesmo por que se agarra a esses rótulos ou imagens. Quais são as conseqüências de apegar-se a fitas velhas – gravações em áudio e vídeo do passado?

Quem ou o que sou? Em resumo, quem ou o que está vivenciando minha experiência neste momento? Sinta diretamente.

O discernimento é uma faceta importante da sabedoria e da inteligência espiritual. Ao praticar o rushen, tentamos descobrir e nos concentrar na presença autêntica – nossa própria verdade, nossa própria realidade. Esta é uma prática profunda do Darma tibetano da tradição Dzogchen, parte da introdução dos mestres à natureza da mente. Esse auto-inquérito intensivo nos pede que empreguemos nossa percepção discriminatória por meio de um processo de eliminação – isso não, não somente aquilo – para reconhecer tudo o que não somos. Ao fazê-lo, aproximamo-nos da nossa luz interior e do que realmente somos.

Muitas pessoas que praticam essa meditação dizem: "Mas não descobri nada." Na verdade, essa é a resposta habitual. Essa é a má notícia, mas também é a boa notícia! Se conseguirmos nos despir suficientemente, chegaremos a um novo início. Às vezes essa sensação de que não há nada só dura um instante, mas até mesmo um instante pode ser o bastante para se alcançar uma sensação renovada de liberdade, abertura e verdade. É assim que podemos iniciar o processo de transformação das velhas idéias do ego que arrastamos à nossa volta como se fosse excesso de bagagem. É um dos melhores exercícios do Darma para o mergulho profundo no quebra-cabeça do ego e do não-ego. Assim, podemos experimentar nossa natureza transpessoal – nosso *Ser Autêntico*. É maior do que esses retalhos que geralmente identificamos como ego. Há muita liberdade e deleite nisso, eu garanto. É uma maneira de ser um Buda renascido, ou um autêntico Você.

Mergulhe profundamente dentro de si mesmo. Acho que gostará do que vai descobrir.

A mente é, por natureza, luminosa, pura e perfeita.

O BUDA

A ILUMINAÇÃO E SEUS DIVERSOS NOMES

Partir do ego para tentar compreender todas as coisas é ilusão. Deixar o ego ser despertado por todas as coisas é iluminação. Iluminar-se a respeito da ilusão é ser um Buda. Iludir-se em meio à iluminação é ser uma pessoa comum.

DOGEN, MESTRE ZEN JAPONÊS

Mestre Dogen viveu no século XIII. Quando tinha apenas três anos de idade, perdeu o pai e, alguns anos depois, perdeu também a mãe. Eihei Dogen estava com apenas oito anos de idade, e amava muito a mãe. Apesar da idade e da profunda sensação de perda, aquela criança queria encontrar sentido na morte da mãe. Dogen ficou com os outros acompanhantes no templo, contemplando a fumaça que emanava das varetas de incenso. Quando estava observando a fumaça subir em caracol, a cinza caiu do incenso. Mais tarde, Dogen escreveu que, naquele instante, seu corpo e seu espírito se afastaram. Ele percebeu a realidade nua e descobriu a natureza transitória da vida. Foi sua primeira experiência de iluminação, que ele não mais esqueceria pelo resto da vida.

Os discípulos costumam me perguntar qual é a diferença entre uma experiência mística e uma experiência de iluminação. E existe diferença. Embora as experiências místicas tragam consigo uma percepção do sagrado – uma confirmação de que existe algo além do ego e do mundo que vemos – não trazem necessariamente sabedoria, discernimento ou transformação. Em resumo, as experiências místicas não são necessariamente iluminadoras. As experiências místicas e religiosas não trazem consigo, necessariamente, uma vida religiosa ou espiritual.

As experiências de iluminação, por outro lado, são experiências que despertam. Trazem uma percepção da realidade exatamente como ela é. Essas experiências vêm, inevitavelmente, acompanhadas de sabedoria e de descobertas indeléveis. É isso que significa despertar do transe onírico da ilusão e do engano. É evidente que as experiências de iluminação não precisam durar mais do que alguns instantes. E não raro proporcionam somente um minidespertar, que dura apenas o suficiente para que o buscador diga: "Ah-ha!" ou "Por que não percebi isso antes?" De fato, as experiências de iluminação costumam trazer uma sensação de "Sempre existiu, por que eu não tinha visto?"

Uma das maiores dificuldades dos buscadores é compreender que a iluminação não é necessariamente um evento sobrenatural. A iluminação relaciona-se com a realidade – as coisas como elas são. Ao abrir o olho da sabedoria, vemos o que existe; não podemos escolher o que existe. Anos atrás, um mestre zen escreveu: "Antes do meu ingresso no zen, as montanhas eram apenas montanhas; os rios eram apenas rios; as árvores eram apenas árvores. Depois que ingressei no zen, as montanhas deixaram de ser montanhas; os rios deixaram de ser rios; as árvores deixaram de ser árvores. Quando aconteceu a iluminação, porém, as montanhas voltaram a ser simplesmente montanhas; os rios voltaram a ser simplesmente rios; as árvores voltaram a ser simplesmente árvores."

Os budistas traçam uma diferença entre a iluminação total e perfeita, como a vivida pelo Buda, e as diversas variações menores de despertar. A iluminação do Buda trouxe consigo uma compreensão total da realidade: o olho da sabedoria do Buda abriu-se completamente; ele alcançou a compreensão perfeita das leis do carma e do renascimento; compreendeu a ignorância, o apego e o desejo. Note-se que se diz que o Buda se lembrou de quinhentas das suas vidas passadas e compreendeu minuciosamente seu próprio caminho para o despertar. Também se diz que ele conseguia "ver" as vidas passadas de outras pessoas e, assim, podia ajudá-las lançando uma luz sobre seu carma.

A iluminação perfeita do Buda às vezes é descrita como tendo ocorrido na forma de um súbito evento sísmico. Não obstante, o caminho que levou até ela estava repleto, como todos os caminhos espirituais, de obstáculos a superar, bem como despertares menores para preparar o terreno. Esforçar-se para recordar as vidas passadas não era um mero jogo de salão para o Buda. Ele queria compreender totalmente as razões de causa e efeito cármicas subjacentes a seu caminho em curso para a iluminação. Durante sua vida, o Buda renunciou a muitas coisas para passar anos em meditação e auto-exame, e contou aos seguidores a respeito de outras vidas em que se dedicara a ajudar ao próximo. Ele havia percorrido cada polegada do caminho espiritual, mas, ao fazê-lo, demonstrou algo importante. Como da primeira vez em que um avião rompeu a barreira do som, o despertar do Buda demonstrou que aquilo era possível. Quando o Buda se tornou iluminado, a mensagem que transmitiu a todos nós foi a da possibilidade de nós o fazermos também. Qualquer pessoa pode tornar-se desperta, iluminada, sábia, generosa, serena e compassiva como o Buda. A iluminação é nosso direito espiritual hereditário.

A iluminação traz fim à ilusão e à ignorância. Mas passar da ignorância à consciência desperta e à compreensão leva tempo. Os ensinamentos budistas clássicos, que expõem os estágios progressivos da percepção intuitiva, afirmam que dez "grilhões" nos prendem ao estado não desperto. São eles:

1. Ilusão
2. Dúvida e ceticismo
3. Apego a meras normas e rituais
4. Luxúria
5. Má vontade
6. Anseio de uma existência de riquezas materiais
7. Anseio de experiências sobrenaturais
8. Orgulho
9. Inquietação
10. Ignorância

Os buscadores que tiveram seu primeiro lampejo da realidade são conhecidos como "aqueles que estão entrando no rio"; estão molhando os pés na corrente da realidade. Estão tocando no nirvana, embora rapidamente. Ensinam-nos que aqueles que estão entrando no rio conseguem superar os três primeiros grilhões – ilusão, ceticismo e apego a meras normas e rituais. Depois da primeira visão da realidade, ou de "o que é", o buscador, naturalmente, terá muito mais trabalho interior pela frente para poder ser considerado totalmente iluminado ou desperto.

Percorrer o caminho da iluminação ajuda-nos a desarraigar e descartar todos esses grilhões. Em casos raríssimos, é possível eliminar todos os grilhões de uma só vez, por meio de uma arrasadora descoberta transformadora, mas, para a maioria, os grilhões são descartados um por um, um pouco de cada vez. Os buscadores devem compreender que é irreal esperar que qualquer um desses grilhões se desprenda sem um certo grau de esforço e luta. Podemos, por exemplo, conseguir desarraigar a má vontade, mas ainda encontrar traços de orgulho. Extirpar todos os traços de qualquer um dos grilhões pode assemelhar-se a esvaziar um vidro de perfume: muito tempo depois que acaba o líquido ainda permanece um leve aroma. Por fim, se fizermos nossas tarefas espirituais e mantivermos nossos métodos espirituais, o jugo desses grilhões sobre nós se enfraquece até ser possível extirpá-los. Quando isso acontece, caem os véus da ilusão e do engano que nos cobrem, e nós podemos alcançar a realidade, a verdade. Isso é iluminação.

O Buda costumava tratar cada pessoa respeitosamente como "infante de família nobre". Tratava assim até as pessoas da mesma idade ou mais velhas. Reconhecia que seus alunos e discípulos não haviam ainda amadurecido espiritualmente; ainda eram iguais a crianças. Às vezes ele se referia a seus ensinamentos como brinquedos que se podiam usar para atrair crianças para fora das casas em chamas do sofrimento, da ignorância e da confusão em que habitavam.

Segundo a visão iluminada, todos parecemos crianças inconscientes num mundo em trevas – sonâmbulos, continuando a criar e perpetuar nossos problemas. É tolice acreditar que podemos resolver nossas dificuldades com uma simples reorganização do pessoal e da mobília dos nossos devaneios. A maneira mais sábia e direta de resolver nossas dificuldades é despertar dos nossos estados oníricos. E podemos todos fazê-lo. A premissa fundamental do budismo é a promessa de que podemos todos despertar de sonhos infelizes, de ilusões e enganos. Acho que convém que nos lembremos sempre de que o nome Buda significa simplesmente "o desperto". O filósofo e psicólogo americano William James disse que todos estamos apenas num estado de vigília que equivale apenas à metade do que poderíamos alcançar.

Embora estejamos preocupadíssimos com um mundo melhor, um dos maiores serviços que se pode prestar à humanidade é despertar e ajudar a dissipar a ignorância e os comportamentos ilusórios de nossa própria vida. Isso seria um verdadeiro serviço, uma contribuição para todos. No altruísta Budismo Mahayana, nós nos empenhamos pela iluminação, não somente para nós, mas para todos os seres. Uma prece Mahayana que sempre recito é:

> *Que todos os seres, por toda parte,*
> *a quem estamos inseparavelmente interconectados,*
> *se realizem, despertem, se liberem e se libertem.*
> *Que haja paz neste mundo*
> *e em todo o universo,*
> *e que possamos todos juntos concluir a jornada espiritual.*

Para nos ajudar a concluir essa jornada espiritual do despertar, todas as escolas do budismo criaram uma série de práticas – recursos habilidosos, esquemas e até pequenos truques. Todos para nos ajudar a ser conscientes e despertos. O Darma do Buda é a panacéia que tem diversos sabores e estilos.

O budismo zen, por exemplo, conta com uma técnica que vem sendo empregada há séculos para ajudar o buscador a fazer uma descoberta, uma experiência do tipo "eureka", uma percepção "ah-ha" da realidade. É uma técnica conhecida como exercício koan. O koan, que geralmente se define como um quebra-cabeça ou uma charada, costuma ser utilizado da seguinte maneira:

O discípulo compromete-se a freqüentar um retiro meditativo intenso com um mestre zen. Esses retiros, conhecidos como "sesshins", costumam durar pelo menos de cinco a sete dias, e freqüentemente se prolongam por três meses ou mais. Os participantes passam muitas horas meditando, entoando cânticos e também prestando serviços físicos como lavar louça ou varrer, para completar. A prática espiritual só é interrompida por curtos períodos para descansar, comer ou dormir. Todo dia o discípulo passa por três ou quatro entrevistas privativas com o mestre, durante as quais recebe um koan. Durante os dias do sesshin, o mestre continua apresentando esse koan ou quebra-cabeça ao discípulo, exigindo uma resposta. O koan é realmente uma pergunta de enlouquecer, um enigma existencial que o mestre usa para conduzir o discípulo a uma compreensão mais profunda da realidade e, dessa forma, provocar uma experiência de iluminação ou "satori".

Alguns koans ou enigmas clássicos são: "O cão tem natureza búdica ou não?" "Qual é o som de uma só mão batendo palma?" "Como era o seu rosto antes do nascimento dos seus pais?" Compete ao discípulo oferecer uma resposta. Uma vez, na antiguidade, quando perguntaram "O que é o sagrado Buda?" a um mestre zen que estava segurando uma tigela de madeira, ele respondeu: "Esta tigela de madeira." Mas, pergunto eu, como o sagrado Buda pode ser uma tigela? Quando fizeram a mesma pergunta a um outro mestre, ele respondeu: "Papel higiênico."

Durante o sesshin, cada discípulo recebe um enigma específico para ponderar e com o qual deverá trabalhar durante o resto do sesshin. Muitos de nós nos lembramos daquelas bolas enormes de goma de mascar e bala dura que costumávamos chamar de "quebra-queixo". É por isso que os koans são conhecidos como quebra-cabeças. Ficamos mastigando-os incessantemente, até que nossos dentes e maxilares mentais, e finalmente nossa cabeça, os desgastem. Oba!

Meu mestre zen coreano tinha um koan predileto. Era "O que é isso?" Não importava o que estivesse acontecendo, devíamos nos concentrar nesse koan. Vamos supor, por exemplo, que um discípulo está sentado e percebe um avião no céu. Repete o koan: "O que é isso?" Agora, o que é? Será o som produzido pelo motor do avião? Será o lampejo do metal brilhante no céu? Será a recordação da foto de um avião que vira num jornal recente? Não será nada mais que um espelho mental que mostra ao discípulo suas projeções? Serão as mais de trezentas pessoas comprimidas assistindo a um filme ruim e comendo confeitos de amendoim? O que é? Que diacho será isso? O que é real? Será que algo é real?

O discípulo que freqüenta um sesshin zen pode esperar que o mestre o irrite, normalmente por meio de táticas de choque (esperamos que administrados carinhosamente) que rompam o escudo da ignorância do discípulo. Em certas ocasiões, o discípulo ouve o mesmo koan tantas vezes que já não sabe mais o que dizer. Outras vezes, o discípulo entra para a entrevista privativa e o mestre, percebendo que o discípulo não trouxe uma resposta, toca a campainha para encerrar a entrevista antes mesmo de começar. O mestre está simplesmente tentando dar um susto no aluno para que ele entre num novo nível de consciência. O meu amigo e mestre zen Robert Aitkin Roshi diz que, por intermédio da prática do koan, consegue conduzir praticamente qualquer pessoa, mesmo meditadores novatos, a uma experiência satori. Eu mesmo vi mestres zen que conseguiram inúmeras vezes ajudar os discípulos a ter revelações eufóricas ou experiências de iluminação.

O zen tem muitas histórias sobre pessoas que tiveram experiências satori súbitas e inesperadas. Uma monja, muito tempo atrás, estava carregando um balde d'água por um campo numa noite enluarada. De repente, o fundo do balde caiu e ela teve uma experiência de iluminação. O que ela viu para provocar essa experiência? A água do balde estava refletindo a lua. Quando a água caiu, o reflexo também desapareceu. Ela não via mais nada. Quando o fundo do balde caiu, talvez ela tenha visto seu próprio ego cair também. Não havia lado de dentro nem de fora, não havia dualismo, nem lua, nem sol, nada – o que é, realmente, alguma coisa!

Há uma história sobre outro monge zen que estava varrendo os ladrilhos duma calçada. Um dos ladrilhos estava solto e a vassoura bateu nele, que saiu voando e bateu numa haste de bambu com um estalo agudo. O som agudo do bambu se chocando com o ladrilho precipitou seu despertar satori. Por que deveria um estalo misterioso precipitar um despertar? Naturalmente, tanto a monja quanto o monge estavam espiritualmente amadurecidos devido aos anos passados no exercício espiritual. E ainda viriam a passar muitos anos mais, aprofundando e estabilizando suas experiências de despertar.

Nem todos podem esperar lampejos súbitos de realidade. No budismo há um antigo debate sobre o valor do despertar súbito versus o do despertar gradual. Para a maioria das pessoas, provavelmente vale um pouco de ambos. Assim como a fruta cai quando madura, os discípulos também só se conscientizam quando estão prontos. Se não estivermos maduros para uma experiência de despertar, o momento vai passar despercebido.

No budismo tibetano e em outras escolas do budismo, há outros meios de precipitar experiências de despertar. Cânticos, meditação, jejum, boas ações e música ou dança ritual são alguns exemplos. Quando praticamos a auto-análise, por exemplo, interrogando-nos inúmeras vezes "quem ou o que sou?", nós o fazemos para despertar e irromper na percepção direta da realidade absoluta. No budismo tibetano há ensinamentos secretos sussurrados e táticas de choque, bem como antigos rituais e iniciações para ajudar os buscadores a atingir a maturidade espiritual e a auto-realização. Meus mestres Dzogchen costumavam nos assustar gritando "Phat!" no meio da nossa meditação. Quando não despertávamos, pelo menos dávamos uma boa gargalhada.

Uma prática exclusiva do budismo tibetano é o "phowa", ou transferência consciente, que é uma outra maneira de se lançar o discípulo no estado de despertar. Nessa prática, o adepto aprende a transformar intencionalmente seu estado de mente em mente iluminada. No phowa, aprendemos a concentrar a mente, acumular energia e projetá-la pela moleira, o chacra da coroa no topo da cabeça e, depois, projetá-la para dentro do coração de Amitabha, o Buda da Luz Infinita, em seu campo búdico ocidental do Êxtase Infinito. Os praticantes do phowa são normalmente iniciados por um mestre qualificado. É uma prática na qual muitos tibetanos se apóiam na hora da morte, para assegurar-se da orientação espiritual e de um renascimento melhor, levando a consciência a estados elevados, a partir dos quais é mais fácil atingir o despertar.

Alguns praticantes passam a vida recebendo ensinamentos, até se tornarem capazes de lançar suas infinitas mentes conceituais no espaço radiante e incandescente da consciência pura. Também fazem isso para estarem preparados na hora da morte, até mesmo sem a ajuda do lama ou do mestre. Evidentemente, a experiência phowa suprema é a grande descoberta de que o âmago da mente búdica está aqui e agora dentro da nossa própria mente.

Existe um lama tibetano conhecido mundialmente como o lama do phowa. Seu nome é Ayang Rinpoche e dizem que tem um talento especial para ajudar os discípulos a se lançar no estado de mente iluminada. Essa nova percepção pode durar somente alguns segundos ou mais, porém para muitas pessoas esse lampejo de despertar é o suficiente para transformá-las definitivamente. Ayang Rinpoche e os adeptos do phowa gritam uma palavra no momento em que tentamos dar o grande salto através do chacra da coroa. A palavra é "hic". Diga a palavra "hiccup" e veja como o corpo reage quando dá um soluço acidental. Os ombros e a energia sobem. Acredito que a palavra "hic" nos ajuda a escalar até o pico do despertar. "Hic", na verdade mais uma exclamação do que uma palavra, é utilizada como um gancho para agarrar a energia e a consciência, como uma exclamação, como gritar "ei!". Não tem significado, mas chama nossa atenção.

Eis uma Meditação Phowa que convém experimentar sozinho.
   Invoque, e visualize na forma de uma luz brilhante, o ser mais sagrado que puder imaginar. Pode ser Buda, Jesus, Tara, a Virgem Maria, ou seu santo favorito. Caso não se sinta atraído por nenhuma dessas imagens, visualize uma esfera de luz sagrada, cheia de luz e bênçãos, fluindo na sua direção. Coloque essa visualização diretamente à sua frente e ligeiramente acima da sua cabeça.
   Agora visualize seu próprio coração-mente e todas as energias como uma esfera de luz. Reúna todas as energias dos centros energéticos do seu corpo até conseguir ver e sentir a bola de luz.
   Respire profundamente três ou quatro vezes; em seguida, prenda a respiração e visualize a bola de energia sendo puxada através do corpo e para fora da cabeça pelo chacra da coroa. Quando estiver irrompendo pelo chacra da coroa, grite entusiasticamente "Hic". Imagine a luz que é o seu espírito fundindo-se com a luz sagrada. Pense: *Meu espírito e o Espírito Santo, o espírito búdico, estão unificados.*
   Sempre pratico à noite, quando estou prestes a ir para a cama. Imagino a mim mesmo deitado, com a cabeça no colo do amoroso e luminoso Buda, mas você bem pode preferir Tara ou Jesus. É uma grande maneira de repousar o coração e a alma, e de nos preparar para repousar a cabeça no colo do divino na hora da morte.
   Existem muitas outras práticas que ajudam a nos aproximar do despertar. Uma maior autopercepção de qualquer forma leva a descobertas e a aprofundar a sabedoria interior. Há quem diga que só a meditação, a observação da respiração, pode levar à iluminação. Práticas simples de atenção plena ajudam-nos a despir a vida, deixando-lhe somente o essencial. Não fazemos nada além de respirar inúmeras vezes. Ao fazê-lo e observar o que acontece na cabeça e no corpo, nos capacitamos a ver o quanto acrescentamos. Ve-

mos o excesso de bagagem, as projeções, as histórias e as fantasias; vemos como nós mesmos definimos e, assim, criamos uma grande parte de nossa própria experiência. Quando praticamos plena atenção à respiração, reparamos nas complicações alheias que acrescentamos ao básico; vemos o que fazemos para gerar as confusões e as distorções da nossa vida. Essa percepção nos faz aprender a retornar a um modo de ser e conhecer mais simples, menos exaustivo.

Muita gente, por exemplo, não tem consciência da natureza obsessiva de seus pensamentos até tentar meditar e descobrir que não consegue reduzir a marcha nem deixar de pensar. Pensam com excessiva freqüência na mesma coisa, repetidamente. Os meditadores freqüentemente descobrem que compreender seus processos mentais, preconceitos, projeções e interpretações em si pode ser uma experiência reveladora.

Experimente os seguintes exercícios de conscientização

❀ Pratique o olhar fixo em seus próprios olhos num espelho e repare em qualquer coisa que surgir no espelho da sua própria consciência interior. Você consegue encarar seu próprio senso de identidade? Consegue ver aquilo em que está pensando – observar seu próprio diálogo interior? Dizem que os olhos são o espelho da alma. Observe o que surge, prestando atenção na mente. Eleve a aposta segurando um outro espelho atrás da orelha e olhe para seus muitos olhos refletidos. Entre na miríade de reflexos, você e você refletidos e refletidos; envolva-se na experiência. Depois olhe para dentro de quem você realmente é.

❀ Experimente fazer o mesmo exercício com uma pessoa querida e em quem confie, olhando um nos olhos do outro. Antes de começar, combinem que nenhum dos dois vai reagir nem tentar se comunicar – nada de palavras, gestos ou expressões faciais. Somente atenção pura – olhos nos olhos –, só olhar, sem reagir nem interagir. Veja como acrescentar um outro ego desperta o seu próprio ego e a sua necessidade de alterar, controlar ou modificar o momento. Ao olhar nos olhos de outra pessoa, a maioria de nós sente-se como se tivesse de fazer algo. Embora você ache que seja gentil sorrir, atenha-se ao trato de não se comunicar. Mais tarde vocês podem conversar sobre a experiência. É um exercício de autoconhecimento. Proporcione a si mesmo e ao seu parceiro a dádiva de um momento sem julgamentos, sem interferência, sem reações, de comunicação transpessoal de coração para coração, de alma para alma.

- Imagine-se como uma esfera de luz sem finalidade ou sexo, apenas uma nuvem luminosa ou uma esfera transparente. Veja o que se pode observar a partir dessa perspectiva. Experimente sentir seu próprio espírito como totalmente transparente, como um cristal puro que reflete sem distorções tudo que estiver por perto. Um dos meus mestres, o grande mestre tibetano Dilgo Khyentse, costumava segurar um cristal durante a iniciação tântrica e sacudi-lo exclamando bem alto: "O que é a mente?" Dessa forma, ele tentava conduzir os discípulos, por meio de um choque, a uma nova percepção. "A natureza da mente", ensinava-nos ele, "é clara luminosidade." Empregava essa técnica de choque para nos fazer lembrar que a natureza do espírito é clara, lúcida, infinita e radiante.

É importante lembrar que a iluminação não acontece da noite para o dia. É um processo contínuo de amadurecimento espiritual pelo qual passamos. Gosto de encará-la como o processo de preparação de picles. Embeber o pepino em vinagre por um momento ou um dia não faz picles. Ele tem de ficar um bom tempo no vinagre. Quando o pepino fica seis meses ou um ano no vinagre, transforma-se em picles. Caso você o mergulhe no vinagre e o retire, continua sendo apenas um pepino. Mas se o pepino ficar de molho no vinagre com especiarias durante o tempo suficiente, transforma-se em picles. Não poderá nunca mais voltar a ser um simples pepino.

Isso também se aplica a quem teve alguma experiência de iluminação. Por mais maravilhosa que seja a experiência de iluminação, continua significando apenas que, se você teve um lampejo de uma realidade melhor e mais sadia, continua sendo um humilde pepino – portanto, não fique orgulhoso! Satori não é o fim do caminho, mas o início. Como sempre digo, parece mais fácil atingir a iluminação do que permanecer iluminado.

A iluminação não é o que pensamos e a transformação raramente é uma experiência definitiva. Portanto, não é somente a experiência de iluminação propriamente dita que conta, mas vivê-la, personificá-la, estabilizá-la e trabalhar suas implicações na vida cotidiana. É isso que importa. Se a iluminação não se revelar na vida cotidiana, para que serve? A verdadeira realização espiritual manifesta-se como atividade iluminada – como atividade búdica. Não somente revelações. A iluminação é o que a iluminação faz. É onde e como vivemos, não só aquilo em que você acredita. É quem você é e pode ser, não apenas quem você imagina que é. Enquanto isso, esteja atento ao que estiver vivenciando no momento. É o melhor espetáculo.

Aos cinqüenta anos de idade e poucos anos antes de morrer, o mestre iluminado Dogen escreveu um poema que eu acho que revela muito sobre o que significa ver o mundo de uma perspectiva iluminada.

O espírito jovem, limpo, cobre a velha montanha neste outono.
O burro contempla o céu do teto; a lua brilhante flutua.
Nada se aproxima. Nada mais.
Relaxo alegremente – cheio de mingau, cheio de arroz.
Batendo as asas alegremente, da cabeça à cauda,
Céu acima, céu abaixo, o eu da nuvem, de origem na água.

Desde que recebi a iluminação das infinitas maravilhas da verdade, estou sempre alegre e sorridente.

HUNG CH'ENG-CH'OU

ABRIR O CORAÇÃO:
APRENDER A AMAR

O meu mandamento é este: Que vos ameis uns aos outros.
JESUS, segundo João 15:12

Uma vez ouvi uma história a respeito de um grupo de homens e mulheres recém-falecidos que estava em fila diante dos proverbiais portões celestiais. Ansiosos pelo juízo divino, todos começaram a se interrogar a respeito de seu comportamento na Terra. "Fui um bom pai?" "Realizei algo de valor na vida?" "Freqüentei os serviços religiosos do sabá?" "Doei o suficiente aos necessitados?" Quando finalmente chegaram ao portão, só fizeram uma pergunta a todas aquelas almas: "Amaram muito ou pouco?"

É possível que só exista uma pergunta que os buscadores precisam perguntar a si mesmos: "Amo muito ou pouco?"

Desde o início dos tempos, homens e mulheres de coração terno, nobre e grandioso vêm exortando a humanidade a amar uns aos outros. O Dalai Lama disse a seus seguidores: "Se quiserem a felicidade do próximo, pratiquem a compaixão. Se quiserem ser felizes, pratiquem a compaixão." Madre Teresa disse: "Não é o que fazemos que importa, mas o amor que depositamos no que fazemos. Não é quanto damos que importa, mas o amor que depositamos na dádiva."

Aprender a amar é a meta da vida espiritual – e não aprender a desenvolver poderes psíquicos, aprender a fazer reverência, entoar cânticos, fazer ioga, ou mesmo meditar, mas aprender a amar. O amor é a verdade. O amor é a luz.

Em que você pensa quando pensa no amor? Nas pessoas que ama – seus filhos, seu parceiro amoroso, seus amigos? Nos seus bichos de estimação – seu cachorro, seu gato, seu papagaio inteligentíssimo e tagarela? Nas coisas que ama – desfrutar da natureza, pescar, sentar no seu jardim, nadar num lago em um resplandecente dia de verão? No Príncipe Encantado, ou na Princesa Encantada, e no amor que espera um dia sentir? No amor de Deus, no amor da sua comunidade, no amor à música, aos esportes ou à leitura? E o amor à justiça ou à liberdade? Você estende seu amor a si mesmo, pondera sobre o seu nível e o seu grau de amor por si mesmo, amor-próprio e auto-aceitação?

Quando falamos do amor que temos em nossas vidas, sempre descrevemos admiração por algo que é bonito ou, pelo menos, bonito e comovente para nós. Quando dizemos que amamos algo ou alguém, o que geralmente queremos dizer é que amamos o que esse algo ou alguém nos faz sentir. Podemos dizer que amamos determinada pessoa mas, ao analisar melhor, o que realmente amamos? Nossos pensamentos não raro exprimem uma postura do tipo "Amo o que sinto quando estou com você – a maior parte do tempo". Ou "Amo meu trabalho, mas mal posso esperar pelo fim de semana". Então o que isso significa? Que não amamos essa pessoa nem esse trabalho quando ela ou ele não produz uma sensação agradável? Ao percorrer o caminho espiritual, estamos tentando compreender melhor o que significa o amor; estamos aprendendo a abrir o coração e a cultivar uma espécie de amor mais profundo, menos egocêntrico, mais fidedigno e mais abrangente.

Meu primeiro guru na Índia foi o fantástico santo hindu Maharaji Neem Karoli Baba. Todos os seus ensinamentos revelavam um amor apaixonado por Deus, combinado com serviços amorosos à humanidade. Enquanto hindu "bhakta" (devoto), dedicou toda sua vida espiritual à busca da união com Deus; enquanto mestre, abriu o coração e ensinou aos discípulos que o amor-luz divino brilha dentro e através de todos. Ao seu lado sempre havia um tradutor-assistente. Mesmo assim, Neem Karoli Baba, que chamávamos de Maharaji, que significa "grande rei", falava pouco e dava ainda menos aulas ou palestras. Todos os seus ensinamentos pareciam estar contidos no amor radiante com que nos abraçava, seus discípulos e seguidores.

Depois que o Maharaji morreu, deram a alguns de nós páginas do seu diário. Lembro-me que fiquei esperando receber aquela lembrança de seu legado e ansiava ler aquelas páginas, pois imaginava que deviam conter anotações sobre sua vida e seus pensamentos. Eu esperava que suas palavras talvez lançassem alguma luz ou me revelassem algo sobre aquele santo misterioso que, durante um período de minha vida, eu via quase diariamente, mas que parecia para quase todos nós ser perfeitamente incompreensível. Quando as páginas foram distribuídas, vimos o que o Maharaji escrevia. Em cada página havia uma nova data e somente uma palavra escrita repetidamente, em tinta vermelha: "Rama, Rama, Rama", que é outra forma de dizer Deus. Era o mantra do Maharaji e esse amor pelo divino era seu legado.

Lembro-me que um dia, no ashram do Maharaji, ele estava sentado na cama da varanda e cerca de vinte de nós estávamos sentados em frente a ele. Ele nos surpreendeu a todos ao perguntar, por intermédio do tradutor, "Como Cristo meditava?" Ficamos todos emudecidos. Nunca havíamos pensado em Cristo e meditação. O Maharaji então exclamou, em resposta a sua própria pergunta: "Ele se perdia em amor, se perdia em amor, se perdia em amor... se perdia em amor!" E depois fez silêncio.

Platão explicou o amor assim: "O amor é uma espécie de loucura, uma loucura divina." Como definir um louco divino? Quem consegue entender a intoxicação de Deus de São Francisco, Rumi ou de outros "loucos por Deus"? O grande iogue tibetano Milarepa disse: "Loucura é a característica da minha linhagem: enlouquecidos pela devoção, enlouquecidos pela verdade, loucos pelo Darma." A vida de Neem Karoli Baba foi um exemplo desse tipo de loucura de amor. Seu amor apaixonado pelo sagrado irradiava através dele e transbordava em cascata sobre quem estivesse por perto. Para quem estava com ele parecia que simplesmente não existia nenhum outro lugar para se estar. Seu principal ensinamento foi amar, servir e lembrar-se de Deus por intermédio do amor, do serviço e de lembrar-se da humanidade – servindo a Deus por meio do serviço à humanidade.

Quando o conheci, Neem Karoli Baba já estava com mais de oitenta anos, ou talvez até mais de noventa; ninguém deixava de perceber que ele tratava a todos igualmente – pessoas a quem conhecia havia 50 anos ou pessoas que mal haviam chegado. Ele era uma grande inspiração. Em seu ashram, vários santos freqüentemente nos contavam histórias do Ramayana, o antigo épico sânscrito. O Ramayana, que os hindus consideram sagrado, conta a história de Rama, uma encarnação do Deus Vishnu e de sua companheira divina Sita. Na Índia, Deus é representado nas formas masculina e feminina. Rama e Sita, portanto, personificam o Sr. e a Sra. Deus.

O Ramayana é uma obra alegórica e mística repleta de espíritos bons e maus. Em suas páginas, Rama e Sita passam por muitas provações; nelas, recebem ajuda do sagrado rei macaco Hanuman, cuja capacidade ímpar de amar e servir revela-se na devoção que sente por Rama e Sita.

As histórias de Hanuman estão entre as minhas favoritas de todos os tempos. A princípio, como a maioria dos ocidentais, eu não entendia o conceito de um deus-macaco. Eu me perguntava: "O que foi?" Depois, quando tudo me foi explicado e esclarecido, o segredo começou a se revelar em toda sua profundidade e importância para minha própria vida.

Sempre recordo a total devoção que o macaco Hanuman sente por Rama e Sita. Ele os ama de todo coração e quer desesperadamente estar sempre com eles, noite e dia. Por fim, Sita lhe diz:

– Hanuman, quando o Senhor e eu estamos sozinhos à noite, você não pode ficar conosco.

– Por quê? Por quê? Por quê? – choraminga ele.

Pacientemente, Sita tenta explicar:

– Hanuman, está vendo esta marca vermelha, o tilak, na minha testa? Ela significa que sou casada com Deus e que só eu posso estar com ele noite e dia. (Pois, na Índia, a marca do tilak vermelho na testa é como a aliança no dedo anular.)

Assim, Hanuman pára de perguntar *por que* não pode estar com Rama e Sita e – como qualquer bom buscador – começa a se concentrar em *como* ele também poderia unir-se com o sagrado – com Deus. Dessa forma, ele se lança em seu próprio caminho espiritual. Na Índia, a cor vermelha representa Deus e a divindade. Hanuman, então, chegando a uma conclusão lógica para um macaco inteligente, vai ao bazar da praça à noite e furta um saco de tinta vermelha em pó. Usa a tinta para pintar o corpo e a alma da cor do divino para que possa estar com suas imagens de Deus, Rama e Sita, aonde quer que estejam. Desde então, conta a história, Hanuman nunca mais se separou deles. Absorve todo seu tempo no serviço ao divino.

Hanuman representa o desejo humano de estar com Deus, sua natureza animal representa a natureza animal de todos nós. Contudo, a natureza animal de Hanuman transforma-se por meio de uma vida de serviço ao divino. Ele personaliza a idéia de que se dedicarmos nossa vida ao serviço e ao amor, nós também nos tornaremos divinos ou santos. É por isso que chamam Hanuman de deus-macaco. Exatamente como Charles Darwin descobriu, nós evoluímos do macaco – como seres que evoluem e se transformam em seres mais conscientes – um conhecimento que já pertencia à mitologia mundial séculos antes de Darwin.

Na arte religiosa da Índia, Hanuman é sempre representado rasgando o peito. Enterrado em seu peito aberto está um retrato de Rama e Sita, de mãos dadas, como fazem os casais na cerimônia de casamento, em meio a uma guirlanda de flores. Por intermédio de seus atos e de seu serviço, Hanuman conseguiu interiorizar o sagrado e descobri-lo em sua própria alma. Ele exemplifica o caminho até Deus por meio da devoção, do serviço desinteressado e do amor incondicional.

Certa ocasião, no nosso ashram, enquanto ouvíamos um mendigo ou santo, conhecido como "saddhu", ler trechos do poético Ramayana, o Maharaji se emocionou tanto com o relato do amor e da devoção de Hanuman, que pulou de onde estava sentado, com lágrimas rolando pela face, e correu para o quarto. Ele não conseguia se conter ao ouvir a respeito do amor expresso naquele conto épico que certamente já ouvira milhares de vezes antes. Sempre que me sinto espiritualmente árido ou complacente, penso no Maharaji, lembro-me da história do macaco e sorrio para mim mesmo; sempre.

O Maharaji morreu perto de um de seus ashrams na Índia na hora exata da lua cheia de setembro de 1973. Quando a enorme procissão de seguidores acompanhava o corpo pela antiga cidade sagrada de Brindavan, dezenas de milhares de pessoas enlutadas alinhavam-se na rua para jogar flores no caixão. Em homenagem a ele, houve cânticos, canções e músicas espirituais, e também distribuição de alimentos para o povo da cidade durante vários dias.

No templo do Maharaji há uma enorme estátua de mármore avermelhado do amado, santo e heróico macaco Hanuman. Todos me contam que no dia da cremação de Neem Karoli Baba, viram lágrimas rolando pelo focinho do macaco de mármore. Os ensinamentos do Maharaji de servir a Deus ao servir à humanidade serviram realmente para abrir o coração. Ele já morreu há mais de vinte anos, mas sempre penso em seu grande amor por Deus e pela humanidade.

Todas as tradições religiosas e espirituais têm santos e santas que inspiram amor pela sua capacidade de amar. Madre Teresa, o Dalai Lama, São Francisco de Assis, Albert Schweitzer, Baal Shem Tov, Rumi, Kabir, Santa Teresa d'Ávila, Hildegard von Bingen. Em todas as culturas, em todos os tempos, em todos os lugares, existiram gigantes espirituais que caminharam entre nós. Alguns podem nunca ter sido reconhecidos ou canonizados por nenhum grupo religioso formal, mesmo assim seu comportamento revelava santidade. E a qualidade que esses gigantes espirituais representavam era o amor.

Às vezes algumas pessoas me contam que foram felizardas por terem sido educadas com exemplos espirituais amorosos. Recordam-se de avós, avôs, tios, tias e pais que eram sempre bondosos e amorosos – não tinham emoções negativas nem comportamentos negativos. Esses modelos emanavam bondade, compaixão e carinho. No Tibete, esses gigantes espirituais anônimos não proclamados têm até nome: são conhecidos como iogues ocultos.

Em fins da década de 1960 e início da de 1970, inúmeros ocidentais foram à Ásia para estudar budismo. A maioria dos que ficaram fizeram-no porque tiveram a sorte de encontrar mestres e gurus que os aceitavam como discípulos e personificavam o amor diariamente na forma de generosos benfeitores e mentores. Esses mestres tinham muito a nos ensinar sobre a meditação, mas tinham ainda mais para nos ensinar sobre o amor e sobre o que significa ser bom, generoso, piedoso e alegre.

Todos jogamos a palavra "amor" por toda parte, como se soubéssemos do que estamos falando e estivéssemos falando da mesma coisa. Todavia, existem três tipos distintos e independentes de amor:

1. *Amor instintivo*
   É o amor que muita gente chama de "química". O amor instintivo acontece quando somos atraídos para outro ser humano por meio de uma combinação de carma, feromônios potentes e energia sutil. Costumamos chamá-lo de romance, luxúria ou paixão; prefiro a expressão "amor instintivo". O amor instintivo às vezes serve de base para um amor mais profundo, mais emocional – outras vezes, não.

2. *Amor emocional*
   O amor emocional nos faz sentir unidos e vinculados. Sentimos esse tipo de amor pelos pais, companheiros, filhos e amigos. Com algumas pessoas, sentimo-nos tão unidos que empregamos a expressão "almas gêmeas". O amor emocional não raro começa com a sensação de gostar de alguém; a partir de então o amor vai crescendo cada vez mais com o tempo, conforme vamos aprendendo a confiar e a abrir o coração.

3. *Amor consciente*
   Sempre nos referimos ao amor consciente como amor incondicional ou divino. De todos os tipos de amor esse é o mais difícil de cultivar. O amor consciente define a capacidade de amar sem reservas ou segundas intenções. Emprego o termo "consciente" porque esse amor assenta-se sobre o alicerce firme da intencionalidade. Não é obra do acaso, não evolui da luxúria, da fantasia nem da necessidade; não esperamos nada em troca além da alegria irradiante de simplesmente amar.

Percorrer o caminho espiritual significa que estamos tentando aprender a amar conscientemente. Enfatizamos a palavra "tentando" porque é o que estamos fazendo – amando com todas as nossas forças. Acho que os buscadores às vezes tendem a se condenar por não haver dominado totalmente o amor incondicional. Já ouvi algumas pessoas dizerem: "Sou incompetente. Só será verdadeiramente amor quando eu conseguir amar como Deus." Mas quem é capaz de amar como Deus?! Somos seres humanos tentando compreender e cultivar o que significa sentir o amor divino. Precisamos começar com metas pequenas, realistas.

As pessoas que mais nos ensinam a respeito do amor geralmente o fazem por meio de sua capacidade de expressar o amor diariamente em dezenas de formas pequenas. Madre Teresa disse: "Não podemos fazer grandes coisas. Só podemos fazer pequenas coisas com muito amor." Madre Teresa tinha menos de um metro e meio de altura, contudo era um gigante espiritual. Ela também disse: "O que estamos fazendo é só um pingo no oceano, mas se esse pingo não caísse no oceano, acho que o oceano seria menor por causa da falta desse pingo."

Acho que é útil tentar interpretar literalmente as palavras de Madre Teresa e nos concentrar nas pequenas coisas que acontecem a cada hora. Precisamos realizar nossas intenções procurando maneiras pequenas e concretas de demonstrar nosso amor pelos seres que cruzam nosso caminho. Ao tentar aumentar nossa capacidade de amor, temos de praticar o amor. É como um músculo que se precise exercitar regularmente para que seja mais eficiente.

Mas como praticar o amor? O amor é um conceito imenso. Para entender melhor a prática do amor, vamos dividi-lo em alguns de seus componentes inter-relacionados; assim, o amor se torna uma meta mais viável.

❦ *A prática do perdão*. Vivemos num mundo pleno de injustiças. Algumas delas parecem dirigir-se diretamente para nós, e freqüentemente reagimos levando-as para o lado pessoal. "Fizeram uma maldade comigo!" "Frank esqueceu o Dia dos Namorados!" "Marla é tão insensível! Deixou-me plantado na chuva outra vez!" "Ted me trocou por outra".

Não conhecemos pessoas que nos provocaram tanto sofrimento que o perdão nos parece demais? Algumas experiências parecem destinar-se a nos deixar com um pouquinho de amargura, um tantinho que não conseguimos desprezar, um tantinho que se congela na alma.

E as injustiças enormes deste mundo – tão horríveis que chega a ser difícil imaginá-las? Quando falamos em amor e perdão, é inevitável que alguém levante a mão para questionar sobre Hitler e o Holocausto. Devo admitir que não tenho respostas prontas. Alguns eventos são tão indescritíveis que, como diz o ditado, "até Deus se envergonha".

Se você nasceu na Argélia, alguém pode realmente esperar que você perdoe o que fizeram com seus irmãos, irmãs, pais e filhos? E se assassinaram membros da sua família no Holocausto, ou se você nasceu em Ruanda, na Bósnia, no Camboja, ou em dezenas de outros lugares onde o ódio governa e prevalece? Como perdoar o genocídio? Como esquecer o *apartheid*? Como é que o Dalai Lama consegue perdoar os chineses comunistas pelo que vem acontecendo ao povo do Tibete? Contudo, sei que perdoa. É a poderosa magia espiritual do coração sábio e amoroso.

Perdão e paciência diante do mal são uma questão difícil. Quem consegue compreender as exibições inacreditáveis de crueldade que acontecem diariamente à nossa volta? O próprio Dalai Lama me disse que não é totalmente refratário à ira. Mas aprendeu a conviver com ela; aprendeu a aprofundar a própria compaixão e capacidade de perdoar. Cada ato de perdão é, naturalmente, um ato de amor. Também é um ato de liberação da sabedoria; liberta a alma e o espírito dos fardos pesados e deixa livres para experimentar mais uma vez o momento presente, deixando de lado as ponderações sobre o passado e o futuro. É um milagre interno que todos temos o poder de realizar, eu garanto.

Quando somos incapazes de perdoar, sofremos as conseqüências. Pagamos um preço terrível pelo rancor, pela ira, pelo ressentimento e pelo ódio. Tanto a saúde física quanto a emocional sofrem com isso. Todos precisamos da capacidade de perdoar. É importante, porém, compreender que podemos perdoar sem esquecer. Thomas Szasz escreveu: "O idiota não perdoa nem esquece; o ingênuo perdoa e esquece; o sábio perdoa, mas não esquece." Se uma pessoa ou uma situação nos magoa, a sabedoria e o bom-senso nos mandam evitar situações semelhantes. A sabedoria e o amor estão sempre relacionados.

Quando esquecemos o passado, quando repudiamos o sofrimento, seja nosso ou de outra pessoa, repudiamos nossa memória e, como Elie Weisel ressalta de forma tão comovente, repudiamos a esperança. É difícil perdoar Adolf Hitler, Pol Pot ou Idi Amin, mas tentamos perdoar uma humanidade que permitiu o florescimento do ódio que se encontra no nazismo, no racismo ou em qualquer outra forma de ódio. Precisamos perdoar nossa própria participação nisso, mesmo que tenhamos jurado resistir ao ódio. Se não conseguirmos fazê-lo, não há esperança para o futuro.

Lembrar as muitas injustiças e crueldades deste mundo ajuda-nos a nos tornarmos mais conscientes do nosso próprio comportamento e dos nossos pensamentos. Se realmente abominamos a desumanidade do homem com a humanidade, como sempre dizemos, então precisamos nos esmerar em desarraigar da nossa própria mente e coração todas as formas de ódio e preconceito. Isso é certamente necessário para nossa paz de espírito e nosso bem-estar, bem como para promover a paz mundial. Isso faz parte do amor.

Talvez uma das coisas mais importantes que os buscadores precisam ter em mente no tocante ao perdão é que às vezes precisamos começar por perdoar a nós mesmos. Precisamos fazer as pazes com nossas próprias recordações. Todos fizemos coisas que nos fazem estremecer. Todos fizemos coisas que achamos precisar de perdão. Mas seremos capazes de fazê-lo?

Minha amiga Gail engorda com facilidade; quando come uma só caloria a mais, não consegue se perdoar. Semana passada, Alan perdeu a cabeça com os filhos; gritou com eles. O sentimento de culpa é tão grande que ele não consegue se perdoar; acha que é um mau pai. Dorothy internou a mãe, que está com o mal de Alzheimer, num asilo para idosos; muito embora Dorothy ache que não tinha escolha, não consegue se perdoar e gostaria que pudesse ser de outra forma. Barbie perdeu a pasta do patrão cheia de documentos importantes. O patrão a perdoou e pediu que ela deixasse para lá, mas ela não consegue se perdoar. Dennis acha que partiu o coração da namorada; simplesmente não consegue se perdoar. Sempre que Daniel faz algo errado no trabalho, os colegas de escritório ouvem-no repreendendo a si mesmo. "Mas que burrice!", diz ele, muito chateado. Às vezes até bate na cabeça com a palma da mão. "Idiota!", exclama. O que terá ele feito ou pensado que mereça tanta condenação? Por que é tão duro consigo mesmo?

Freqüentemente precisamos começar a nossa prática do perdão simplesmente tornando-nos mais generosos conosco mesmos. São Francisco de Sales escreveu: "Tenha paciência com todos, mas, acima de tudo, consigo mesmo... Não se desanime com suas imperfeições. Como teremos paciência para lidar com os erros do próximo se formos impacientes para lidar com os nossos próprios erros?"

Não esqueça que até a Receita Federal tem um estatuto de limitações.

❊ *A prática da aceitação e da compreensão*. Nos círculos espirituais fala-se muito sobre a tolerância e a aceitação incondicional, mas será difícil aceitar os outros se não começarmos com uma compreensão básica de que todos os seres querem mais ou menos a mesma coisa. Todos queremos ser felizes. É assim que vamos começar – todos nós, sem exceção. No percurso as coisas se distorcem.

Algumas semanas atrás, minha assistente compareceu a um culto dominical numa igreja protestante do bairro onde mora. Uma parte do culto chama-se Alegrias e Tristezas, e os fiéis que quiserem levantam-se e falam de suas experiências e necessidade de apoio e oração. Uma mulher chamada Andetrie Smith levantou-se e disse que acabara de ter uma experiência no metrô de Nova York. Ela estava no trem quando chegou alguém que estava pedindo dinheiro para duas crianças porque o pai, num momento de ira incontrolável, incendiara a casa da família e os filhos se queimaram.

A mulher que estava no assento ao lado de Andetrie ficou visivelmente aborrecida.

– Que coisa horrível – disse ela. – Acho que gente assim devia morrer. Ele devia ir para a cadeira elétrica! O que você acha? – perguntou, virando-se para Andetrie.

Ao relatar essa conversa, Andetrie disse que não teria dito nada, mas a mulher pediu sua opinião, então ela a deu:

– Não. Concordo que essa pessoa fez uma coisa horrível, mas acho que odiar e desejar a morte de alguém não adianta nada neste mundo. Acho que devemos tentar compreender o que o levou a fazer isso e tentar amar, aceitar e compreender a pessoa, embora detestemos o ato que ela cometeu.

– Não vejo como isso seria possível – respondeu a mulher.
– Sou judia e as pessoas odeiam os judeus, por exemplo.

Andetrie, que era negra e fora criada no sul quando ainda havia segregação, disse:

– Pois eu não odeio os judeus. E compreendo perfeitamente o que é sentir ódio e discriminação. Acho que devemos todos tentar encontrar meios de compreender uns aos outros.

Ela acrescentou que até Malcom X, por exemplo, mudou de opinião nos últimos anos de vida, antes de ser assassinado.

Andetrie Smith acredita que amar é tratar os outros da forma que queremos ser tratados. E que gostaria de ser sempre tratada com compreensão, sinceridade e respeito. Quando falou com aquela mulher, ela estava tentando ser sincera. Ao sair do trem, Andetrie disse que se sentiu mal por causa daquela história de ódio que ouvira a respeito do pai e dos filhos, mas também achava que fora uma experiência positiva, pois achava que havia realmente se comunicado com aquela mulher e percebeu que a deixara pensando no que disse.

Adoro essa história porque oferece um exemplo concreto de como podemos todos tentar ampliar o círculo da compreensão. Andetrie não desistiu diante da ira da outra passageira; não formulou por conta própria e irrefletidamente um juízo a respeito da incapacidade daquela mulher de amar e aceitar. Pelo contrário, tentou compreender o ponto de vista da outra mulher, criando um elo de empatia com ela ao tentar divulgar o valor do amor maior e da compreensão. Cada pequeno esforço já ajuda.

Aceitar e compreender o que os outros sentem – "sua história de vida" – pode ser uma das maiores exigências que o amor faz de nós. No caminho espiritual tentamos reconhecer que podemos detestar os atos de alguém sem detestar a pessoa.

Julgamos a ação, e não a pessoa. Dessa forma começamos a nos aliviar de alguns dos fardos que pesam sobre nós. Começamos a nos aliviar dos fardos da ira, do rancor, do ressentimento. Todos temos algum ressentimento, é claro. Muita gente, por exemplo, se ressente dos próprios pais. Quando se tornam pais também, suas opiniões a respeito dos pais mudam um pouco. Percebem que, por mais que tentem ser ótimos pais, ainda assim fazem imposições aos filhos. Percebem que seus próprios pais eram apenas humanos. Não raro o perdão e a ternura retornam sorrateiramente. É um círculo, a roda do ser e do adaptar-se que gira sem parar. Todos estamos nos reciclando continuamente.

No budismo, quando se fala no coração do amor, a palavra que se emprega é "Bodhicitta". O termo "Bodhicitta" significa literalmente "mente desperta" ou "mente da iluminação". Quando cultivamos o Bodhicitta, ou a mente de iluminação, o que cultivamos é um coração aberto, repleto de amor e interesse pelo bem-estar de todos os seres. Ao despertar para o sagrado, abrimos nosso coração até que esteja suficientemente grande para abraçar todos os seres, e também opiniões, mesmo aquelas diferentes das nossas.

O Buda disse: "Quando você não se vê como diferente dos outros, quando sente o que os outros sentem, a quem poderá fazer mal?"

❉ *A prática da não-violência e do apreço pela vida.* Talvez o princípio primeiro da espiritualidade no mundo inteiro seja a não-violência. Um dos mandamentos principais é "Não matarás". O Buda disse que poderia resumir em quatro linhas os 45 anos de sua carreira doutrinária:

> *Não fazer o mal,*
> *cultivar o que é bom e salutar*
> *purificar o coração e a mente*
> *Estes são os ensinamentos do Iluminado.*

Em sânscrito, a palavra "ahimsa" significa não-violência, um afastamento radical de fazer qualquer tipo de mal ao próximo. Esse era o princípio primeiro do Mahatma Gandhi, cujo poder da verdade combinado à resistência passiva, não-violenta, solapou as bases do domínio do imperialismo militar inglês na Índia. Foi Gandhi que disse que não odiava os ingleses, só condenava o que faziam no governo do país dele. Ao receber o Prêmio Nobel da Paz pela resistência não violenta à opressão militar sobre seus compatriotas no Tibete e por pregar a resistência não violenta contra os abusos aos direitos humanos em todo o planeta, o Dalai segue os passos de Gandhi e de Martin Luther King.

Quando falamos em apreço pela vida, também nos referimos a fazer todo o possível para criar um mundo mais justo e igualitário. Gandhi disse em certa ocasião que a maior das violências é a pobreza. Não adianta, portanto, exortar os valores espirituais mas ignorar os verdadeiros problemas humanos da nossa época. Temos apreço pela vida quando cultivamos um espírito generoso e nobre; temos apreço pela vida ao fazer tudo o que estiver ao nosso alcance para salvar o planeta e os seres que nele habitam.

No budismo, na tentativa de ter apreço pela vida, reconhecemos que existem muitos tipos de criaturas e todos os tipos de seres, visíveis ou não. Começamos conosco, prezando nossa própria vida, admirando e dando o devido valor às oportunidades maravilhosas que temos. Estendemos, então, esse apreço às pessoas que mais amamos, reconhecemos que, naturalmente, prezamos essas vidas. Ampliamos o círculo ainda mais e começamos a pensar no que significa prezar a vida de estranhos e até daqueles de quem não gostamos. Continuamos estendendo nosso amor e, assim, o círculo cresce ainda mais. Por fim, conseguimos alcançar cada vez mais longe e inserimos mais e mais seres no nosso círculo de amor. Incluímos nossos bichos de estimação e os bichos de estimação dos nossos amigos também. Com o tempo, estendemos tão longe o nosso amor, que atingimos seres que consideramos insignificantes: besouros, formigas, ratos, cobras e, sim, até baratas. Podemos prezar essas vidas? Podemos ter apreço por todas as vidas? Pois todas as formas de vida são sagradas, sacrossantas e invioláveis. Assim como nós, ninguém quer morrer, sofrer, ficar doente ou perder os entes queridos.

É fácil dizer: "Eu não mato. Sou uma pessoa boa. Sou pacifista." Mas, e as matanças sutis? Quantas vezes esmagamos insetos sem pensar? Ou até mesmo quantas vezes esmagamos o espírito de outra pessoa? Quando estava na primeira série, lembro-me de que cortava caminho da escola para casa por um estacionamento atrás de um supermercado. Certo dia, havia umas caixas e uns caixotes, e um filhote de passarinho moribundo embaixo dos caixotes. Envergonho-me de dizer que completei o serviço. Parte de mim estava realmente pensando em acabar com o sofrimento dele. Mas o que pensava o resto de mim? Talvez eu tivesse visto *King Kong* na televisão uma semana antes. Acabei sentindo-me muito envergonhado. E ainda estou envergonhado. Eu estava fazendo algo que me fora imposto – talvez por filmes de guerra.

Senti tanto remorso e vergonha pelo que fiz que só contei a alguém muitos anos depois. Ao pensar no assunto, acabei jurando nunca mais fazer nada parecido. Não consigo mais matar mosquitos, por exemplo. Todos temos uma espécie de folha corrida interior que nos lembra das vezes em que não fomos sensíveis, em que deixamos de amar e prezar todas as formas de vida. Reconhecer nossas transgressões, ter arrependimento e jurar nunca mais fazê-lo é um modo de ajudar nosso carma e de ajudar a nós mesmos. Isso nos faz mudar de direção e seguir um rumo mais nobre na vida.

Madre Teresa é um exemplo a seguir porque foi capaz de amar e cuidar dos esquecidos e dos enfermos. Sua missão de cuidar dos mais atingidos pela pobreza, dos enfermos e dos moribundos começou na década de 1940, quando deparou com uma moribunda nas cercanias de seu convento em Calcutá. Madre Teresa percebeu que a desgraça daquela mulher não era incomum, e jurou que faria todo o possível para ajudar aos que sofriam sozinhos. Quando caminhava pelas ruas da Índia, ninguém era insignificante para seu olhar atento e amoroso. Ela foi capaz de estender seu amor a quem outras pessoas achariam repugnantes ou sem valor. Outra pessoa poderia ter passado por aquelas ruas e olhado para outro lado, em vez de ver os sofredores, mas Madre Teresa, pelo contrário, optou pela tentativa de cuidar daquelas almas que os outros haviam esquecido.

Temos apreço pela vida sempre que usamos nossa energia para promover a harmonia, a paz e a reconciliação entre todos os seres. Os monges da Ásia caminham com muito cuidado para não pisar em insetos. Fazem o possível para não matar nem uma forma de vida, principalmente quando viajando ou cavando a terra. Quando presenciei esse comportamento pela primeira vez fiquei encantado, mas não entendi muito bem.

Ano passado fui visitar amigos no interior da Nova Inglaterra e estava caminhando por uma estrada após uma tempestade. Havia muitas lesminhas rastejando pela estrada, onde poderiam ser esmagadas por carros e eu, espontaneamente, acabei transportando as lesminhas até o outro lado da estrada, na direção em que estavam seguindo. Quando pensei no que estava fazendo, percebi que havia realmente progredido muito. Mas também comecei a me perguntar por que salvar criaturinhas sempre que possível é uma *prática*. Ajuda-nos a cultivar um prática de amor – a certeza de que todas as vidas são preciosas. Foi a parte mais bonita do meu dia.

❦ *A prática da compaixão e da empatia.* Ser compassivo é ser capaz de ter uma compreensão profunda do que outros estão sofrendo. As modernas pesquisas psicológicas sobre o altruísmo demonstraram que todos temos dentro de nós, num nível fundamental, o desejo inato de ajudar. Há mais bondade fundamental em nós do que normalmente acreditaríamos possível. Ficou provado sobretudo que a compaixão e o altruísmo fazem bem. Melhoram a saúde física e mental e nos trazem um bom carma. Chogyam Trungpa Rinpoche costumava chamar a natureza búdica de "bondade fundamental". Essa tradução não era literal, mas era como ele entendia seu verdadeiro significado. Temos a bondade inata; a natureza humana é essencialmente boa e generosa.

Uma das maneiras práticas de incrementar a compaixão é eliminar as barreiras. Muitos de nós nos tornamos teimosos, insensíveis, isolados por camadas de mecanismos de defesa do ego adquiridas durante os incontáveis conflitos ao longo da estrada da vida. A prática espiritual pode ser comparada ao amaciador de carne, só para sermos mais delicados. Sem usar martelo ou outras técnicas rudes, salpicar um pouquinho diariamente pode nos ajudar a ativar nossa ternura.

Ter consciência do sofrimento, seja ele nosso ou de outrem, ajuda a enternecer. Pode nos comover, nos tornar mais amorosos ao nos tornar mais sinceros. A provação de uma doença grave, de uma tragédia, ou mesmo um coração partido devido a um romance fracassado, pode amenizar o coração. A crise e a tragédia surtem o efeito de uma cirurgia cardíaca. São Francisco de Assis era um adolescente libertino, rico e indisciplinado, mas uma doença grave o deixou acamado e, após alguns meses de repouso, revelou-se uma pessoa de grande compaixão e sensibilidade para com os pobres, os infelizes, os indefesos e os enfermos. A compaixão de São Francisco e sua capacidade de se identificar e de se comunicar com os outros, inclusive com animais selvagens e pássaros, fizeram dele um dos santos mais amados. Sempre vemos estátuas de São Francisco nos jardins, com pássaros pousados nas mãos e nos ombros, e outros animais deitados perto de seus pés.

Podemos aproveitar nossas próprias experiências de vida para enriquecer nossa compaixão. De certa forma, todos sabemos o que é sofrer física e emocionalmente. Com esse conhecimento, podemos nos inspirar a fazer o possível para ajudar a curar o próximo. Quando nossos filhos choram, reagimos rapidamente a seu sofrimento. Por que deveríamos nos importar menos com os filhos de outras pessoas? Até os animais selvagens têm mãe e lar para onde voltar à noite.

Pensar nos exemplos de homens e mulheres piedosos de todos os tempos, inclusive de hoje, ajuda-nos a abrir a alma e o espírito, e a aumentar nossa capacidade de exercitar o amor e a bondade em tudo que fizermos. Certa vez Abraham Lincoln disse: "Para mim, a religião de uma pessoa não vale nada se o cachorro ou o gato dela não estiverem em situação melhor por causa dela."

❊ *A prática da cordialidade e da bondade*. O Dalai Lama disse recentemente que o mais importante na vida são a cordialidade e a afeição humanas. Que simples, que sábio, que humano... Como praticarmos a cordialidade, a bondade e a afeição? Simplesmente fazendo com que as outras pessoas se sintam amadas. Quando nos encontramos com o Dalai Lama, ele imediatamente nos faz sentir que gosta de nós.

A cordialidade e a afeição são um meio de comunicar amor, carinho e aceitação. Tentamos ser calorosos e afetuosos com nossos filhos, nossos amigos e nossa família, com vizinhos, colegas, conhecidos e estranhos. O que devemos nos perguntar é se podemos nos empenhar mais.

Podemos ser um pouco mais bondosos, gentis, mais amorosos com as pessoas à nossa volta? Isso requer uma certa dose de determinação consciente. Acho que é importante pensar em falar com gentileza, e estar mais presente com as outras pessoas, mesmo quando estamos sobrecarregados ou ocupados. Devemos pensar em usar palavras que transmitam aceitação e apoio. Precisamos pensar em ser mais generosos com o que temos – com nosso tempo, com o que sabemos, com nossos recursos financeiros e com nossos sentimentos e emoções. Um pouco de bondade, um pouco de cordialidade, um pouco de afeição, um pouco de empatia contribuem muito em todos os nossos relacionamentos. Sabemos que isso é verdadeiro com relação aos nossos filhos, parceiros e amigos. Mas também é verdadeiro com outros – até em encontros fortuitos com pessoas que talvez nunca mais vejamos. Precisamos viver de forma a expressar nossa fé na importância do amor-bondade.

❀ A prática da alegria

A alegria é prece; a alegria é força; a alegria é amor...
O coração alegre é o resultado inevitável de um coração ardente de amor.

MADRE TERESA

Espírito significa alegria! Despertar é alegria. A vida é um milagre para ser celebrado e amado.

É importante que nós nos encontremos e sigamos o nosso "caminho da alegria". Quando estamos alegres, quando estamos felizes, compartilhamos amor espontaneamente. Pense, então, no que faz seu coração cantar. O que você faz para tornar-se feliz? O que nutre o seu espírito e vivifica o amor na sua alma? Não esqueça que a vida espiritual é vibrante, e não maçante; é extática, e não estática. Descobrir maneiras de trazer mais alegria à sua vida ajuda a disseminá-la.

Além de iluminar nosso rosto, a alegria cura nossas doenças. Você não se sente feliz quando vê uma criança sorrir? Não se sente feliz quando vê alegria à sua volta? Sorrimos em ocasiões alegres –

nascimento de um bebê ou qualquer celebração especial do amor. São amplos sorrisos de amor. Recentemente, conheci uma jovem mãe cuja filhinha de dois meses acabara de se recuperar de uma cirurgia para corrigir um problema congênito grave. A criança estivera muito doente, mas depois da cirurgia o prognóstico era de que ficaria boa, saudável e normal. A mãe estava levando o neném saudável para visitar a família, e a alegria era tão intensa que saltava do rosto dela e envolvia a todos que se aproximavam. Às vezes a alegria de outra pessoa – ou até mesmo a nossa própria alegria – é tão maravilhosa que nos leva às lágrimas.

Sempre adorei estar entre tibetanos porque eles são tão exuberantemente alegres e joviais. Deve ter alguma coisa a ver com o ar puro da montanha combinado com sua fé inabalável. Todos gostam da companhia do Dalai Lama porque ele transpira alegria, uma presença tão real, que contagia. Uma vez li um artigo na revista que John F. Kennedy Jr. escreveu a respeito de seu encontro com o Dalai Lama. Ele disse que, quando o Dalai Lama foi embora, teve a impressão de que escureceu, como se a pessoa que tinha uma lanterna tivesse saído da sala. Também tive essa sensação quando estive com Sua Santidade. Talvez você a tenha sentido também com alguém ou com algo especial na sua própria vida sagrada.

O caminho da alegria é o caminho da generosidade – o caminho do coração pleno de amor. Então, sorria. Faça alguém feliz. Seja feliz. Aprenda a amar. Espalhe amor. Seja o amor. Você vai amar!

❦ *A prática da paz*. O reino da paz é um mundo repleto de amor e de não-violência. Para participar do movimento pela paz, basta trabalhar pela reconciliação em todas as áreas da nossa vida. Tentar fazer as pazes com aqueles a quem amamos; tentar fazer as pazes com aqueles com quem tivemos algum conflito; tentar fazer as pazes com o próprio planeta. Eis algumas práticas:

Plantar uma árvore. O Buda fazia questão de que seus monges plantassem pelo menos uma árvore por ano para retribuir a abundância da terra.

Fazer as pazes consigo mesmo permitindo-se um descanso. O descanso é sagrado.

Fazer as pazes com o Divino conectando-se com sua bondade interior ou fazendo uma prece.

Trabalhar pela paz de todas as formas possíveis, diariamente. Abrande-se e seja a paz.

Ajude uma vida; ajude uma alma. O Talmude diz que salvar uma vida é salvar o mundo inteiro.

Num ensaio chamado "Esperança, Desespero e Recordação", a ganhadora do Prêmio Nobel Elie Weisel escreveu: "A humanidade precisa lembrar que a paz não é uma dádiva de Deus às suas criaturas, é a nossa dádiva de uns para os outros." Thich Nhat Hanh diz: "Seja a paz, em vez de somente falar da paz."

Om Shanti, Shanti, Shanti. Paz, paz, paz.

O amor é muito complicado e demonstramos amor de maneiras que nem imaginamos. Como os pais do mundo inteiro sabem, às vezes o ato mais amoroso é dizer "não"; às vezes o ato mais amoroso é "ceder". Tenho uma amiga que me disse que, quando deu à luz seu primeiro filho, passou mais de dez horas em trabalho de parto, lutando e chorando, e parecia que o bebê não nasceria nunca. Por fim, a enfermeira disse:

– Empurre mais uma vez.

Minha amiga respondeu furiosa:

– Não consigo!

E a sábia parteira gritou:

– Grite que odeia o neném!

E a minha amiga gritou:

– Odeio este neném!

De repente, alguma coisa cedeu dentro dela, e a garotinha linda e saudável nasceu.

Sutis e misteriosos são os caminhos do amor.

No ano passado, minha amiga Kathy foi a Indiana para assistir ao enterro de uma mulher chamada Mary Davis. A sra. Davis, que morreu aos 89 anos, era mãe de quatro filhos adoráveis. Durante a cerimônia, minha amiga Kathy sentou-se numa fila atrás da filha de Mary, Margi, e de um dos netos de Mary, Jonathan, que estava fazendo um panegírico.

Quando Jonathan, atualmente um homem seguro de si e bem-sucedido, se levantou para falar, contou algumas de suas experiências de infância. Disse que, quando criança, tinha deficiências de aprendizado que o deixavam muito desanimado. Disse que se lembrava de dias em que achava não ser capaz de fazer nada direito e que odiava a escola. E que uma das coisas mais inspiradoras, significativas e animadoras de sua infância era uma prece da família, ensinada pela avó Mary à mãe dele, Margi, que, por sua vez, ensinou a ele. Toda manhã antes de Jonathan ir para a escola, a mãe lhe segurava as mãos, olhava nos olhos dele e repetia a prece. Esse fora o legado de Mary para a família. Eu não conheci Mary, mas sempre penso nela e em sua prece de amor.

PRECE DE MARY

É através de mim que Deus resplandece.
Ele e eu não somos dois, somos um.
Ele precisa de mim onde estou e como sou.
Não preciso duvidar, nem temer, nem planejar.
Se estiver despreocupada e livre,
Ele realizará seu plano de amor por meu intermédio.

SEGUNDA PARTE

MÉTODOS DE PRÁTICAS ESPIRITUAIS

*Não é uma questão de se ter fé.
É uma questão de se praticar.*

THICH NHAT HANH

A sua bondade inata precisa de cultivo. Quando criamos e mantemos uma prática espiritual, estamos reconhecendo que levamos a sério a nossa vida espiritual. Toda vez que meditamos, rezamos ou fazemos leituras espirituais, ou qualquer outra prática espiritual, estamos honrando nossa natureza búdica inata – honrando a luz interior, honrando o melhor de nós mesmos e nosso mais elevado potencial. Estamos nos sintonizando com o sagrado.

Temos tanto o que fazer diariamente, tanto trabalho, tanta manutenção pessoal. Acordar, tomar banho, escovar os dentes, pentear o cabelo, tomar suco, levar as crianças à escola, ir trabalhar, fazer uma reunião, ir almoçar, ir ao dermatologista, lavar a roupa, ir buscar as roupas que mandamos lavar a seco, passar algum tempo com uma pessoa importante, comparecer a reuniões de pais e mestres, ligar para os amigos, comprar um presente de aniversário para a mamãe, levar o cachorro para passear, para não falar em pensar no que está passando na televisão e no que há para o jantar. É bem longa a lista de tudo o que temos de fazer e de tudo o que queremos fazer. E tudo é importante. Mas isso não quer dizer que você deva negligenciar sua vida espiritual.

Existe muita gente, buscadores sinceros, que resistem à idéia da prática espiritual. Acreditam sinceramente que o sagrado se encontra em milagres e em ocasiões fortuitas. Pode ser que não tenham encontrado uma prática que lhes agrade. Geralmente não compreendem bem o que a meditação, por exemplo, proporciona. As práticas espirituais como a meditação nos ajudam a permanecer ligados ao que há de sagrado em nós. Se nos perdermos, a prática nos ajuda a nos encontrarmos. É por meio da prática que cultivamos nosso jardim espiritual. Cada pessoa tem suas preferências com relação às práticas, da mesma forma que jardins diferentes contêm plantas distintas. Mas tenho certeza de que existe alguma espécie de prática espiritual comum a todos.

Uma amiga recentemente fez um curso de ioga e a instrutora iniciou a aula dizendo que era uma católica praticante que só conseguiu sentir-se completamente vinculada à fé depois que começou a ensinar ioga. Eu me identifiquei muito com isso. Garanto-lhe que, embora eu seja um lama budista tibetano, ainda me sinto muito ligado à minha ascendência judaica. Mas, a partir da adolescência, eu sabia que estava à procura de algo que as religiões ocidentais não me dariam. Simplesmente nunca me senti totalmente comprometido – corpo e alma.

Talvez a culpa fosse minha por não me entusiasmar com o que acontecia na sinagoga local na adolescência. Mas, quando descobri práticas como a meditação e os cânticos, abriu-se um mundo para mim. Assim como para todo ocidental, para mim a educação religiosa ensinava a ser justo, fiel e a obedecer as leis de Deus. Era uma mensagem poderosa, porém ainda muito racional. Eu nunca tinha ouvido ninguém falar do vínculo corpo-mente-espírito.

Uma das grandes contribuições trazidas do Oriente para o Ocidente – e apreendida nas práticas espirituais orientais – é o conhecimento holista de que mente, corpo e espírito estão indissoluvelmente vinculados. Quando os sufis orientais rodopiam, por exemplo, estão usando o movimento do corpo para centralizar e equilibrar o espírito e a alma. Os iogues místicos já sabem há milhares de anos que podemos recorrer a posturas físicas para alterar o estado mental. A meditação e os exercícios de respiração alteram a química do corpo que, por sua vez, pode influir na cura física e mental. No mundo inteiro, pessoas de todas as fés estão começando a examinar mais profundamente o poder de cura da prece. A prática espiritual funciona em diversos níveis.

Todas as formas de prática espiritual compartilham a mesma essência e a mesma finalidade. Ajudam-nos a distinguir a realidade da ilusão; ajudam-nos a vivenciar a luz clara do entendimento e da sabedoria divina. Um grande mestre zen disse uma vez que, quando ocorrem experiências de iluminação, elas são acidentes. Mas a prática espiritual nos deixa propensos a acidentes, acrescentou depois.

Mantenha uma prática espiritual; se você não alcançar a iluminação nesta vida, receberá luz. Como geralmente se diz, "a prática leva à perfeição". Ou, melhor ainda, a prática é perfeita.

Para tornar mais simples a sua vida, simplifique e purifique já sua mente: construindo e intensificando uma prática de meditação

Não existe magia maior que a meditação. Transformar o negativo em positivo. Transformar trevas em luz – esse é o milagre da meditação.

BHAGWAN RAJNEESH

A meditação sentada é a base e a fundação sobre a qual a prática budista é construída. A própria meditação reflete a essência da simplicidade. Você fecha os olhos, inspira e expira pelas narinas, presta atenção, e acontece algo surpreendente.

Perguntam-me:
– O que, exatamente, acontece na meditação?

Respondo com uma só palavra: Clareza. Freqüentemente acrescento mais uma: Serenidade.

Eis uma lista mais longa de algumas das vantagens fantásticas da meditação:

- A meditação ajuda-nos a tirar da mente a desordem e a confusão.
- Ela nos torna calmos, tranqüilos e mais conscientes dos nossos recursos interiores.
- Gera uma sensação de interiorização, solidez e equilíbrio.
- Aguça nossos sentidos e percepções.
- Ajuda-nos a ver como tudo na vida se encaixa.
- A meditação ajuda a nos tornarmos mais habilidosos na navegação da vida e, conseqüentemente, menos propensos a ser fustigados pelos ventos do destino.

- Aumenta a percepção de nossos problemas e de nossas pendências pessoais.
- Ajuda a nos tornarmos menos egocêntricos e egoístas.
- Ajuda-nos a ganhar maior capacidade e habilidade de amar.
- Ajuda-nos a ganhar maior percepção da natureza da realidade.
- Ajuda-nos a nos tornarmos mais conscientes e capazes de levar nossa vida com mais consciência e compreensão.
- Impede-nos de viver a vida como sonâmbulos; ela nos desperta e nos torna mais conscientes.
- Proporciona inúmeros benefícios à saúde e atribui-se a ela o poder de ajudar no processo de cura de doenças como asma, hipertensão, enxaqueca e estresse, bem como alguns distúrbios de falta de concentração.

Quando olho para trás, não consigo me lembrar com exatidão dos meus motivos iniciais para meditar. Eu ainda era um estudante universitário que não tinha nem vinte anos de idade. Lembro que era alguém que estava sempre tentando atropelar os próprios sentimentos com um grande número de atividades incessantes. Como a minha avó dizia: "Contanto que esteja em atividade, Jeffrey, você será feliz." Recentemente, perscrutando o que havia dentro de uma velha caixa de charutos na casa dos meus pais em Long Island, achei um poeminha que escrevi quando era calouro e ativista político na faculdade. Um dos versos dizia: "Estou perdido em meio a emoções que todos confundimos com significado." Parece óbvio que comecei a meditar porque estava procurando algo, mesmo não sabendo o que era. E provavelmente a meditação me pareceu algo bom. Mais uma atividade!

Ainda me lembro do meu primeiro curso de dez dias de Meditação da Percepção na Índia em 1971. É claro que passei por algumas dificuldades iniciais, desconforto físico e constrangimento, mas depois de resolver esses problemas, fiquei espantando com a paz interior, a alegria e o amor que senti. Tudo parecia significativamente mais claro, espaçoso e possível. Para mim, começara a acontecer alguma coisa fantástica. Minha experiência não é única. Os meditadores geralmente entusiasmam-se tanto com a prática que, às vezes, irritam as pessoas. Ninguém é mais fanático que um recém-convertido. Mas descobrimos uma coisa maravilhosa que queremos compartilhar. Lembro que eu queria escrever a todas as pessoas que conhecia para lhes contar a respeito e incentivá-las a experimentar.

Para quem ainda não experimentou os benefícios da meditação, o meditador entusiasmado geralmente não faz muito sentido. O Buda sempre dizia às pessoas que a única maneira de descobrir se a meditação iria fazer por elas o que já fizera por milhões de outras pessoas era experimentar para ver. É como uma experiência científica, realizada dentro do nosso próprio laboratório interno. Se reproduzirmos os passos da experiência do Buda, reproduziremos seus resultados em nós mesmos.

Quando os ocidentais pensam em meditação, a imagem que surge quase inevitavelmente é aquela do homem conhecido como Buda, sentado de olhos fechados, pernas cruzadas na posição de lótus. Na Ásia essa imagem está por toda parte – tanto nas vitrines de lojas quanto nos templos. Até aqui mesmo, nos Estados Unidos, a imagem é tão conhecida que muita gente costuma pensar que a meditação surgiu com o Buda, que nasceu em 563 a.C. De fato, a meditação é uma prática iogue ainda mais antiga; tão antiga que não se sabe quem foram os primeiros meditadores, quem lhes ensinou a meditar ou quando começaram a praticar. Sabemos que o Buda aprendeu a meditar depois que saiu do palácio paterno. Também sabemos que, pouco tempo depois disso, o Buda recebeu ajuda de pelo menos dois mestres, famosos iogues hindus, e que, naquela época, o Buda também era conhecido como iogue.

Durante a vida do Buda, os iogues normalmente afastavam-se da sociedade e de seus valores e interesses materialistas para se dedicarem a um objetivo profundo – a procura da verdade, a busca do sagrado. O Buda e seus contemporâneos exercitavam-se com muito empenho e perseverança para disciplinar, purificar e transcender o corpo e a mente. A finalidade disso era alcançar uma consciência mais elevada, mais unificada e divina. Assim, os adeptos conseguiriam perceber a verdade, ou realidade. Conseguiriam ver a relação entre o pessoal e o absoluto. Isso é realização espiritual.

O Buda não meditava em salões ou templos ou quartos como fazemos hoje. Em sua procura da verdade, o Buda perambulava por selvas e florestas densas do norte da Índia. Lá ele meditava noite e dia. Seus motivos para meditar eram exclusivamente espirituais. Meditava para ver a diferença entre verdade e ilusão, finito e infinito, morte e eternidade. Meditava para ser livre, liberto, consciente e desperto. Meditava para compreender o funcionamento complicado da ignorância, do apego e do desejo. Meditava para acabar com o sofrimento – pessoal e universal. Em resumo, o Buda meditava para se tornar iluminado e totalmente desperto.

Hoje em dia os ocidentais recorrem à meditação por motivos muito diferentes e multifacetados, tanto espirituais quanto emocionais e físicos. Eis alguns:

- cultivar ideais como a sabedoria, o amor e a compaixão
- desacelerar os espíritos inquietos, "ligeirinhos" ou desviados
- ajudar a lidar com problemas físicos que tenham um componente mental ou emocional
- reconectar a alma, o corpo e o espírito
- controlar as mentes dominadas por pensamentos temerosos, irados ou obsessivos incontroláveis
- conquistar mais compreensão em seu próprio ambiente
- conhecer colegas buscadores
- abrir o coração e despertar a mente
- entender Deus
- tornar-se iluminado

A meditação é delicadamente simples. É prática e saudável. É sensata. É segura e não exige consumo de drogas; não provoca intoxicação química; não é antipatriótica. Nossos ancestrais tribais, de Jesus a Gandhi, passando por Thoreau, Emerson e o meu tio Max, em seu país de origem, meditavam. É natural, orgânica e feita em casa. É gostosa e faz bem. "Uma meditação por dia afasta a depressão." Qualquer um pode fazer.

A meditação não é exatamente o que se pensa que é. Nem sempre é sentar, ficar imóvel e fechar os olhos. Existem inúmeras outras maneiras de meditar, inclusive a meditação em forma de movimento ou dança e meditações sobre sons, música e imagens. Algumas pessoas fazem meditação com cânticos, outras fazem meditação com visualização; e outras ainda fazem meditação dirigida. Também existem várias escolas distintas de meditação. Por extensão, qualquer coisa que o ajude a conectar-se com a mente natural, com sua vigília e sua consciência inatas, com o divino que há por dentro e ao redor de nós é meditação.

Acho importante lembrar que existe um tipo de meditação acessível a todos. Sei de algumas pessoas que estão passando por depressão clínica que acham que a meditação que se faz sentado não é adequada para seu estado mental. Às vezes, quando estamos deprimidos, o que precisamos mesmo é pôr a energia em movimento. Meditar caminhando ou meditação natural, que se faz em movimento, talvez seja o recomendado.

O objetivo principal da meditação é o cultivo da atenção plena. Assim, pode-se definir legitimamente como meditação qualquer coisa que possa nos ajudar a atingir essa meta. Como Thich Nhat Hanh diz: "Tudo o que se faz à luz da consciência se torna sagrado." Isso significa que lavar pratos, esfregar o chão ou trocar fralda pode fazer parte da nossa prática espiritual. O trabalho manual, já que exige concentração e atenção, é especialmente útil à consciência meditativa.

Sim, aprender uma técnica especial de meditação é bem útil, mas cada um de nós pode descobrir em sua própria vida exemplos de atividades que incentivem naturalmente e cultivem a consciência meditativa. Essas atividades chamam-se Meditações Naturais, porque nos ajudam a nos reconectar com a mente búdica natural e a clareza interior. As Meditações Naturais requerem pouco esforço. Eis alguns exemplos:

Para a minha amiga Marie, a jardinagem é uma meditação natural. Enquanto capina, rega e revolve a terra, ela se entrega totalmente, dedica atenção exclusiva ao que está fazendo. "Não há nada mais que eu precise ser nem com que precise me preocupar, e nenhum outro lugar onde eu gostaria de estar", diz ela.

James encontra a consciência meditativa ao tocar piano. Cada nota requer atenção e dedicação perfeitas. Caso surjam pensamentos intrusos, a nota fora do tom fornece uma retomada instantânea.

Para Sada é passear com o cachorro na praça. Ela e o cachorro entram em sintonia perfeita. Ela caminha devagar, reparando em tudo pelo caminho, ouvindo cada som, cada pássaro, cada farfalhada.

Não há outro lugar aonde precise ir, nada para fazer. Não falta nada e não sobra nada. É o melhor dos mundos possíveis.

Para mim, é estar próximo à água e ao som da água. Sentado na praia, tenho a sensação de que as ondas estão carregando tudo. Não preciso cuidar da respiração; as ondas o fazem por mim.

Como dissemos, são muitas as técnicas que levam à meditação, mas a consciência meditativa é uma só. A consciência meditativa é total e fluida – extática, e não estática.

INSTRUÇÕES ETERNAS PARA A MEDITAÇÃO SENTADA

O fantástico na meditação é que a experiência é reproduzível. A meditação é uma ciência interior que resistiu à prova do tempo e que se baseia numa técnica praticada há séculos. Os que meditam hoje desfrutam da mesma sensação de bem-estar daqueles que meditavam há 2.500 anos, proporcionando a comprovação de que os séculos passam, mas a natureza do coração-mente permanece igual.

As instruções básicas para a meditação sentada são enganosamente simples e não diferem muito hoje do que eram há 2.500 anos. Foi assim que meus mestres aprenderam a meditar; foi assim que aprendi a meditar; é assim que eu, agora, ensino às outras pessoas.

1. Sente-se numa almofada ou num tapete com as pernas cruzadas, na posição mais confortável possível. Caso não ache confortável essa posição, não desista da meditação. Lembre-se de que meditamos com a mente, e não com os joelhos. Sente-se numa cadeira ou num sofá.
2. Mantenha a coluna o mais ereta possível. Relaxe e não fique tenso. Não se incline; a cabeça e o pescoço devem estar centralizados. Deixe que os ombros caiam naturalmente. Ponha as mãos confortavelmente no colo ou nos joelhos.
3. Pode manter os olhos abertos, fechados ou entreabertos; a maioria das pessoas prefere começar com olhos fechados ou entreabertos.
4. Inspire e expire pelas narinas. Ao fazê-lo, concentre-se na sensação física do ar entrando e saindo pelas narinas. Sinta a sensação física. Concentre na respiração e em nada mais. Se preferir, pode

contar as respirações da seguinte maneira: inspire pelas narinas, contando um. Expire pelas narinas, contando dois. Inspire pelas narinas, três. Expire pelas narinas, quatro. Continue fazendo isso até chegar a dez e recomece.

5. Relaxe; fique aberto e descontraído. Mantenha o corpo tranqüilo e a respiração calma, natural e branda. Deixe que tudo se acomode naturalmente, à sua própria maneira, em seu próprio lugar, em seu momento certo.
6. Permaneça no momento, no sagrado agora, no presente.
7. Sempre que ocorrer algum pensamento, sensação, percepção ou recordação enquanto estiver meditando, deixe que vá embora e não o acompanhe. Simplesmente concentre-se na respiração. Faça o mesmo com todos os outros tipos de distração. Se ouvir algum barulho, sentir comichão, ou vir algum movimento, não preste atenção e continue concentrado na respiração. Quando a mente se desviar, o que certamente acontecerá, simplesmente traga-a de volta ao objeto da atenção, a sensação da respiração nas narinas. Continue retornando sempre à respiração, à simples percepção da inalação.

Isto é plena atenção à respiração como meditação básica.

OS TRÊS ESTÁGIOS DA MEDITAÇÃO

Pode-se considerar que as sessões de meditação têm, em geral, três estágios. Por alguns minutos, vamos imaginar que somos capazes de observar e sentir o que outros meditadores vivenciam. Tony e Sophia, por exemplo, são ambos meditadores experientes que acabaram de chegar à margem de um belo lago no interior. Pretendem sentar-se aqui e meditar durante uns trinta minutos. Vamos observar esses dois amigos e ver o que aprendemos com eles.

Primeiro estágio – A chegada e o equilíbrio

Tony e Sophia estão se acomodando. Tony abre a mochila. Sophia põe no chão o tapete e a almofadinha onde pretende sentar-se. Ambos estão confortáveis. Sophia sente-se confortável numa posição de meio-lótus, mas o joelho de Tony está incomodando hoje, então ele se senta ereto numa cadeira de praia dobrável que carrega no porta-malas do carro. Ambos os meditadores estão se posicionando cuidadosamente para que a coluna fique ereta. Sophia balança um pouco os ombros até se sentir confortável e relaxada, à vontade.

Depois de "descobrir" a posição certa, seu equilíbrio, Tony e Sophia começam a preparar suas mentes. Começam a cultivar a plena atenção no momento presente; começam a "libertar-se" dos pensamentos que trouxeram consigo. Tony medita há mais tempo que Sophia e tem mais facilidade. Sophia acha que geralmente leva alguns minutos para relaxar e agarrar-se com menos força aos pensamentos. Muitos desses pensamentos giram em torno do trabalho devido a diversos projetos inacabados que não lhe saem da cabeça. Sophia também acaba de deixar a filhinha num ônibus com destino a um acampamento; está preocupada por achar que ela vai se sentir solitária e com saudades de casa. Sophia medita há seis meses – tempo suficiente para saber que, assim que relaxar e se concentrar, os pensamentos diminuirão. Mesmo assim é preciso ter um pouco de paciência.

A partir do momento em que se sentam, Tony e Sophia tornam-se mais atentos, conscientes da respiração. Vagarosamente e com facilidade, começam a inspirar e expirar pelas narinas. Vendo Tony e Sophia respirar, vemos que está acontecendo alguma coisa com o corpo deles. Os ombros estão relaxados, a coluna está ficando mais ereta. O rosto começa a parecer mais tranqüilo e mais relaxado. Sophia, principalmente, adora o primeiro estágio da meditação; quando os pensamentos vão embora, ela começa a se sentir aliviada e liberada, como se lhe tirassem um peso enorme dos ombros.

Embora Tony e Sophia estejam ambos usando a respiração como ponto focal para ajudá-los a relaxar e meditar, estão empregando técnicas ligeiramente distintas. Tony simplesmente concentra-se na sensação da respiração entrando e saindo das narinas; Sophia acha mais fácil contar. De qualquer um dos dois modos, é a concentração, a atenção consciente, que importa, e não se o meditador está se concentrando na respiração ou no número.

Sophia conta:
Um... inspira lentamente
Dois... expira
Três... observando a entrada do ar
Quatro... observando a saída do ar
Sophia continua até chegar a dez e começa tudo de novo. Quando Sophia chega a dez, sua meditação, e a de Tony também, passou ao segundo estágio.

Segundo estágio – Intensificação e concentração

Ambos os meditadores estão fazendo um esforço forte, decidido e consciente de prestar atenção ao que está acontecendo: estão sentados e respirando. Concentram-se na inspiração; concentram-se na expiração.

A cada respiração, Sophia sente-se mais confortável e cada vez mais distante do congestionamento de pensamentos dispersos que saltavam em sua cabeça pouco tempo atrás. Durante um segundo fugaz, ela se orgulha da proeza. Ela descarta esse pensamento e continua a se concentrar na respiração e somente na respiração. Ela gostaria de se parabenizar pela capacidade de se concentrar, mas sabe, como lhe disse o mestre, que "pensar em pensar é pensar ainda mais". Sophia está fazendo uma boa meditação e começando a se divertir.

Tony, porém, está tendo mais dificuldade. Sem mais nem menos, o espectro da mulher que ele namorou no verão passado aparece-lhe na cabeça. "O que ela estará fazendo agora?" Ele se pergunta. Um outro pensamento lhe aparece na cabeça: "Acho que eu devia telefonar para ela." Ele os descarta e observa desaparecerem. Tony precisa esforçar-se um pouco para se livrar do fluxo de pensamentos, mas consegue fazê-lo. Inspira e expira diversas vezes. A mulher sumiu. Ele tem, então, outro pensamento: "Será que me lembrei de trazer um calção para poder nadar depois?" Esse pensamento se fixa na cabeça dele. Tony, no entanto, traz sua mente vadia de volta para as narinas e continua a se concentrar na respiração e esse pensamento finalmente também se enfraquece e desaparece. Meditação é isso: assistir ao espetáculo; conhecer o conhecedor; permanecer na simplicidade de simplesmente respirar; permanecer livre e desembaraçado.

Terceiro estágio – Libertar e consentir
Tony e Sophia continuam a meditar. Ambos chegaram, naturalmente e sem espírito crítico, ao local onde queriam estar: o momento presente, o sagrado agora. Ambos estão sensibilizados, receptivos e calmos; ambos estão vivenciando a paz e a alegria da meditação.

O lago está repleto de atividades ruidosas. Há um pássaro cantando na árvore; um vento suave sussurra nas folhas; uma libélula rodopia perto da cabeça dos meditadores. Um avião passa no céu; geme o freio de um caminhão numa estrada não muito distante; do outro lado do lago uma criancinha chora. Tony e Sophia ouvem claramente todos os sons no momento em que acontecem. Ambos estão conscientes de tudo – do som, dos cheiros, dos pensamentos, da dor no joelho. *Meditação é a consciência do momento a momento.* É isso aí. Meditação é isso.

Meditação é ter consciência do que é, simplesmente como é. Simplesmente, sem juízos ou opiniões. Tony e Sophia percebem as coisas surgirem e se dissolverem ao acontecer, ao aparecer e desaparecer. No espírito meditativo, há espaço para tudo. Não é preciso suprimir nada. Se Tony e Sophia tentassem suprimir seus pensamentos, por exemplo, estariam indo longe demais. A meditação não é uma experiência passiva. É simplesmente ser, de maneira dinâmica e vibrante.

A meditação cultiva a consciência do que está acontecendo no momento presente. É assim que nos tornamos mais conscientes. É assim que despertamos. Os sons, os pensamentos e os sentimentos que surgem durante a meditação não são distrações. São os grãos para o moinho da percepção panorâmica do momento presente.

Quando começamos a meditar, não é fácil lidar com um excesso de distrações, então tentamos manter simples o ambiente e os arredores. Mais tarde, quando estivermos mais experientes, podemos meditar em qualquer lugar. Todos os pensamentos, interrupções e distrações tornam-se lenha na fogueira da percepção. Com a evolução da percepção, tudo o que aparece faz a fogueira arder com mais brilho. Nós nos tornamos tão aptos a lidar com distrações e pensamentos que surgem dentro de nós um grande destemor e uma grande certeza interior.

Nesse terceiro estágio da meditação, Tony e Sophia apóiam-se mais em ser sem esforço, um fluxo natural e uma atenção natural, em vez de empenho para meditar e se concentrar. Nos últimos minutos da meditação, ambos estão se sentindo calmos, equilibrados e completos. Sentem-se mais alertas e energizados; também estão ultraconscientes do que está acontecendo à sua volta no lago. Tudo parece mais vivo e mais leve do que quando se sentaram. Os sons parecem claros e mais distintos; os cheiros parecem mais pronunciados; a brisa parece mais fresca. Conforme vão se aproximando do estado natural, sentem-se em maior harmonia com tudo o que há no mundo natural. Quando olhamos para eles, vemos que ambos relaxaram. Até o rosto parece menos enrugado e mais jovem do que quando a meditação começou. Ambos sentem-se mais centrados e esclarecidos, em paz consigo mesmos e com o mundo inteiro. Parece a aurora de um novo dia.

Pós-meditação – Transição e integração

Tony e Sophia levantam-se e espreguiçam-se. Juntos, como haviam planejado, fazem uma curta meditação caminhando. Caminham cuidadosamente, concentrando-se no caminho sob seus pés, à margem do lago. Começam vagarosamente a reintegrar a mente calma e concentrada às atividades da vida cotidiana. Movem-se devagar e atentos a princípio; gradualmente vão acelerando o passo. Por fim, dispersam-se da meditação caminhando juntos pela natureza.

Um dos principais motivos de Sophia para meditar é ter a sensação de estar no controle de seu próprio destino. Sophia sempre acha que reage demais. Cometeu muitos erros na vida porque age impulsivamente, sempre dizendo sim quando seria mais sensato dizer não. A meditação está lhe mostrando que, assim como ela é capaz de notar uma buzina de automóvel sem reagir, também pode ter consciência do que as outras pessoas estão fazendo e dizendo sem se envolver em atividades e relacionamentos que deveria evitar. Ela espera que essa percepção a impeça de tomar decisões rápidas e tolas como as que tomou no passado.

Tony chegou à meditação porque se sente sobrecarregado de trabalho e atormentado. Para ele, parece que a vida não é nada mais que uma série de compromissos, deveres e tarefas a serem realizados em alta velocidade, um após o outro. Ele descobriu que a consciência meditativa ajuda a reduzir a marcha e a saborear os preciosos momentos da vida. Está se sentindo menos pressionado porque está pressionando menos a si mesmo. Quando pára de trabalhar demais, parece que as coisas voltam a se encaixar em seus lugares.

A meditação nos ajuda a cultivar uma percepção atenta em todas as situações. O desafio que Tony e Sophia enfrentam no período de pós-meditação é dar prosseguimento à vida com maior consciência meditativa. A prática da meditação está lhes mostrando que a percepção reduz a marcha das coisas durante um período suficiente para que consigam ver o que está acontecendo antes de reagir. Isso fortalece. Isso é liberdade.

O grande mestre zen Dogen viveu de 1200 a 1253. A respeito da meditação, ele escreveu:

"Meditação não é o caminho para a iluminação, nem um método de alcançar coisa nenhuma. É a própria paz e a própria bênção. É a realização da sabedoria, a verdade suprema da unicidade de todas as coisas.

"Em sua meditação, você está diante do espelho onde se reflete a solução dos seus problemas. O espírito humano tem liberdade absoluta dentro de sua verdadeira natureza. Você pode alcançar essa liberdade intuitivamente. Não trabalhe para a liberdade, mas permita que o próprio trabalho seja liberdade...

"Pratique... a meditação de manhã ou à noite, ou a qualquer momento de lazer durante o dia. Logo você perceberá que seus fardos espirituais estão se desfazendo, um por um, e que você está adquirindo um poder intuitivo que não poderia nunca sonhar que seria possível.

"Já houve milhares e milhares de pessoas que praticaram meditação e colheram seus frutos. Não duvide de suas possibilidades por causa da simplicidade de seu método. Se não consegue encontrar a verdade onde você está, onde mais acha que a encontrará?"

É PRECISO MEDITAR NUM LOCAL ESPECIAL?

Às vezes ainda vejo caricaturas antiquadas de meditadores e seus arredores. Penso na imagem de um jovem ou de uma jovem com calça boca-de-sino, sentado de pernas cruzadas no chão de um cômodo à luz de velas, cheio de cartazes psicodélicos, incenso, ou arte oriental. A casa representa o conforto da classe média; a melhor expressão para descrever a casa é "um barato!".
Uma voz grita:
– Que cheiro de fumaça! O que está havendo aí dentro? Que cheiro é esse?
O meditador responde:
– Nada, pai. Só estou meditando.

O fato é que se pode meditar em qualquer lugar. Quando pensamos em budistas zen, visualizamos jardins, salões de templos e zendôs de simplicidade perfeitamente bela. Os tibetanos costumam meditar em salões cheios de ícones dourados, sinos de bronze e tapeçarias de brocado, com cores brilhantes – vermelho, dourado e laranja – salpicadas por todo o teto, pelas paredes e pelos pisos cobertos de tapetes. Muitos iogues e lamas tibetanos, porém, preferem não meditar nesses ambientes vibrantes. Milarepa, o grande iogue montanhês do Tibete, meditava nas cavernas do Himalaia; Tilopa, o iogue indiano andarilho do século X, meditava embaixo das pontes de um rio de Bengala. Lá, liberto dos valores materiais ou de distrações, ele cantava: "Não são os objetos que nos atrapalham. É o apego interior que nos atrapalha." Ele se alimentava com o que os pescadores locais jogavam fora.

Se você fosse vagar nas profundezas das selvas e das florestas da Birmânia e da Tailândia, mesmo hoje, às vésperas do século XXI, poderia muito bem deparar com ninhos de mosquitos pendurados em árvores. E, sentado sob um desses ninhos protetores, isolado dos zilhões de insetos de todos os tamanhos e descrições, seria um monge em meditação, um asceta da floresta.

Atualmente, o local exato da Índia onde o Buda alcançou a perfeita iluminação fica em meio ao que parece ser praticamente um deserto. No tempo do Buda, era uma floresta exuberante porém traiçoeira, cheia de animais, cobras e insetos.

Aqui no Ocidente, podemos optar por meditar com grupos em diversas sedes da ACM, igrejas, sinagogas e centros de retiro e meditação. Podemos meditar com mestres; podemos meditar com amigos; ou meditar sozinhos. Algumas pessoas meditam à beira-mar, à margem de lagos e riachos; outras meditam no quarto, no escritório ou dentro de *closets*. Recentemente eu estava caminhando pelo Prospect Park do Brooklyn, quando vi uma mulher sentada num banco em postura de meditação. Estava com os olhos fechados e o rosto relaxado, voltado para o sol da manhã. Parecia que a mulher meditava no mesmo banco todas as manhãs. Outras pessoas, na mesma praça, estavam praticando tai-chi.

Os novos alunos de meditação sempre me perguntam se eu acho que deveriam criar um local especial em casa para a meditação. Acho que é uma boa idéia ter um espaço assim, simplesmente porque vai ajudá-lo a lembrar-se de sua intenção e do seu compromisso com a meditação. Na maioria dos assuntos, é bom descobrir uma zona pessoal de conforto. O mesmo se aplica à prática espiritual. Algumas pessoas, por exemplo, sempre vão à mesma igreja ou sinagoga; sentam-se sempre exatamente no mesmo lugar. O que já é conhecido transmite uma confortável sensação de adequação. Embora não seja absolutamente necessário, quando se iniciar na prática espiritual, talvez seja bom meditar regularmente no mesmo lugar. A maioria das pessoas descobre, como eu descobri, que o seu espaço para meditação, seja onde for, parece impregnar-se de sua própria energia espiritual e de suas bênçãos. Mais tarde você conseguirá transportar essa atmosfera e essa energia para onde quer que vá.

Algumas pessoas preferem meditar em grupos porque isso as ajuda a manter a disciplina. Nos salões de meditação zen, às vezes vemos meditadores de frente um para o outro, em carreiras. Em outros zendôs, sentam-se de frente para paredes nuas para poder limitar as distrações, caso queiram. No nosso retiro na França, um dos meus mestres Dzogchen, Nyoshul Khenpo Rinpoche, costumava sair sem rumo diariamente a fim de procurar locais para meditar longe de todos. Um de seus recantos favoritos era sob uma árvore grande; um outro era num velho barracão de ferramentas que, segundo ele, lembrava seu retiro no Himalaia. O barracão não tinha janelas e o piso era de terra; sua solidão e simplicidade pareciam familiares e sagradas. No mundo inteiro, principalmente no Oriente, onde essas tradições ainda vivem, existem cavernas especialmente abençoadas e topos de montanhas, bem como igrejas e templos, considerados locais sagrados. Acredita-se que essas catedrais do espírito estão impregnadas de uma energia especial. Quase sempre se localizam em cima da conjunção de rios e riachos subterrâneos. Até hoje as pessoas vão lá para ter a sensação da presença sagrada ou divina.

Quando cheguei ao Nepal, eu soube de um desses locais, uma caverna no alto do Monte Shivapuri, aonde se dizia que os intrépidos iam sozinhos para meditar. Na virada do século fora habitada durante décadas por um velho santo conhecido como Shivapuri Baba. As lendas locais dizem que Shivapuri Baba viveu 120 anos. Sua caverna ficava perto de um riacho, então ele tinha um suprimento de água; também tinha uma vista esplêndida dos picos das montanhas do Himalaia cobertas de neve. Empolgadíssimo com a perspectiva de meditar em local tão sagrado, subi lá esperando ficar cinco dias, mas, para falar a verdade, só fiquei três dias e meio. A infiltração de água pelas rochas que ficavam em cima da caverna tornava o local incrivelmente úmido. Não demorou muito para que meu saco de dormir ficasse ensopado e, para completar meu desconforto, animais que eu não via passavam a noite mordiscando meus alimentos. Por fim, o bom-senso derrotou meu entusiasmo e minha determinação de jovem. No fim das contas, foi uma experiência positiva e serviu a uma finalidade definida: ajudou-me a descobrir que a prática espiritual não deve ser penitência. Um excesso de desconforto pode dificultar a meditação por períodos longos. Pelo menos ficou claro que isso é verdadeiro para este ocidental.

Alguns lamas tibetanos que conheci em Darjeeling meditavam quase 24 horas por dia, passando a noite inteira num assento ou num cubículo de meditação. Viviam, comiam e meditavam no mesmo lugar. Embora isso exigisse uma tremenda disciplina, fazia parte da cultura e parecia natural naquele ambiente. Quando eu estava no retiro de três anos, todos passávamos a noite em cubículos de meditação semelhantes. Novamente, confesso que em certas ocasiões eu me deitava no chão, numa posição mais próxima da posição normal de dormir.

Tenho um cômodo especial para meditação na minha casa. Quando estou em casa, adoro meditar lá. Para mim, parece sagrado, com as bênçãos de toda a minha linhagem espiritual e minhas doutrinas budistas. Prefiro esse canto a qualquer outro local da casa. Moro à margem de um lago, então também gosto de meditar no jardim ou no cais.

Existe uma forma de meditação tibetana chamada Contemplação do Céu Dzogchen, que normalmente é praticada ao ar livre. Mas até essa meditação é adaptável a cada pessoa. Um famoso lama tibetano do passado, Dudjom Lingpa, tinha uma cabana onde abriu janelas bem altas como se fossem clarabóias; lá ele meditava com os olhos abertos, olhando para cima.

Assim, para os meditadores que perguntam se precisam de um espaço especial, a resposta é que, na maior parte das vezes, a questão não é criar um espaço, mas o seu espaço. Não se trata de restrição ou limitação – como conseguir comer somente na sua própria cozinha ou só conseguir meditar em um ou dois locais específicos. É mais uma questão de se abrir e descobrir quem você é, onde quer que esteja.

De certa forma, a vida espiritual é transformação. É como a lagarta que se despe da pele e se transforma em borboleta. Essa imagem implica sair do refúgio e da zona de conforto pessoal. Por outro lado, o princípio espiritual fundamental é o de chegar em casa e descobrir o que procuramos dentro do nosso próprio coração-mente. É a zona de conforto mais profunda. Depois que começar a ter acesso às zonas de conforto mais profundas do seu próprio ser, você passa a transportar consigo o seu próprio espaço para meditação. Para começar, procure esse espaço. É a sua mente natural, a sua zona natural de conforto – sua verdadeira natureza espiritual, que o acompanha a cada segundo da vida.

Pense no tipo de ambiente que o faz sentir-se mais à vontade. Quando o mundo lhe pesa demais, aonde você pode ir? Aonde você vai – no espaço exterior ou interior? Você se sente mais à vontade quando ouve o som das ondas, ou o seu lugar favorito é um canto do sofá da sala quando não há mais ninguém em casa? Algumas pessoas me dizem que entram num estado meditativo quando estão na cozinha picando legumes; outras acham que assar pão, lavar o chão ou costurar são práticas de meditação. O lugar que você procura dentro da própria mente quando medita é o local onde você quer estar. Aprenda a chegar lá, decore a posição das placas pelo caminho e reconheça-o pelo que é quando chegar ao destino. Se fizer isso, você encontrará o seu próprio espaço contemplativo natural sempre que precisar. Dessa forma, você sempre terá um refúgio interno que o ajudará a retornar para o que realmente importa.

É NECESSÁRIO TER UMA HORA ESPECIAL PARA MEDITAR?

A resposta é sim e não. A maioria das pessoas acha que é bom manter uma rotina normal durante o ano inteiro quando se comprometem a meditar diariamente numa hora certa. O Dalai Lama, por exemplo, medita de manhã bem cedo e antes de ir dormir. Quando meditamos todos os dias à mesma hora, desenvolvemos disciplina e continuidade. Afinal, estamos tentando construir uma vida espiritual, e não só experimentar um passatempo interessante. Mas meditar toda manhã ou toda noite não deve impedir a meditação também em outros horários. Meditar é igual a rezar; não se limita ao sabá.

Embora ensinem meditação e meditem regularmente em grupo, quase todos os mestres que conheço continuam com sua prática diária de meditação, e aguardam por esse momento ansiosamente. A meditação é uma prática; "prática" é a palavra importante. É preciso continuar fazendo, praticando-se, regularmente. É como um exercício físico. Os músculos que você está exercitando são os músculos da sua mente. Quando adquirir o hábito de meditar regularmente, a meditação irá tornar-se uma rotina estimada. O hábito da meditação é uma rotina intencional gerada por meios habilidosos. Ao lutar contra as rotinas monótonas que até o momento o prenderam a um comportamento insatisfatório, você cria novas rotinas que acelerarão o seu caminho para a transformação.

PRECISAMOS DE ROUPAS ESPECIAIS PARA MEDITAR?

É claro que se pode meditar de terno ou até em traje de gala. Mas há boas razões para que se prefira uma roupa diferente. Muitas dessas razões são práticas: você se sentirá mais à vontade e terá mais prazer na meditação se estiver usando roupas confortáveis. É por isso que os monges e os sacerdotes sempre usam túnicas e hábitos largos, ou enrolam-se em xales, mantos e mantas. Quando escolher uma roupa para a meditação, procure algo que não aperte a cintura, os joelhos, o pescoço, os pulsos, os tornozelos ou as nádegas. Tente usar algo que se estenda com o seu corpo e seja confortável. Antes de começar a meditar, leve em conta o tempo e a temperatura. Se estiver fazendo calor, vista-se de acordo. Se estiver meditando ao ar livre, nas horas frias que antecedem a aurora, ou num salão de meditação sem aquecimento, não deixe de se agasalhar. Às vezes uso minha velha túnica monástica cor de vinho como xale ou me cubro com ela. Também tenho vários suéteres com capuz, que uso quando estou meditando ao ar livre; e também um casaco de lã com capuz para meditar na montanha quando o tempo está ruim. Para meditar ao ar livre, use gorro, óculos escuros e luvas quando for necessário; pode até carregar uma almofadinha à prova d'água. Por que não?

Se você medita de olhos abertos, talvez convenha usar óculos escuros. Se medita de olhos fechados, tire os óculos. Isso não é tão importante assim. Quando medito, tiro o relógio e deixo-o no chão. Talvez você se sinta menos incomodado se tirar todas as jóias e guardar num local seguro. Naturalmente, é questão de preferência pessoal. Certo rei indiano da antigüidade, que não tirava as jóias, recebeu instruções do guru para que, em vez de abrir mão delas, ele poderia meditar sobre o diamante cristalino e luminoso que usava no dedo médio. Dessa forma, o rei alcançou a iluminação.

Caso medite sentado ou andando, você pode fazê-lo calçado ou descalço. Se estiver sentado com as pernas cruzadas, tire os sapatos. A sola do sapato não tem flexibilidade suficiente, o que o torna uma escolha nada prática, embora eu conheça pessoas que usam mocassins macios. Meias também são uma boa escolha para o frio.

Os outros motivos para usar roupas especiais para meditar são a criação da atmosfera e lembrar a você que o que está fazendo tem finalidade espiritual. Tenho certas roupas que só uso para meditar. Muitos meditadores fazem a mesma coisa. Será que isso é necessário? É claro que não. Ninguém precisa de roupas especiais para fazer ginástica ou esquiar, mas bem que elas ajudam. Quando abre o armário e veste a roupa de esquiar, o traje o faz lembrar da sua intenção de passar o dia numa ladeira coberta de neve. Ele traz a visão, o ambiente, o clima. Com a roupa de esquiar você age de forma diferente de quando está usando as roupas que normalmente usa para trabalhar. Da mesma forma, se vestir a mesma roupa sempre que medita, essa roupa passa a ter uma aura própria. O simples fato de vê-la numa gaveta ou num armário desperta a vontade de meditar.

ALTARES E SÍMBOLOS RELIGIOSOS SÃO COMPONENTES NECESSÁRIOS À MEDITAÇÃO?

É claro que não, mas às vezes ajudam. Olhar para os símbolos espirituais pode servir de incentivo e facilitar a meditação. O ideal seria que tudo em que tocássemos transmitisse uma sensação espiritual de consagração. Mas não é isso que acontece no nosso mundo cotidiano. Se você medita na cozinha olhando para as panelas, é mais provável que pense no jantar que pretende fazer do que no seu desenvolvimento espiritual. As panelas simbolizam comida e cozinhar. Se você as substituir por símbolos da sua vida espiritual, é mais provável que seus pensamentos rumem nessa direção.

Em todas as religiões e ritos existem certos tipos de símbolos, vestimentas, comportamentos, instrumentos rituais, cortes de cabelo e outros "objetos de apoio" que associamos com atividades espirituais. No judaísmo ortodoxo, por exemplo, há milênios os homens tiram o paletó ao entrar nos templos e vestem seus mantos com franjas para a oração matinal. Quando o fazem, lembro-me das instruções que o Senhor deu a Moisés: "Fala aos filhos de Israel e dize-lhes que nas bordas das suas vestes façam franjas, pelas suas gerações; e nas franjas das bordas porão um cordão azul. E as franjas lá estarão, para que as vejas, e te lembres de todos os mandamentos do Senhor." As franjas azuis são um símbolo concreto e inesquecível, que lembram aos judeus seu compromisso com seu Deus. Azul é a cor do Zion. Lembra-nos de nossa identidade espiritual.

De forma semelhante, na meditação, tentamos criar uma atmosfera que nos *lembra* de nosso trabalho interior. Por isso, acho que é bom criar um canto especial que o ajudará a retornar para quem e o que você é. Pergunte a si mesmo, então, o que se harmoniza com o seu espírito? Ao abrir os olhos, o que você sente vontade de ver? O que o liga mais à realidade e faz com que tenha mais contato com a sua própria natureza búdica? O que enleva seu coração e o transporta espiritualmente para onde você quer estar?

As pessoas cercam-se de todos os tipos de objetos quando meditam: flores, velas, estátuas. Mas nem todos possuem as mesmas coisas ou se comovem com as mesmas coisas. Talvez você diga que é alérgico a flores ou ao cheiro do incenso, ou que é distraído e não quer correr o risco de um incêndio provocado pela vela. Pode ser que você diga que se sente tão constrangido com estátuas e ícones que eles atrapalhem. Cada um precisa decidir por si mesmo.

A realidade é o templo supremo. A natureza, portanto, é um dos melhores locais para se meditar. Se você não tiver um jardim ou uma janela com uma boa vista, sempre pode pendurar um quadro que se comunique com seu espírito. Tenho uma amiga que adora Montana e as Montanhas Rochosas. Ela tem uma foto de cabras escalando uma montanha íngreme num dia sem nuvens. Ela nunca esteve naquele lugar, mas sabe que é primavera porque há flores brotando ao redor das pedras. Ela diz que esse quadro a põe em contato com a realidade. Talvez você não possa meditar perto de uma cachoeira, mas pode fazê-lo diante de uma foto e imaginar o som. Tenho uma paisagem do Himalaia na parede da minha sala.

Se tenho símbolos religiosos na minha sala de meditação? Sim, tenho muitos símbolos; uma estátua do Buda que eu adoro e fotografias dos meus principais mestres. Essas coisas se harmonizam muito com meu passado espiritual e cármico. Você não precisa ter o mesmo tipo de objetos. Procure algo que você ame, algo que seja sagrado para você.

O QUE FAZER SE VOCÊ NÃO SE SENTE BEM PERTO DE ESTÁTUAS E IMAGENS BUDISTAS?

Muitos ocidentais que começam a praticar meditação dizem que a princípio se sentem constrangidos diante de estátuas do Buda e de outros ícones religiosos. Quase todos nós recebemos uma educação judaico-cristã. Recebemos instruções rígidas a respeito do culto a imagens esculpidas. Essa proibição está gravada no nosso inconsciente coletivo. Alguns ocidentais não gostam de ícones nem de símbolos porque os fazem lembrar de seus antigos conflitos religiosos e parecem contrários às profundas verdades invisíveis que procuram.

Quando cheguei à Ásia, sempre pensava: "Para que essas estátuas douradas do Buda e os altares ornamentados?" Se a verdade amorfa é tudo, então por que aquelas imagens eram necessárias? Aqueles símbolos acabaram adquirindo um significado para mim. Na Ásia, onde grande parte das tradições orais foi transmitida pelos símbolos e pelas imagens, e não por leis ou comandos escritos, os símbolos assumiram muita riqueza e significado. Certas imagens iconográficas – mandalas, por exemplo – são como mapas místicos que codificam volumes de inspiração e informações, quando sabemos interpretá-los.

Os símbolos são meros lembretes daquilo que procuramos. A iluminação búdica significa a nossa essência búdica em potencial. As imagens do Buda lembram-nos que Buda não foi um Deus; ele foi um homem – um homem que conseguiu tornar-se iluminado. Quando vemos imagens do Buda, elas nos lembram a nossa própria natureza búdica. A Rupa ou imagem do Buda é como um espelho que reflete nosso verdadeiro eu e nosso mais alto potencial para a iluminação.

Sim, todos os símbolos e objetos espirituais têm muito a ver com a forma, e podem não exprimir necessariamente a essência ou a profundidade de uma prática espiritual. Mas, por enquanto, somos todos seres humanos, ainda não somos seres iluminados. E existem poucos entre nós, se é que existem, que não precisam de formas para ajudá-los a lembrar-se da essência divina.

Se você não quiser fazer nada que possa ser interpretado como idolatria, o Buda concorda com você. Não esqueça de que o Buda foi um reformador social 2.500 anos atrás, num país politeísta com inúmeras imagens de deuses e deusas. O Buda desaconselhava os discípulos a exibir estátuas e imagens dele. Pedia freqüentemente aos seguidores que se concentrassem nos ensinamentos, e não no mestre. Ele nunca deixou de lembrar às pessoas que, embora fosse iluminado, era um homem, e não um deus, e que não devia ser idolatrado.

Quando o Buda morreu, foi cremado segundo os costumes indianos. Seus seguidores queriam guardar suas cinzas como lembrança, repartiram-nas e construíram estupas e templos sagrados para cultuá-las. Sendo como a natureza humana, começaram a colocar estátuas de pedra do Buda sobre essas estupas. Segundo a lenda, cerca de cinqüenta anos depois da morte do Buda, uma mulher bem idosa, que vira o Buda em pessoa, descreveu-o com riqueza de detalhes para um artista, que pintou seu retrato em tecido, e essa foi a primeira imagem do Buda.

Algumas pessoas querem ver a face de Deus, então pintam rostos e criam imagens sacras como um meio de imaginar a face de Deus. Da mesma forma, pode-se procurar a face de Deus em tudo o que há na natureza, na face de cada animal ou criancinha, na luz que brilha sobre a água e até no rosto dos inimigos.

Quase sempre encontramos a face de Deus em momentos abençoados de percepção. Quando ouvimos uma música que adoramos, somos magicamente transportados para um novo nível. A música é considerada sagrada devido a sua capacidade de nos inspirar a ir além de nós mesmos para ter uma noção do divino. Pense nas alturas imensuráveis que Beethoven atingiu em "Ode à Alegria". O mesmo se aplica a qualquer forma de arte, principalmente quando é capaz de nos chocar e mostrar outras faces da realidade.

Em diversos aspectos, acho que a arte é realmente a religião dos dias de hoje – ela desperta uma nova *visão*. O momento espiritual é realmente aquele em que somos jogados abruptamente no despertar. A súbita inspiração do ar e a perplexidade que sentimos diante do maravilhoso além – além do nós, além do nosso autoconhecimento, e das preocupações habituais – esse é o momento espiritual.

REVISUALIZE A SI MESMO
E AO SEU MUNDO

A alma nunca pensa sem uma imagem.

ARISTÓTELES

A visualização é uma parte importante da prática espiritual porque se relaciona com o modo como vemos nosso mundo e a nós mesmos. Existe desde que a humanidade começou a pensar em deuses e deusas como formas supremas, e pode muito bem ser a forma mais antiga de meditação. Atualmente é parte integrante de muitas meditações orientadas de relaxamento.

Todos temos a capacidade de visualizar. O que precisamos fazer é substituir a imagem que já está diante de nós por uma outra, inventada por nós, ou proveniente da nossa própria memória. Na visualização, fazemos intencionalmente com que algo surja na mente. Podemos usar a mente para invocar o mesmo objeto com bastante freqüência; ele pode até se tornar parte de nossa memória, facilitando muito a próxima visualização desse objeto.

Reserve um tempinho agora e visualize seu lugar favorito na natureza. Feche os olhos e deixe sua mente levá-lo para um oceano, uma cascata, uma paisagem rural. Faça uma visita a esse local por um instante. Sinta a brisa suave, sinta o aroma do oceano ou da grama recém-aparada.

A visualização está começando a ser empregada com êxito em terapias e técnicas alternativas de cura. Quando o pai da minha amiga Kathy, que morava no Kentucky, recebeu o primeiro diagnóstico de câncer, começou a ler um livro sobre técnicas de visualização. Interessou-se pelo livro por diversos motivos. Disseram-lhe que essas técnicas o ajudariam a reduzir a tensão que trazia consigo, e isso, por sua vez, ajudaria seu sistema imunológico a lutar contra o câncer; e ele estava interessado em encontrar maior paz interior.

Com as leituras, aprendeu uma técnica de visualização que o instruiu a: (a) pensar num lugar bonito e tranqüilo de que gostasse muito e (b) imaginar-se desfrutando aquele local. O lugar para onde escolheu viajar em sua mente ficava à margem de um rio na montanha e se chamava Little Pigeon River, nas Smoky Mountains. Ele já havia visitado aquele local idílico diversas vezes com a família, todos se lembravam bem dos piqueniques e passeios à margem do rio. Havia rochas dentro do rio, e as crianças pulavam de pedra em pedra.

Durante os seis anos seguintes de sua doença, o pai de Kathy visualizava-se três vezes por dia à margem do rio que tanto amava. Ao fim dessas sessões de meditação, ele mentalizava e enviava energia e pensamentos amorosos para as pessoas de quem gostava e com quem se preocupava. Ele achava que essa prática lhe proporcionava força e grande paz de espírito. A família também pensava assim. Sua prática parecia ajudá-lo a se equilibrar e se tornar mais presente e disponível. Ele sempre fora um homem muito forte, acostumado a se encarregar de tudo. Com a doença, aprendeu a ser mais suave e a desapegar-se. Pouco antes de morrer, disse aos filhos: "Sou muito afortunado; não me arrependo de praticamente nada."

No budismo tibetano, normalmente utilizamos as técnicas de visualização para facilitar nossa conexão com uma realidade mais sagrada. Podemos, por exemplo, nos visualizar num campo búdico iluminado. Ao escrever sobre imagens do absoluto ou Deus, o estudioso do budismo e psiquiatra Roger Walsh disse: "Talvez o exemplo mais marcante dentre as tradições religiosas seja a chamada deidade ioga do budismo tibetano. O iogue se visualiza criando e, depois, fundindo-se com uma figura divina que personifique inúmeras virtudes – amor incondicional, compaixão sem limites, sabedoria profunda e muito mais. O iogue esforça-se para se comportar, falar e agir como a deidade. Em outras palavras, personificar, experimentar e expressar essas qualidades."

Uma vez perguntei ao grande mestre de meditação Kalu Rinpoche acerca da visualização. Por que, eu cismava, a visualização não era simplesmente mais uma forma de ilusão? Era muito diferente, ele me garantiu. A visualização não é a superposição da irrealidade à realidade. Muito pelo contrário. A visualização é um meio de aproximar-se da mente, da fonte da projeção da irrealidade que achamos ser real. Na prática tibetana Vajrayana tântrica, existem dois estágios principais. No estágio inicial, conhecido como "kye-rim", geramos intencionalmente uma experiência espiritual por meio de técnicas de criação de imagens, entre elas a visualização de uma deidade arquetípica da meditação, e entramos na experiência daquele mundo por intermédio de visualização combinada com cânticos, respiração, música e afins. Depois, isso se conclui no segundo estágio, o "dzog-rim", que é a fase da conclusão ou dissolução. Nesta etapa liberamos a visualização e deixamos que ela volte a se dissolver na luminosidade visível vinda da luz da consciência, a luz da qual ela emergiu. Então, nos apoiamos na perfeição máxima dos dois estágios, a lucidez inata da mente-natural, Dzogchen. Dessa forma, transformamos nossas percepções comuns em percepções puramente visionárias do campo búdico. Então, deixamos a visualização desintegrar-se na abertura pela qual surgiu a luz da consciência pura. Esse é o estágio da conclusão natural. O objetivo é vivenciar e voltar ao estado natural. Essa é uma prática fundamental de todas as formas do budismo himalaio, que é ensinado e praticado por todos os lamas.

A visualização ajuda-nos a reorganizar e a repensar nossos conceitos a respeito de nós mesmos. Todos temos certas imagens e idéias a respeito do ego às quais nos agarramos erroneamente. Algumas pessoas se vêem como gordas mesmo quando não são; outras se consideram incompetentes ou deficientes de maneira fundamental. Todos podemos nos revisualizar de maneiras mais satisfatórias e edificantes. Assim, começamos a perceber que não precisamos nos prender aos nossos velhos rótulos. Sobre quem somos. Podemos empregar essas técnicas para nos ajudar no crescimento do nosso eu espiritual, vendo a nós mesmos como compassivos, afetuosos e amorosos. Podemos ser o que quisermos; na verdade, já somos.

MEDITAÇÃO COM VISUALIZAÇÃO

    Sente-se e relaxe.
    Descanse.
    Encontre sua melhor postura,
        equilibrada, centralizada, à vontade e tranqüila.

Respire várias vezes, suavemente,
inspire e expire
inspire e expire
inspire e expire.

Relaxe. Feche os olhos.
Tranqüilize-se.
Respire naturalmente.
Solte tudo ao redor.
Liberte-se de toda a tensão do corpo,
e de todos os pensamentos e diálogos íntimos.
Fique simplesmente sentado. Simplesmente respirando. Simplesmente exista.
Relaxado, à vontade e livre.

Agora inicie o processo de visualização
imaginando-se a si mesmo e o seu corpo
como uma bola clara de luz;
uma esfera cristalina, luminosa,
de luz branca/puro ser.

Visualize um sol dourado
no centro do coração, quente, radiante, esplêndido.
Inspirando e expirando pelo centro do coração,
imagine esse sol espiritual interior
abrindo-se como um girassol dourado,
pétala por pétala.
Ele se abre um pouco mais a cada respiração,
irradiando-se para fora
aquecendo primeiro o seu peito, depois o corpo inteiro,
e, então, todo o seu ser.

Os raios de luz estendem-se a todos,
tocando, abençoando,
iluminando a todos.
Aquecendo e iluminando
todos os que caminham como sonâmbulos
pelas trevas da ignorância e da ilusão,
despertando a luz clara da percepção espiritual e da alegria

como uma aurora abençoada, bem-aventurada
no mundo inteiro.

Liberte-se de tudo e fique simplesmente no vazio, no aberto,
no luminoso arrebol
desse grande despertar,
no seu estado natural de presença autêntica,
puro Ser. Simplesmente ser,
desfrutar da alegria e da paz
da meditação.

Plena atenção:
Viver com plenitude
o momento presente

*Incessantemente, examine
cada aspecto de suas atividades físicas e espirituais.
Em resumo, este é o verdadeiro modo de praticar
a plena atenção.*

SHANTIDEVA

Certa manhã, Eric acordou, olhou ao redor, no apartamento, e se perguntou: "Como foi que isso aconteceu comigo? E como poderei fazer com que isso pare de acontecer?"

Eric estava encarando uma avalanche de pequenos lembretes de que parecia ter perdido o controle da própria vida: uma escrivaninha com uma pilha alta de papéis que trouxera de um emprego que preferia não ter; uma pilha de contas que representavam um estilo de vida que não lhe dava prazer; uma agenda lotada; vários livros que pareciam interessantes e que ele jamais tivera tempo para ler; uma parede coberta de bilhetinhos auto-adesivos lembrando-lhe de ligar para a mãe, pagar as multas de trânsito e pedir um adiamento na cobrança do imposto de renda. Há momentos em que Eric chega a pensar que sua vida está repleta de nada mais que uma série de enganos, obrigações indesejáveis e detalhes praticamente sem sentido.

Muitos de nós passam pela vida quase como se fôssemos sonâmbulos. De vez em quando, despertam para um breve instante de clareza e gritam: "Que inferno é esse?" E, em seguida, voltam ao estado de semi-inconsciência e prosseguem aos tropeços, sonolentos ao volante da vida. Não prestam atenção suficiente no que fazem quando o estão fazendo, e depois perguntam-se como foram parar nos apuros em que se meteram.

Você já passou pela experiência de cometer um erro e, mesmo no momento em que o cometia, dizer a si mesmo: "Isso está errado. Por que estou fazendo isso?" Todos já passamos por isso, não passamos? O budismo ensina que, até certo ponto, todos temos consciência do que fazemos. Todos temos consciência inata. Ela está sempre presente. Para onde mais poderia ir? Infelizmente, essa consciência raramente funciona com toda sua eficiência. Fica escondida, soterrada, obscurecida por distrações passageiras, velada por nossas ilusões e confusões, submersa sob camadas de hábitos e comportamentos adquiridos.

Quando falamos da atenção plena, estamos descrevendo uma presença de espírito consciente, viva e alerta. A atenção plena ajuda-nos a aguçar mais a nossa consciência inata; ajuda-nos a *prestar atenção* no que estamos fazendo. Prestar atenção ajuda-nos a tolerar o trabalho e a saborear o momento presente em toda sua riqueza e intensidade. Ajuda-nos a ver – ver realmente – o que está acontecendo mesmo. Em resumo: prestar atenção compensa.

A desatenção é o contrário da atenção, e parece ser um sintoma da nossa era. Nós a vemos nos nossos líderes, nos nossos amigos, nos nossos parceiros e em nós mesmos. Nesta década tivemos diversos exemplos da falta de atenção e, dentre os não menos importantes, foi um presidente dos EUA desculpando-se em cadeia nacional de televisão por seu comportamento descuidado e desatento

Praticar a atenção plena é um modo de nos educarmos a reparar nas relações causais e nas interconexões entre os atos e seus efeitos; ensina-nos a prestar atenção nas implicações cármicas e em seus efeitos; e nos ensina a prestar atenção nas implicações cármicas e nas ramificações do comportamento pessoal. A prática da atenção plena ajuda-nos a reduzir a velocidade e a utilizar melhor nossa inteligência e sensibilidade inatas; ajuda-nos a saborear e vivenciar a textura e as sensações das nossas experiências. A atenção plena ajuda-nos a sentir o perfume das rosas, mas, antes, ajuda-nos a ver as rosas.

A atenção plena ajuda-nos a viver de maneira mais impecável. Podemos nos despir daquelas tantas camadas de hábitos e de reações condicionadas que levam a atos e pensamentos descuidados. Podemos aprender a olhar antes de pular e pensar antes de agir; podemos parar de viver como mariposas inevitavelmente atraídas para as chamas brilhantes e perigosas. Podemos nos livrar dos nossos comportamentos e reações automáticos perante a vida; podemos nos livrar de rotinas insatisfatórias e insalubres. E, quando nos tornamos mais atentos, nossa vigília inata – nossa inteligência espiritual e sabedoria interior – começa a resplandecer. Esse é o objetivo fatal da prática da atenção plena.

A atenção plena é a essência da meditação budista. De fato, a mais básica meditação sentada budista se chama Atenção plena à respiração. Quando praticamos a meditação sentados, estamos nos exercitando na prática consciente da atenção plena.

Pense no que acontece quando praticamos a meditação sentados: Sentamos, relaxamos, ficamos tranqüilos, centralizamos e estabilizamos a nossa ocupada mente discursiva, acalmando-nos com exercícios de respiração e relaxamento. Concentramos a atenção no momento presente dedicando-nos totalmente à respiração e nada além da respiração. Temos consciência da inspiração e da expiração. Inspirando, acalmando a mente... expirando, relaxando e sorrindo.

Quando reduzimos a marcha, ficamos mais conscientes de tudo o que está acontecendo. Conscientizamo-nos do curto intervalo entre a inspiração e a expiração. Ao decompor ainda mais o processo de respiração, percebemos mais detalhes; vemos que até uma simples inspiração tem fases e partes distintas – o ar entra pelas narinas, entra na garganta e vai até o peito e segue para o abdômen, e assim por diante. Pode até ter um sonzinho, um pequeno assovio pelas pradarias do corpo. Experimente. Respire e, ao inspirar e expirar com toda atenção, repare como cada momento, cada nanossegundo torna-se lento e preciso.

É claro que não idolatramos a respiração. A idolatria não é a finalidade da meditação nem a respiração está no topo da minha lista de objetos de veneração e reverência. O que fazemos na meditação é treinar para levar a mesma atenção plena, ou, precisamente, a atenção focalizada, a tudo. Podemos nos concentrar na chama de uma vela, numa flor, numa estrela, no ato de lavar pratos, no ato de comer um pêssego, ou numa caminhada. A atenção plena ajuda-nos a fazer contato com o corpo, as emoções e a mente.

A atenção plena é o melhor e o único antídoto para a desatenção. Quando estamos atentos, sofremos menos acidentes e cometemos menos enganos e menos erros de julgamento.

Por definição, todos os exercícios de atenção plena são repetitivos. Estamos nos lembrando incessantemente de ser atentos com relação à vida. Um dos exercícios clássicos de atenção plena chama-se Atenção plena ao caminhar. Nesse exercício de meditação, inspiramos enquanto, vagarosamente, erguemos o pé direito. Depois, ao expirar lentamente, baixamos o pé direito até o chão. E fazemos o mesmo com pé esquerdo. Inspiramos ao erguer o pé direito e expiramos ao colocá-lo no chão.

Fazemos tudo vagarosa e cuidadosamente. Fazemos tudo atentamente. Praticamos a conscientização total da sensação física de levantar o pé. Ficamos atentos à sensação de colocar o pé lentamente no chão. Estamos plenamente conscientes do pé tocando o chão – primeiro o calcanhar, depois a sola. Enquanto estamos atentos a essa atividade, também estamos cônscios do que sentimos a respeito de como estamos colocando um pé exatamente na frente do outro e como estamos respirando. Dedicamos toda a nossa concentração a essa atividade. Quando não o fazemos, recebemos retorno imediato. Quando a mente se desvia, perdemos o equilíbrio. Repetimos esse exercício incessantemente enquanto caminhamos devagar. A repetição é a essência do aprendizado.

Esta é a tradicional meditação andando. É um modo de cultivar a atenção plena em ação. Dessa forma, começamos a integrar a atenção consciente e uma percepção do presente a todos os aspectos da vida. Queremos ser capazes de levar esse mesmo tipo de alerta e atenção a tudo o que fazemos – atentos em qualquer velocidade, por assim dizer. Assim, podemos saber exatamente o que fazemos.

O Buda, por falar nisso, não limitava a atenção plena às atividades físicas. Muito pelo contrário, mandava os seguidores observarem tanto as sensações quanto as atividades. De fato, o Buda deve ter sido a primeira pessoa a falar do significado de "estar em contato com as sensações". Quando lhe perguntaram como os monges deviam observar suas sensações, o Buda respondeu: "O monge sabe quando sente uma sensação agradável: sinto uma sensação agradável; quando sente uma sensação dolorosa, ele sabe: sinto uma sensação dolorosa."

Quando praticamos meditações de atenção plena, é fácil observar como resistimos a prestar atenção. Queremos seguir em frente a toda velocidade, fazendo o que costumamos fazer. Gosto da seguinte meditação que se faz caminhando porque ela obriga o praticante a prestar atenção realmente.

CAMINHAR NA LINHA COM ATENÇÃO PLENA

Olhe ao redor da área onde você vive ou trabalha para ver se encontra uma linha natural que possa usar para praticar a atenção plena. Talvez haja um meio-fio, uma mureta baixa, um corredor ou uma linha pintada numa quadra de tênis, num campo esportivo ou num estacionamento vazio. Talvez você encontre uma calçada à beira-mar. Ou a mureta ao redor de um lago ou da praia. Caso não encontre, talvez as tábuas do piso da sua própria casa formem uma linha reta. Um dos meus mestres na Tailândia aconselhava-nos a procurar duas árvores e fazer nossa caminhada meditativa durante horas para lá e para cá entre essas duas árvores. Se fizer isso bastante, o chão se desgasta e você cria seu próprio caminho. Isso é uma metáfora de como criamos nossa própria prática espiritual.

Essa caminhada meditativa não precisa ser feita devagar, mas precisa ser feita com atenção. Comece a percorrer a linha, um pé cuidadosamente colocado atrás do outro. Ao fazê-lo, respire pelo nariz. Coordene a respiração com o caminhar. Inspire e ponha o pé esquerdo no chão. Expire e ponha o pé direito no chão. Faça essa meditação de caminhada e respiração sincronizadas durante o tempo suficiente de modo a sentir como se tivesse criado um novo sulco para si mesmo.

Dê passadas regulares, como a agulha de uma máquina de costura vagarosamente para cima e para baixo. Acho que essa meditação caminhando surte um efeito revigorante, centralizador, e eu a pratico com freqüência, principalmente quando viajo. Ao percorrer a linha, você também está se centralizando e se acalmando. Use a respiração como padrão ou âncora, um lembrete para trazê-lo sempre de volta ao momento.

Em todas as meditações de atenção plena, esteja consciente apenas dos seus pensamentos. Não é preciso fazer mais nada. Só uma bela caminhada. Sinta o chão sob seus pés. Mantenha os olhos relaxados, suavemente concentrados, olhe para baixo, ligeiramente à sua frente. Não deixe o olhar se desviar; o desvio do olhar é sintoma de superatividade mental. Em vez disso, mantenha um olhar suave para continuar prestando atenção na linha à sua frente. Quando a mente se desviar, o que acontecerá com certeza, traga-a de volta ao que está fazendo. Você está caminhando e respirando. Nada mais. É isso. É o bastante!

Permita que essa meditação leve a ordem ao seu mundo caótico. Uma vez alguém me disse: "Surya, não entendo por que esse comportamento é diferente do comportamento de uma personalidade compulsiva que sente obrigação de pisar em todas as linhas." É uma boa pergunta, mas, na minha opinião, a resposta é clara: Quando fazemos a caminhada meditativa, nós a fazemos intencionalmente. Não somos vítimas, à mercê de um comportamento descontrolado. Caminhar assim ajuda-nos, intencionalmente, a encontrar a ordem em meio às confusões do dia. Estamos gerando espaço e clareza em nossa vida movimentada.

Podemos fazer variantes dessa meditação em trilhas naturais ou em qualquer outro lugar onde se tenha de prestar atenção em colocar um pé na frente do outro.

A ATENÇÃO PLENA EM TRÊS RESPIRAÇÕES: DEZ EXERCÍCIOS NATURAIS PARA O DIA DO PEREGRINO CONSCIENTE

No budismo, o preceito mais importante é viver conscientemente, para saber o que está acontecendo.

THICH NHAT HANH

Os homens e as mulheres que ingressam na vida monástica descobrem rapidamente quanta importância se dá à disciplina da atenção de momento em momento. Isso é verdadeiro em todas as tradições espirituais, tanto orientais quanto ocidentais. Existem milhares de maneiras de praticar a atenção plena na vida cotidiana. Os monges tibetanos, por exemplo, praticam freqüentemente um momento de atenção plena toda vez que entram por uma porta. Às vezes fazem-no lembrando-se de recitar determinado verso ou mantra ao passar pela porta. Experimente fazer isso por um dia. Toda vez que passar por uma porta, faça uma pausa, inspire e expire. Retorne ao momento. Depois entre e siga em frente.

Se você fosse visitar o Centro de Meditação Plum Village de Thich Nhat Hanh na bela região de Dordogne no sul da França, descobriria que, durante o dia inteiro, ouvem-se os toques dos sinos da atenção plena para lembrar a todos de parar a atividade e se conscientizar do momento presente. Quando o sino toca, todos – crianças e adultos – aproveitam o momento. Param o que estiverem fazendo e praticam um momento de atenção plena para vivenciar com mais plenitude suas experiências.

Podemos criar rituais simples na nossa própria vida para nos ajudar a prestar atenção, criando momentos de atenção plena. Escolha dez coisas que você faz diariamente e, ao fazer cada uma delas, reserve um momento para estar consciente. Por exemplo:

1. *O despertar consciente*

> *... de todos os feitos humanos, nada se aproxima em estranheza ou espanto do que o evento cotidiano mais comum, o simples ato de despertar. Recobramos os sentidos todas as manhãs e cada manhã parece um milagre. As tradições xamanistas, da Sibéria a New South Wales, ensinam que a alma sai do corpo durante o sono para vagar em dimensões inexploradas do espaço e do tempo; quem sabe quais manobras nossa alma cansada de viagem precisa fazer para reingressar em sua residência humana? Tenho um amigo que beija a parede do quarto todas as manhãs após abrir os olhos, de tão admirado que está com a sorte de ter voltado ao endereço certo.*
>
> De *Gifts of the Spirit,* de PHILIP ZALESKI e PAUL KAUFMAN

Todos os dias se apresentam como uma nova oportunidade de despertar de maneira sagrada. Podemos iniciar nossos dias de um modo mais consciente. Depois de se tornar iluminado, perguntaram ao Buda quem ele era. Seria ele um deus, um espírito, uma encarnação de Deus? O Buda respondeu simplesmente: "Eu sou um desperto." Assim, ele se tornou conhecido como Buda, que significa "O Desperto". Todas as manhãs, portanto, quando esfregamos os olhos para espantar o sono, podemos nos lembrar de estar genuinamente despertos e permanecer despertos.

Gosto de perceber cada dia que se apresenta como o microcosmo de um ano inteiro. A manhã representa a primavera, o meio-dia, o verão, o entardecer, o outono e a noite, o inverno. Quando nos deitamos à noite e cobrimos a cabeça com as cobertas, ficamos semi-adormecidos, à semelhança de um jardim no inverno. A primavera, assim como a manhã, sempre nos surpreende. As crianças quase sempre acordam revigoradas, felizes e totalmente energizadas; os adultos, mais abatidos pelos esforços e pelas exigências da vida, têm mais probabilidade de despertar sentindo-se como se precisassem de café e de dormir mais. Acho uma boa idéia nos lembrarmos todas as manhãs de que a luz interior da consciência – a natureza búdica essencial, que está muito além dos altos e baixos da vida cotidiana – não dorme nunca. Esse pequeno Buda que há dentro de nós – os tibetanos o chamam de Mente da Luz Clara – está sempre de olhos abertos, atento e pronto para entrar em ação. Portanto, acorde, tome consciência do momento e respire três vezes, atentamente.

Inspire... Expire... Um.
Inspire... Expire... Dois.
Inspire... Expire... Três.
Depois...
Suspire! Diga Aaaah!
Livre-se dos ares e dos humores adormecidos. Exale os resíduos dos sonhos da noite que passou. Expulse qualquer negatividade que esteja sentindo. Saudar a manhã com um suspiro gigante é um método tibetano antiqüíssimo.

Anos atrás, quando estava morando num monastério em Darjeeling, achava dificílimo acordar às 3:30 ou 4:00 da manhã, a hora em que os monges e as monjas normalmente iniciam suas rotinas diárias. Quando contei isso ao meu instrutor de meditação, ele disse que eu devia despertar como um leão. Por intermédio de um tradutor, eu disse a ele que isso parecia muito poético, mas o que significava realmente? Ele me mostrou. Olhou para cima e rugiu... *Aaaah!*

O RUGIDO DO LEÃO

Ao se preparar para começar seu dia, visualize um enorme leão feliz se espreguiçando e rugindo.

Saia da cama.

Levante-se encarando a manhã e o dia que o aguarda. Se tiver uma janela, convém olhar para ela.

Assuma a Postura do Leão: Fique de pé, com as pernas ligeiramente abertas.

Erga os braços ao nível dos ombros e abra-os bem, como se fossem asas, com as palmas das mãos para frente.

Expire. Espreguice-se.

Respire fundo.

Expire novamente.

Sinta o ato de espreguiçar-se, o ar expandir-se nos pulmões e no peito.

Agora, como o leão, salte para a ação, pule para a frente, na direção do dia; caminhe para a frente destemido, como o rei da selva.

Sim, sei que, a princípio, isso pode parecer absurdo. Talvez você só queria se arrastar até o banheiro, com os olhos semicerrados, tentando manter-se acordado. Mas peço que experimente esse modo leonino consciente de encarar a aurora de um novo dia para ver se não faz diferença.

2. O escovar os dentes consciente

Fique em frente ao espelho. Respire três vezes, relaxe um instante e olhe para o espelho com um olhar revigorado. Veja quem está ali. Olhe nos seus olhos. Você consegue ter um visual revigorado todos os dias? Agora escove os dentes com atenção plena. Seja delicado. Atento. Lento e cuidadoso. Preste bastante atenção. Você está mostrando os dentes. Dê um sorriso a si mesmo para começar o dia. É um bom dia. Divirta-se.

3. O banho consciente

Ao aproximar-se do banho matinal, pense nos diversos rituais sagrados existentes no mundo inteiro nos quais a água tem um papel intrínseco. Todas as tradições admitem rios, lagos, poços, fontes e cascatas sagrados. A água é utilizada tanto para abençoar quanto para ungir. Podemos todos participar dessas bênçãos por meio de um momento transformador de reflexão tranqüila, atenta, ao praticar nossa higiene diária.

Pare um momento sob o chuveiro, com a água correndo pelo rosto. Conscientize-se das suas sensações. Deixe as mãos soltas. Fique simplesmente parado. Inspire e expire algumas vezes e relaxe. Sinta a água quente escorrendo pela cabeça, pelo pescoço, pelos ombros e pelas costas. Deixe o jato d'água percorrer seu corpo durante um minuto inteiro. Ouça a água e sinta-a na nuca e nos ombros. Mergulhe totalmente nessa incomum experiência voluptuosa, que se pode comparar a uma cascata de bênçãos, uma verdadeira fonte batismal. Permaneça no momento o máximo possível e permita que todas as doenças, transgressões e preocupações sejam levadas pela água. Vivencie a divina experiência da água. Ouça, incorpore, dissolva. Flua com liberdade e tranqüilidade, com calma. Dentro do fluxo.

4. *O atravessar a porta consciente*

Quantas vezes por dia, por semana, ou mesmo por ano, passamos pela porta a caminho do trabalho, das compras, da escola, ou de qualquer outro lugar para onde o carma nos chame? Como fazê-lo com atenção plena?

Ao preparar-se para sair de casa, aproxime-se da porta conscienciosamente. Pare e fique de pé diante dela. Respire três vezes, lentamente; inspire e expire atentamente três vezes. Use a respiração para ajudá-lo a estar mais presente. Você está diante da porta, pronto para sair. Está com tudo o que é preciso? Pegou a carteira, o guarda-chuva, a bolsa? Existem exercícios sistemáticos totalmente dedicados a ajudar as pessoas a combaterem o esquecimento com as chaves. Mas nós não precisamos de nada disso porque estamos conscientemente alertas. Temos capacidade mental, assim como todas as chaves. *Não tem problema!* Saia pela porta e entre no mundo com os olhos bem abertos e um sorriso no rosto. Thich Nhat Hanh diz que um sorriso nos ajuda a ser por um instante Budas.

5. *O trajeto consciente*

Quando sentar no carro, no trem, ou no ônibus, respire três vezes tranqüilamente pelas narinas. Conte essas respirações para si mesmo. Acalme-se. Esteja atento e consciente para o que estiver sentindo. Viva totalmente sua experiência. Saiba onde está. Você está sentado. Seu percurso está prestes a começar.

Olhe pela janela. O sol está brilhando? Está chovendo? Você está no metrô, numa estação subterrânea tão funda que nem faz idéia do tempo? Olhe ao redor. Preste atenção no que vê. Sinta a textura do momento. Não se atire para longe de si, tentando chegar aonde vai antes de iniciar a jornada. Fique exatamente onde está. Sinta o ambiente, o espaço e o tempo ao seu redor. Viva o momento. Dê-lhe uma chance de se revelar antes de pular para a próxima parada. Você está presente e totalmente consciente neste momento. Aproveite ao máximo "estando aqui agora", como Ram Dass gosta de dizer.

6. *A chegada consciente*

Quando chegar ao seu destino – seja o supermercado ou a Suprema Corte – permita-se chegar totalmente. Preste atenção. Pare e respire três vezes. Deixe o momento aflorar. Explore o momento. Permita que as três respirações o deixem em contato com o local. Esteja consciente, desperto, perceptivo. Repare no ambiente. Depois, assuma seu lugar.

7. *A espera consciente*

Todos nós sempre temos de esperar muito, não temos? Nas filas do cinema, nos bebedouros, em diversos tipos de salas de espera, no sinal vermelho e nos engarrafamentos quando estamos ao volante. Da próxima vez que estiver esperando em qualquer lugar, não fique simplesmente matando o tempo ou distraindo-se para evitar tédio ou aborrecimento. Pelo contrário, aproveite a oportunidade para criar um momento rico e sagrado de atenção plena. Respire três ou sete vezes e revigore-se por meio do poder mágico da percepção.

O importante nas meditações de atenção plena é que elas nos ajudam a ter a sensação de um tempo melhor e mais bem-aproveitado. Quando estamos totalmente conscientes, o tempo se abre. Com a atenção plena, podemos viver o momento eterno. Inspire e expire três vezes e observe o tempo passar mais lentamente. Não é maravilhoso viver a vida, em vez de vê-la passar por você? Saboreie esses momentos preciosos de atenção plena. Esta vida é sua, sua vida sagrada.

8. *O intervalo consciente*

Seja uma pausa para o café, uma ida ao banheiro ou ao bebedouro, ou simplesmente uma volta pelo corredor para esticar as pernas, todos precisamos de tempo durante o dia para restabelecer a ligação com quem somos. Assim, sempre que perceber que está tudo girando, que perdeu o controle, esteja atento, inspire e expire três vezes. Faça uma prece. Recite um mantra. Talvez possa até tocar uma fita com um cântico. Ou, melhor ainda, experimente você mesmo cantar um pouco. Escolha alguma coisa e faça.

Se houver uma janela a seu alcance, olhe para fora e pratique três respirações de plena atenção enquanto aprecia a vista. Use essa janela do momento de atenção para recuperar o equilíbrio e o discernimento, acalme-se e reingresse no momento presente. Deixe o ar puro entrar e o ar viciado sair. Preste atenção nas surpreendentes brisas primaveris do espírito e admire-as. O espírito é o que o espírito faz. Recupere o senso de humor, talvez até fazendo uma careta para si mesmo. Afinal de contas, rir é uma maneira de amar.

9. *O comer consciente*

A atenção plena ao comer é uma prática espiritual antiqüíssima. Na Ásia, alguns budistas praticam mastigando cem vezes cada bocado de arroz integral antes de encher os hashi.* A atenção plena ao comer permite-nos sentir o sabor, a textura e a temperatura do que colocamos na boca; permite-nos tomar consciência de como, quando e por que nos nutrimos; permite-nos lidar com as questões da alimentação e da dieta com maior percepção.

Ao sentar para comer, respire três vezes para lembrar-se de desfrutar um momento de atenção plena. Sorria e crie um pequeno momento de ação de graças. Ponha as mãos diante de si e penetre no momento. Experimente mastigar cada bocado do alimento quinze ou vinte vezes. Qual é a sensação? Qual é o sabor da comida? Você está se nutrindo? Agradeça esse momento de graça, pois ele está sempre presente. Quando nos abrimos para o momento, nós o vivenciamos.

---

* Hashi – pauzinhos com que alguns orientais comem (chineses, japoneses, coreanos e vietnamitas). (N. da P. O.)

10. O retorno consciente ao lar

Após a iluminação, o Buda disse: "Está feito o que devia ser feito." É uma boa sensação, não é?

Agora que está em casa, regozije-se. Pare diante da porta e desfrute o momento da chegada. Inspire e expire três vezes. Marque a passagem e a conclusão do círculo. Sinta a satisfação. Sinta suas sensações. Fique simplesmente ali por um momento. Agora abra a porta e entre. O lar é um templo; entre no seu domínio sagrado. Volte a si mesmo. Ah, e não se esqueça de prestar atenção em onde põe as chaves. Talvez você precise delas para sair novamente.

Uma vez alguém perguntou ao Buda:
— O que você e seus discípulos praticam?
E o Buda respondeu:
— Sentamos, andamos e comemos.
O indagador ficou confuso.
— Mas — continuou — todos sentam, andam e comem, não é?
— Sim — disse o Buda —, mas quando sentamos sabemos que estamos sentados. Quando andamos, sabemos que estamos andando. Quando comemos, sabemos que estamos comendo.

Essa é a essência do viver consciente.

O ESTUDO COM
UM MESTRE ESPIRITUAL

*O seu mestre mais importante é seu próprio ego.
O mestre externo é simplesmente um marcador. Só o seu
mestre interior caminhará com você até o objetivo,
pois o objetivo é ele.*

NISARGADATTA MAHARAJ, autor de *I Am That*

Recentemente vi um artigo no *New York Times* sobre como encontrar a melhor pizza da cidade de Nova York. O *Times* enumerou diversas de suas favoritas e traçou um mapa da linhagem dos pizzaiolos. Descobriram, então, que a maioria dos grandes pizzaiolos de Nova York tinham estudado com o mesmo italiano ou com um de seus alunos. Isso produziu uma linhagem de excelência, pelo menos no tocante às pizzas. Historicamente, em todas as artes e disciplinas, as pessoas sempre estudaram com mestres para aprender. É assim que se transferem os conhecimentos do mestre para o aluno; foi assim que Sócrates, por exemplo, transmitiu o que sabia ao aluno Platão que, por sua vez, transmitiu a Aristóteles. As tradições e as linhagens espirituais vêm se transmitindo assim há muito tempo.

Durante a vida, temos contato com diversos tipos de mestres e ensinamentos. E passamos adiante o que aprendemos. Às vezes as lições que damos e recebemos são formais, mas, com a mesma freqüência, são aparentemente acidentais. A natureza mutante da relação entre discípulo e mestre hoje em dia é um dos assuntos mais palpitantes da transmissão do Darma no mundo ocidental.

Embora a relação clássica guru-discípulo já esteja fora de moda há muito tempo na sociedade ocidental, continua a existir e funcionar na Ásia. Alguns dos mestres mais tradicionais ainda acham que é o melhor método para o crescimento espiritual do aluno. Nesses relacionamentos tradicionais, o aluno assume um compromisso e permanece com um mestre, geralmente durante a vida inteira. Mas, durante os muitos anos em que esse método era o procedimento normal de operação, pode ter sido simplesmente um reflexo de sua época, nada mais.

Hoje em dia temos contato com muitas coisas que nossos ancestrais jamais imaginaram possíveis, e há muitas opções de mudança e de mobilidade social. O buscador contemporâneo pode pegar um avião e freqüentar um seminário com um mestre na Califórnia, antes de voltar ao litoral leste para um fim de semana de meditação ou uma cerimônia de sabbath com uma pessoa totalmente diferente. Hoje podemos fazer isso de uma forma que nossos predecessores espirituais não podiam. Na minha opinião, isso é quase sempre bom; assumir o compromisso de estudar música não significa que não se possa apreciar ou mesmo estudar balé. A principal desvantagem de todas essas oportunidades de opções, ecletismo e multifertilização é o risco do diletantismo e das doutrinas fracas, diluídas.

É compreensível que os alunos que querem estudar o Darma queiram ter a segurança de estar estudando nas tradições que produzem resultados comprováveis. Os discípulos ocidentais têm inúmeras opções excelentes. Os grandes mestres asiáticos instruíram seus discípulos que, por sua vez, transmitiram seus conhecimentos a outros que, por sua vez, agora ensinam a outros. Os buscadores de hoje podem encontrar mestres asiáticos que se mudaram para o Ocidente após anos de estudos com famosos mestres do Darma; mestres ocidentais que passaram muito tempo na Ásia estudando as grandes tradições orientais; ou mestres ocidentais que foram educados por ocidentais. E é claro que também podem viajar para o Oriente, se assim desejarem.

Quem me conhece sabe como meus lamas e meus mestres foram importantes para mim. O simples fato de estar com eles já era uma experiência transformadora. O meu mestre Dzogchen, Kanjur Rinpoche, por exemplo, era um idoso refugiado do Tibete. Certa vez, em Darjeeling, um amigo que foi me visitar me pediu para conhecê-lo. Levei meu amigo ao quarto dele e fiquei paralisado quando abri a porta e o vi meditando na cama.

Meus olhos viram muito mais do que um velho sentado com as pernas cruzadas sobre uma manta desbotada. Meu mestre estava brilhando com uma luz resplandecente na forma de um magnífico Buda azul. Foi tão fantástico que eu quase caí para trás. Meu amigo ficou parado, imóvel. Isso foi há mais de 25 anos, mas ainda consigo ver a cena como se tivesse sido ontem. Aquela luz ainda está circulando por dentro de mim. Um outro amigo disse que passou por uma experiência transformadora quando conheceu Kanjur Rinpoche e este lhe pediu que se voltasse para dentro de si a fim de ver se seu espírito era redondo ou quadrado. O ato de voltar-se para dentro precipitou uma revelação.

Com o carma certo, todos podemos receber transmissões iluminadoras dos mestres. Sempre se ensinou que o princípio do mestre ou do guru se manifesta como um reflexo do nosso ego mais profundo e elevado – nossa própria natureza búdica. Quando temos a sorte de conhecer um ser tão plenamente realizado, vemos a realização do nosso próprio potencial. É isso que podemos nos tornar. Dessa forma, nós deparamos com nossa própria verdade mais elevada. Às vezes essas verdades se refletem para nós em experiências progressivas de descoberta. O mais freqüente é serem graduais e irem acontecendo com o tempo. Uma vez Martin Buber escreveu: "Todos têm dentro de si algo de precioso que não existe em ninguém mais." Um bom mestre pode ajudá-lo a descobrir seu ego verdadeiro e precioso.

Quando fui viver com meus mestres tibetanos no Nepal, uma das coisas mais importantes que compreendi foi que as tradições sagradas são construídas em torno das experiências individuais, de homens e mulheres que tiveram conhecimento direto do caminho espiritual. Aqui nos Estados Unidos, quando planejamos uma viagem e somos membros do Automóvel Clube, recebemos gratuitamente mapas fidedignos que mostram o melhor caminho para nosso destino. De forma semelhante, descobri na Ásia que havia guias e mestres capazes de oferecer mapas espirituais que nos indicassem tanto os perigos quanto os atalhos. Esses mapas existem para todos nós de modo que não precisemos sempre reinventar a roda. Os mestres experientes *podem* ajudar os buscadores a entender esses mapas, a se desenvolver e crescer pelo caminho. Para quem não tem acesso aos mestres, os ensinamentos ainda existem em textos que explicam minuciosamente os estágios pelos quais passam os que fazem a comprovada e verdadeira jornada espiritual.

O mestre ideal é uma pessoa de talentos exemplares e qualidades inspiradoras que combinem sabedoria, caráter, generosidade e altruísmo. Com um mestre assim aprendemos mais do que poderíamos almejar. Um antigo conto judaico fala de um rabino muito querido que viajou muitos dias para visitar e estudar com um rabino ainda melhor. Quando voltou, um de seus discípulos foi correndo lhe perguntar:

– Mestre, o que aprendeu com o rebbe, o mais santo dos santos?

E o rabino respondeu:

– Não aprendi nada. Só fui até lá para ver como ele amarra os cadarços dos sapatos.

O significado, naturalmente, é que as lições mais importantes provêm da observação de como o mestre vive o cotidiano. Há lições para se aprender na linguagem corporal, por assim dizer – vivendo e servindo aos mestres. Esse tipo de aprendizado por intermédio da experiência não está nos livros.

A pergunta que o discípulo típico faz é, evidentemente: "Como encontrar um mestre tão magnífico?" Existe um velho ditado que quase todos nós já ouvimos: *Quando o discípulo está preparado, o mestre aparece*. Sempre digo de maneira brincalhona que ele funciona nas duas direções: Quando o mestre está preparado, os discípulos aparecem. Isso me parece verdadeiro principalmente hoje em dia; a fome espiritual é tão grande, bem como a sensação de vácuo moral e ético no mundo.

Os mestres tibetanos falam do que acontece quando um discípulo carmicamente maduro encontra um mestre carmicamente maduro. Essa situação proporciona o alicerce de uma explosão cósmica de iluminação. O mestre certo age como um grande joalheiro que sabe lapidar o diamante bruto com precisão. Mas isso não acontece todo dia, e não é aconselhável entregar o diamante que você herdou a qualquer pessoa que tenha um martelo. O resultado pode ser decepcionante.

É importante reparar que existem diversos tipos de mestres, assim como diversos níveis diferentes de preparação espiritual. O aluno pode precisar de tipos e estilos diferentes de orientação nos diversos estágios do caminho. Podemos aprender em inúmeros níveis e nem sempre precisamos de alguém do calibre do Dalai Lama para nos ajudar a percorrer o caminho espiritual. Acho que a principal função do mestre é facilitar o próximo passo do buscador. É mais ou menos como ensinar uma criança a andar. Não ensinamos realmente; ajudamos a criança a descobrir os pés e tiramos o máximo possível de objetos do caminho. E acompanhamos com paciência, delicadeza e amor as suas inevitáveis tentativas e provações, como se fôssemos parteiros de seus renascimentos espirituais.

Na tradição budista tibetana – e no hinduísmo também – a relação entre guru e discípulo sempre foi fundamental. Os mestres tibetanos dizem que basta observar alguém se curvar para poder identificar o mestre e a tradição da pessoa. Outras tradições budistas, como a vipassana ou zen, dão menos ênfase ao mestre e mais ênfase aos ensinamentos, ao método e às técnicas. Creio que, no Ocidente, essa ênfase pragmática pode ser um bom modo de começar. Embora muitas pessoas me considerem seu mestre, costumo me considerar mais um técnico ou treinador espiritual – um jogador-treinador, talvez. A verdade é que tenho a sensação de que aprendo tanto com meus alunos quanto eles comigo. Aqui no Ocidente parece apropriado que o mestre e o discípulo compartilhem assim o Darma, procurando o caminho juntos.

Nas escrituras budistas originais só havia uma palavra para denominar o professor, e não era "mestre", mas "kalyana-mitra", ou bom amigo espiritual. Garanto aos leitores que isso não é uma espécie de teoria da Nova Era que esteja sendo elaborada especificamente para discípulos ocidentais. Semana passada eu estava de férias, hospedado na casa de um companheiro do Darma e me deparei com um livro antigo, do grande patriarca do budismo tailandês, o venerável Buddhadasa Bikkhu, no qual ele diz: "Na verdade, até nos antigos sistemas doutrinários, não se falava muito em "acharya" (professor, mestre). Tal pessoa era chamada de bom amigo (kalyana-mitra). É correto chamar essa pessoa de amigo. Amigo é um conselheiro que nos ajuda em certos assuntos. Não devemos esquecer, porém, o princípio fundamental de que ninguém pode ajudar a ninguém diretamente... Embora essa pessoa saiba solucionar dúvidas e explicar algumas dificuldades, o amigo não precisa ficar por perto supervisando cada suspiro. Um bom amigo que solucione dúvidas e nos ajude a ultrapassar certos obstáculos é mais do que suficiente."

Os buscadores estão sempre à procura do mestre "perfeito" e iluminado. Acho que é importante, porém, que nos lembremos das escrituras originais e nos concentremos na procura de mestres que sejam, acima de tudo, bons e sábios amigos espirituais.

Quem ocupa posições de poder e autoridade às vezes tem pés de barro, e os líderes espirituais não são exceção. Conseqüentemente, conheço várias pessoas que se decepcionaram com as experiências que tiveram com vários gurus e mestres. Alguns desses discípulos decepcionados dedicaram anos de vida a um mestre ou outro e se sentem ressentidos porque nada era o que parecia. Contudo, muitas dessas pessoas agora sabem que o problema foi terem superestimado os gurus e os mestres. Assim como em todas as coisas, quanto mais alto o pedestal, maior é o tombo. Se esperarmos perfeição de nossos mestres, estamos a caminho de uma decepção, exceto em casos raríssimos. Não há necessidade de esperar tanto. Nossa verdadeira jornada não exige isso.

No segundo trimestre de 1998, o Dalai Lama esteve na Brandeis University, em Massachusetts, para dar uma palestra. Foi um grande evento preparado durante meses por americanos de todas as religiões, bem como por tibetanos. Ornamentaram a plataforma com lindas flores e, quando o Dalai Lama subiu à plataforma e viu o mar de flores e rostos ansiosos, na expectativa, disse: "Não tenho nada para lhes dar." Foi uma lição muito profunda. O Dalai Lama acrescentou que a vida é assunto da alma, questão de viver de um modo que reflita nossas melhores intenções. Muitas vezes ouvi o Dalai Lama subestimar seu papel de mestre. Ele gosta de dizer: "Ouçam-me como uma pessoa que transmite as informações antes que vocês as encarem como suas."

O verdadeiro mestre pode ser comparado a uma parteira que ajuda o aluno a descobrir seu guru interior ou sua verdade interna. Essa é a promessa da iluminação. É sempre errado presumir que o único modo de percorrer o caminho é copiar tudo o que nossos mestres fazem. Eu mesmo já vi a decadência de pessoas que imitavam o mestre em tudo, fosse bom ou ruim. Assim, os discípulos de um grande mestre que bebia demais também bebiam demais, e os seguidores do mestre que pregava o celibato mas era mulherengo tinham discípulos que faziam o mesmo. Os mestres e os ensinamentos autênticos devem melhorar sua vida, e não controlá-la.

Adoro aquela história do rei da antiga Índia que tinha os estábulos mais famosos de todo o país. Os cavalos do rei foram tratados por um mestre treinador competentíssimo e tornaram-se excelentes. Quando o treinador envelheceu, aposentou-se. O rei mandou os cortesãos contratarem outro treinador competente, e eles o fizeram. Os cavalos continuaram tão bonitos e saudáveis quanto antes, e continuaram a transportar os soldados do rei. Mas, um por um, todos os cavalos começaram a mancar do lado esquerdo. Quando o rei percebeu que os cavalos estavam mancando, não sabia qual poderia ser o problema.

Até aquele momento, o rei nunca tinha visto o novo treinador pessoalmente. Mandou, então, que levassem o treinador ao palácio para conversar sobre o problema. Quando o treinador entrou no salão, o rei entendeu tudo – pois o treinador também mancava da perna esquerda.

Alguns dos melhores mestres tiveram discípulos que conseguiram se igualar ou até superá-los. Isso pode ser complicado, mas, no reino espiritual, os mestres que não querem ser os mentores dos melhores alunos correm o risco de reproduzir suas próprias fraquezas. Pode ser difícil para qualquer discípulo ir além do perfeito Buda totalmente iluminado, mas vamos nos preocupar com isso quando acontecer.

Acho que o mais sensato é os buscadores investigarem bem seus possíveis mestres antes de se comprometerem. O Dalai Lama disse: "Por que não aprender com todos tudo o que puder, onde for possível? Vá ouvir instrutores comuns, absorvendo o que achar útil e deixando de lado o resto. Mas, se estiver pensando em comprometer-se com determinado mestre ou guru, investigue-o meticulosamente durante muitos anos antes de lhe entregar sua vida. Espione-o!"

Esse é um conselho sábio de um dos melhores mestres espirituais do mundo. Pode nos poupar de muitas decepções.

ORIENTAÇÃO QUANTO AO QUE ESPERAR DE UM MESTRE

O bom mestre é uma bênção e uma fonte de inspiração. Eis uma lista dos ensinamentos práticos que o discípulo pode esperar receber de um mestre ou guia espiritual:

- Instrução específica em vários métodos, tais como meditação, técnicas de visualização, cânticos, ioga, preces, música ritual e dança, e artes contemplativas
- informações sobre história espiritual, filosofia, epistemologia e lógica
- rituais e iniciações
- orientação na caminhada espiritual, inclusive respostas para esclarecer dúvidas (Os melhores mestres compreendem que os alunos sinceros são ansiosos e cheios de energia.)
- uma postura ética, compassiva, paciente e generosa
- ajuda no trabalho com descobertas espirituais, erupções de energia, sonhos, visões, revelações e experiências místicas e religiosas
- sabedoria e inspiração para ajudá-lo a perseverar em meio aos altos, baixos e estabilizações da jornada espiritual.

No antigo budismo sempre houve dois tipos distintos de mestres. Um deles chamava-se "acharya", um termo que aplicavam aos mestres que em geral eram iluminados. O acharya dava ênfase à essência e à prática dos ensinamentos. O segundo tipo de mestre, conhecido como "upadhyaya", dava ênfase a diversas normas e ritos que faziam parte da vida religiosa da época. Embora essas duas categorias distintas tenham se fundido com o tempo, é freqüente descobrirmos que ainda hoje cada professor dá ênfase a métodos distintos.

Seria lugar-comum dizer que os melhores mestres praticam o que pregam e vivem segundo os valores que adotam? Esses homens e essas mulheres estão aptos a dar o exemplo de como integrar à vida as doutrinas da sabedoria. Os melhores mestres personificam e exemplificam a verdade do Darma. Têm mais sabedoria do que os simples conhecimentos enciclopédicos dos dogmas e das escrituras religiosas. A humildade, a generosidade e a compaixão do mestre genuíno repercutem num nível que mal podemos compreender e nos impelem a ir mais longe do que poderíamos ir sozinhos.

Aprendemos com tudo o que fazemos. Todas as criaturas podem ser nossos mestres. Também aprendemos com tudo o que acontece de bom ou de ruim. De fato, às vezes os nossos inimigos nos proporcionam os ensinamentos mais preciosos.

Confúcio disse: "Se encontrar um homem sábio, tente igualar-se a ele. Quando vir um homem mau, examine-se profundamente."

A SANGHA E O DOM
DA AMIZADE ESPIRITUAL

Certa vez, Ananda, o fiel assistente do Buda, perguntou a ele:
— É verdade que a sangha, a comunidade dos amigos espirituais, é metade da vida sagrada?
O Buda respondeu:
— Não, Ananda, a sangha é a totalidade da vida sagrada.

Os buscadores precisam de amigos espirituais. Até o próprio Buda desperto procurava pessoas que tivessem as mesmas prioridades e interesses. De fato, uma das primeiras coisas que o Buda fez nos dias seguintes à iluminação foi procurar os amigos para compartilhar o que aprendera. Esse pequeno grupo tornou-se a primeira "sangha" budista.

A tradução literal de "sangha", palavra do sânscrito, é "grupo, congregação ou reunião". A noção tradicional de sangha descreve um grupo ou uma ordem sagrada de monges, monjas e buscadores leigos reunindo-se ao redor de mestres ou doutrinas espirituais. Mais tarde, as sanghas passaram a ser consideradas grupos que se reuniam ao redor de determinado mestre ou professor. Mas essas são definições muito limitadas que nem sempre funcionam na modernidade, quando nos conectamos em tantos níveis e formamos comunidades de tantas maneiras diversas.

Quando estou vendo um programa na televisão, por exemplo, pode haver mais um milhão de pessoas assistindo ao mesmo tempo. Se o programa tiver um componente espiritual, pode haver um milhão de pessoas compartilhando uma experiência que as torna membros temporários da mesma sangha ou comunidade espiritual. Algumas vezes já liguei a televisão para ver coleta de doações em larga escala para algum grupo de valor. É fantástico o que a energia humana combinada à boa vontade pode realizar! Esses eventos geram outros tipos de sanghas temporárias ou uma comunhão de pessoas tentando fazer uma obra espiritual, ajudando o próximo.

Muitos grupos espirituais patrocinam retiros regularmente. O meu próprio grupo, a Fundação Dzogchen, por exemplo, faz retiros de uma semana quatro vezes por ano. Os freqüentadores desses retiros são membros de uma comunidade sangha, embora passemos meses sem nos reunir. Podemos considerar sangha qualquer grupo de pessoas que trabalhem para aliviar o sofrimento neste planeta. Os grupos ecológicos certamente se encaixam nessa categoria. Em Brandeis, na Páscoa, começamos a realizar festividades judaico-budistas tibetanas para cerca de trezentas pessoas. Isso é uma sangha. Os membros do movimento pacifista em todas as partes do mundo pertencem à mesma sangha. Programas de doze passos, como o da AA, são bons exemplos de sanghas ocidentais modernas, formadas ao redor de um líder, mas em forma de círculo.

A idéia da comunidade espiritual não é originária do budismo. Os Estados Unidos foram colonizados por grupos religiosos cujos membros se ajudavam e se apoiavam mutuamente. A energia espiritual concentrada é uma força poderosa capaz de grandes coisas, tanto no nível material quanto espiritual. Adoro ver fotos dos agricultores Amish construindo celeiros em mutirão. A idéia de uma comunidade inteira se reunindo para ajudar uns aos outros é comovente.

Houve uma época, pelo menos neste país, em que podíamos considerar o senso de comunidade uma coisa certa. Na infância, íamos a pé para as escolas do bairro, comprávamos nas quitandas dos vizinhos e freqüentávamos igrejas e templos locais que, além de lugares de culto, eram centros sociais. Conhecíamos os vizinhos e tínhamos uma noção de qual era o nosso lugar. Tudo isso mudou, é claro. Hoje nossos filhos precisam de transporte para ir à escola, fazemos compras em grandes shopping centers onde ninguém sabe nosso nome, e as portas dos templos e das igrejas locais passam a maior parte da semana trancadas. Nossos vizinhos não raro são figuras sombrias, correndo na ida e na volta do trabalho, e estamos muito carentes de um senso de comunidade.

É natural que as pessoas queiram passar algum tempo com outras que tenham os mesmos interesses, as mesmas metas, os mesmos problemas. É aí que a sangha, a comunidade de companheiros buscadores, pode tornar-se nosso refúgio.

ONDE ENCONTRAR UMA SANGHA OU COMUNIDADE ESPIRITUAL?

Sempre me perguntam como encontrar uma comunidade de amigos espirituais. Geralmente respondo pedindo-lhes que pensem nas pessoas que se consideram espíritos afins. Com quem querem estar ao percorrer o caminho espiritual?

Se estivesse na Ásia e quisesse encontrar uma sangha budista tradicional, você visitaria o mosteiro mais próximo. Aqui, você pode começar procurando em revistas budistas como *Tricycle*. No verso há inúmeras listas de grupos e mosteiros. Caso tenha acesso à Internet, pesquise termos como budista, tibetano, zen, vipassana ou theravada, que você encontrará inúmeras informações. Você também pode pesquisar , ou utilizar os inúmeros links para outros websites budistas presentes no site da minha fundação Dzogchen Foundation – www.dzogchen.org. Visite a livraria espiritual local e leia o quadro de avisos. A Shambhala Publications publicou um livro chamado *The Complete Guide to Buddhist America*, de Don Morreale, que está repleto de informações sobre vários grupos budistas.

Se quiser uma experiência espiritual menos formal, visite a livraria espiritual local e folheie revistas como *Yoga Journal*, *New Age*. *Utne Reader* e *Common Boundary*. Leia o quadro de avisos. Faça perguntas; você talvez se torne membro de uma sangha útil quase imediatamente. Se quiser começar com algumas aulas de meditação, experimente o mais próximo centro New Age, o centro de ioga, a ACM ou alguma academia de ginástica. Seu próprio centro cristão ou judaico pode estar patrocinando aulas de meditação que o ajudarão a fazer contato com outras pessoas que tenham interesses espirituais semelhantes aos seus. Os centros espalhados pelo país oferecem meditação, ioga e tai-chi.

Já que a meditação é aconselhável para males físicos, muitos médicos e profissionais de saúde podem transformar-se em seus mentores pessoais de sangha, aconselhando sobre como e onde começar a praticar meditação. Procure retiros de fim de semana patrocinados por grupos como o Omega Institute ou Esalen. Eles podem proporcionar meios de conhecer pessoas com os mesmos interesses e uma maneira simples de adaptar-se a uma prática espiritual baseada em meditação.

Também é possível encontrar experiências fraternas nos programas de doze passos freqüentemente patrocinados por igrejas e centros comunitários. Qualquer congregação religiosa proporciona uma noção de sangha ou comunidade espiritual. Meus amigos quacres sempre me falam do papel importante que as reuniões quacres têm em suas vidas.

Também podemos criar sanghas temporárias na nossa própria vida introduzindo um componente espiritual em reuniões, feriados e comemorações especiais. Minha amiga Wendy, por exemplo, está grávida. Ao convidar as amigas para o chá de bebê, pediu-lhes que levassem conselhos espirituais escritos para a futura mamãe. Algumas amigas escreveram pensamentos ou poemas que acreditavam significativos para Wendy; outras escreveram o que sentiam a respeito da maternidade. Dessa forma, o chá de bebê da Wendy tornou-se um evento mais profundo e significativo.

O QUE O BUSCADOR PODE ESPERAR DA SANGHA?

Diz-se no Tibete que só os intrépidos leões da neve entram sozinhos nas florestas congeladas. Todos os outros precisam da comunidade. Vejam por quê:

❊ *Os amigos espirituais ajudam-nos a manter as prioridades espirituais.* Manter prioridades espirituais dia após dia não é tão fácil.
 – Estou cansado hoje; não quero meditar.
 – Está frio lá fora. Não quero ser compassivo e levar Cláudia para casa porque está chovendo. Ela pode ir de ônibus. Por que temos de sofrer os dois?

– É claro que me preocupo com o planeta, porém ninguém mais recicla nada. Por que perco o meu tempo lavando essas latas e essas garrafas?

– O que há de errado com um pequeno apego, uma pequena cobiça de vez em quando?

Voltar-se para o espírito e viver uma vida mais espiritual requer diligência, solicitude e atenção em tudo o que fazemos. A cada momento, a cada suspiro, a cada palavra, a cada ato, temos opções a fazer; essas opções determinam nossa qualidade de vida e nosso destino cármico. Os amigos espirituais nos lembram o que é importante. Ajudam-nos a crescer em virtude, em amor e nos mantêm no caminho.

❀ *Uma comunidade espiritual conta com pessoas mais idosas e mentores.* É alentador estar com pessoas que já resolveram alguns problemas iguais aos que você pode estar enfrentando na sua prática e na sua vida. Os conselhos que essas pessoas oferecem às vezes são teóricos, porém freqüentemente são práticos, tais como dicas úteis sobre meditação, posturas, dieta e livros para ler. É bem provável que os companheiros saibam de palestras e eventos interessantes, bem como de peregrinações e excursões ecológicas com guias animados. É um incentivo e serve de inspiração passar momentos com pessoas mais adiantadas no caminho espiritual. Aprendemos com seus exemplos, e a sua presença revigorante em nossas vidas serve de exemplo e estímulo.

❀ *A sangha espiritual nos proporciona um espaço seguro para compartilhar nossas boas intenções e o nosso coração terno.* Há pouco tempo uma mulher me disse que estava envergonhada porque emprestara dinheiro a um amigo e ele não havia devolvido. Isso a fazia sentir-se tola. Ela nem havia contado aquilo a ninguém porque temia que a considerassem ingênua. No mundo atual, a generosidade pode parecer tolice.

Vamos assumir: às vezes é difícil expor nosso coração vulnerável e terno, nossa bondade e sensibilidade. Dentro do espaço seguro e sagrado que é a sangha, não precisamos ter vergonha de demonstrar nossos sentimentos. Não precisamos temer que alguém deboche de nossas inclinações espirituais e do nosso desejo de fazer o bem. É mais provável que sejamos aceitos como somos, com todas as nossas esperanças, temores, falhas e fraquezas. Sangha significa abraço comunitário, comunhão; é um refúgio, um abrigo onde podemos baixar a guarda.

Não raro o buscador descobrirá que suas aspirações à iluminação não têm o apoio de toda a sociedade. Muitos deles, de diversas religiões, já me contaram que seus entes queridos não compreendem o que fazem nem por que o fazem. Uma sangha espiritual com idéias semelhantes servirá de apoio e reforço para suas aspirações e seus compromissos, quando houver obstáculos no caminho.

Sou de Nova York, onde muita gente conhece a excelente palavra iídiche "mishpoche". É uma palavra que usamos quando falamos da nossa família ou dos nossos entes queridos. Considero a sangha uma mishpoche espiritual. Quando estamos com a sangha, sabemos que estamos em família e nos sentimos seguros.

❊ *A sangha espiritual nos cerca de energia sagrada e bênçãos.* Quem medita ou reza com um grupo já experimentou pessoalmente a bela energia que envolve o local. É palpável e real. Qualquer prática espiritual em grupo é uma atividade enaltecedora e inspiradora. Certas pessoas precisam de um grupo de dez pessoas para a prece diária. Outras precisam de um parceiro para a ginástica ou de um companheiro de golfe que as ajude a superar a inércia e as motive a "fazer alguma coisa". Todos se alegram ao unir-se a outras pessoas numa atividade comum. Foi por isso que Jesus disse: "Onde houver duas ou três pessoas reunidas em meu nome, estarei entre elas." Tenho a impressão de que sempre que me conecto e comungo realmente com outras pessoas, eu me conecto e comungo com aquilo que é maior do que qualquer um de nós. Isso é simplesmente lógica espiritual.

A SERVIÇO DA SANGHA UNIVERSAL

Todas as criaturas de Deus têm lugar no coro. Algumas cantam baixo, outras cantam mais alto, outras cantam bem alto por telefone.

BILL STAINES

Pelo bem supremo de todos os seres, sem exceção, nesta e em todas as minhas vidas, dedico-me à prática e à realização da iluminação.

De O Voto Bodhisattva

Quando perguntei aos meus generosos mestres como poderia retribuir, mandaram-me passar seus ensinamentos adiante. Quando o Buda disse ao seu fiel criado Ananda que a sangha representava a totalidade da vida espiritual, estava lembrando a Ananda que, na qualidade de habitantes deste planeta, somos todos membros da única sangha entrelaçada de seres, para a qual Thich Nhat Hanh criou o termo "interser".

Uma característica exclusiva e essencial do Budismo Mahayana é a crença na possibilidade definitiva da iluminação universal. O ideal mais elevado que já encontrei é conhecido entre os budistas como Voto de Bodhisattva. Nas sanghas budistas tradicionais do mundo inteiro, os membros entoam esse voto diariamente:

> Os seres sensíveis são inumeráveis: prometo solenemente libertá-los.
>
> As ilusões são inesgotáveis: prometo solenemente transcendê-las.
>
> Os ensinamentos do Darma são ilimitados: prometo solenemente dominá-los.

O caminho iluminado do Buda é insuperável: prometo solenemente personificá-lo.

Ao repetir esses votos, ao assumir esse compromisso, nós nos dedicamos a enxergar um panorama mais geral. Não estamos sós, vivemos num mundo habitado por seres inumeráveis, e todos querem a felicidade tanto quanto nós. O grande mestre tibetano residente nos Estados Unidos, Chogyam Trungpa Rinpoche, disse em certa ocasião que o objetivo fundamental do Budismo Mahayana é ajudar as pessoas a pensarem grande.

Descobrir maneiras práticas de ajudar ao próximo nos ensina a oferecer o verdadeiro amor, e não apenas um amor do tipo "eu o amo se você me amar". É assim que crescemos espiritualmente. Quando o lutador de boxe americano Muhammad Ali iniciou sua carreira, era conhecido como o aparentemente arrogante Cassius Clay, que adorava rimar e criar poemas sobre si mesmo. Na juventude, seu slogan era "Sou o maior". Alguns anos atrás, mais velho e mais sábio, pediram a Muhammad Ali que recitasse um poema extemporâneo. Ele disse: "Eu, Nós." Veja como são palavras restritas e amplas. Veja o que significam essas duas palavras. É, realmente, um soco em dois tempos que não machuca ninguém e enaltece a todos. Na minha opinião, é o maior de seus poemas.

A intenção de ajudar ao próximo é parte essencial do exercício espiritual. Antes da iluminação, o Buda disse que passara quinhentas de suas vidas anteriores como Bodhisattva, dedicando-se ao bem-estar e ao alívio do sofrimento de todas as criaturas, em todos os mundos possíveis e na miríade de dimensões do ser. Aquele Voto Bodhisattva nos lembra que a nossa intenção de nos tornarmos mais sábios, menos egoístas e mais amorosos não existe somente para o nosso bem, mas para o bem de todos os seres. Fazemos os votos imaginando que todos passam por dificuldades e confusão, mas que cada um de nós tem o poder de atacar o problema. Nós percebemos que é possível trabalhar pelo alívio do sofrimento universal. Queremos muito e necessitamos das mesmas coisas. Estamos simplesmente lutando em caminhos diversos.

Compete a nós, buscadores espirituais, tentar ajudar ao próximo, a nossa sangha universal, que é um círculo que contém todos os seres. É uma mandala participativa. Todas as partes são o centro de toda a trama da existência. Só depende de você o quanto fazer para ajudar ao todo.

Quando olhamos para o sol, a maior fonte visível de energia do nosso mundo, sentimos séus raios luminosos se estendendo e tocando em tudo o que existe. Da mesma forma, o coração amoroso é naturalmente afetuoso; estende-se para toda a comunidade. Dessa forma, compartilhamos nossas dádivas e o tesouro que herdamos.

A lista de maneiras de ajudar é tão grande quanto nossa imaginação e nosso espírito; existem inúmeras oportunidades de servir e contribuir. Às vezes há pessoas que me dizem que querem se oferecer como voluntárias, mas não sabem por onde começar. Há algumas sugestões relativas a como começar na seção de Recursos, no fim do livro.

Trabalho interior:
terapia e Darma

Se quisermos viver uma vida plena, tanto a antiga tradição do budismo quanto a tradição moderna da psicoterapia nos dizem que precisamos recuperar a capacidade de sentir. Evitar as emoções só nos isolará do nosso verdadeiro eu – de fato, não pode existir integridade sem integração dos sentimentos.

DR. MARK EPSTEIN

Na base da doutrina budista está a premissa de que, quando sabemos quem somos, somos capazes de compreender o universo. Mas todos precisamos de ajuda para saber quem somos. Às vezes temos dificuldade para saber o que sentimos; às vezes temos dificuldade para ver o que fazemos. Quando nos comprometemos de fato com o autoconhecimento e também com o conhecimento e a compreensão em geral, faz sentido recorrer a todas as técnicas e ferramentas possíveis, antigas e modernas.

Acredito que todos temos dentro de nós uma sede espiritual – um "gene divino" que nos impele a procurar cada vez mais profunda e amplamente a sabedoria, o amor, a compreensão, a satisfação e a felicidade. Também creio que é tolice dizer que só existe um meio, um método, uma solução que funcione para todas as pessoas ou para todos os incontáveis dilemas, contradições e crises que fazem parte da nossa era. Todos precisamos de soluções mais holísticas e integradoras para nossos problemas comuns e específicos. Muitos buscadores descobriram que integrar a meditação à terapia permite-lhes desfrutar os benefícios de uma abordagem mais holística do que cada um desses sistemas proporciona sozinho.

O Darma búdico e a psicoterapia têm muito em comum. O principal objetivo do Darma é aliviar o sofrimento por intermédio da atenção e da consciência sábias que, por sua vez, afrouxam o emaranhado dos apegos e das fixações, libertando-nos do cativeiro da ilusão e do engano. Isso é iluminação. A finalidade expressa da terapia é nos libertar dos conflitos e dos sofrimentos, nos liberar das neuroses e nos ajudar a despertar a auto-aceitação e o amor. Isso é saúde mental.

As definições etimológicas da antiga palavra "Darma" contam com as palavras verdade, ensinamentos, conselhos sábios, lei universal e doutrina espiritual. Uma derivação freqüentemente subestimada do significado original da palavra "Darma" é "aquilo que cura". Acho que é justo dizer que tanto o Darma quanto a psicoterapia são um tipo de cura mais amplo e profundo. Existe, portanto, uma enorme coincidência entre esses dois Darmas ou ensinamentos. Tanto o Darma quanto a terapia requerem "trabalho interior"; ambos requerem auto-observação e auto-indagação honestas. De uma maneira ideal, os dois métodos se complementam e se ampliam na ajuda ao buscador para encontrar equilíbrio, realização, serenidade e sentido.

Por ser lama e mestre, várias pessoas me procuram diariamente para relatar seus problemas. Geralmente percebo que seria melhor abordar esses problemas com profundidade durante um período de psicoterapia ou aconselhamento psicológico. Eu mesmo comecei a consultar um terapeuta aos quarenta e poucos anos. E o fiz para explorar algumas questões interpessoais e emocionais que não foram totalmente resolvidas pelo exercício da meditação. Acho que encontrei na terapia bastante discernimento, auto-aceitação e liberdade.

Não estou negando os benefícios da meditação. Considero a terapia e o Darma perfeitamente complementares e que se apóiam mutuamente. O budismo sempre foi considerado tanto uma psicologia profunda e uma filosofia ética quanto uma religião. Na verdade, um terço do budismo tradicional é o "Abhidharma" (coleção de ensinamentos especiais da psicologia budista). O Abhidharma é uma das três "cestas" ou coleções originais de ensinamentos canônicos clássicos budistas conhecidas como "tripitika". O Abhidharma contém análises detalhadas da multiplicidade dos estados da mente, das diversas emoções, da natureza da mente e da realidade, e as dimensões e dinâmicas da consciência.

Atualmente o budismo moderno está mais psicologicamente sagaz e voltado para a perspicácia do que nunca. Sabemos que a meditação é muito mais do que observar o umbigo ou a respiração, ou repetir um mantra, ou acalmar e tranqüilizar o espírito. Ela também conta com exercícios analíticos e indagações introspectivas sobre a própria natureza e identidade do espírito. Há abundância de símbolos ricos e de visualizações detalhadas no budismo que ajudam a destravar o subconsciente e a abrir o inconsciente ao nosso olhar investigativo. Mesmo assim, às vezes é necessária a sabedoria imparcial e reflexiva de um terapeuta experiente para ajudar o buscador a percorrer o labirinto de suas dúvidas e de seus problemas pessoais mais profundos para que "veja" o que é preciso ver. Isso pode nos libertar do passado e nos liberar para a perfeição natural do aqui e agora.

Algumas autoridades tradicionais talvez discordem dessa abordagem. Conheci hierarcas budistas asiáticos, cultos e espiritualmente realizados, que, em seu desejo humanitário de ajudar os alunos ocidentais, lhes diziam: "Não façam terapia. É melhor contar a uma pedra ou a uma árvore!" ou "Terapia? Isso é 'samsara', coisa mundana. É melhor meditar e doar seu dinheiro a mosteiros e centros de meditação, pois assim você acumula méritos para melhores renascimentos em vidas futuras."

De certa forma, isso me lembra conselhos de não ir ao médico quando se está doente, mas simplesmente se entregar ao poder da oração. Acho importante não sermos ingênuos nas questões espirituais. O fato é que, para a maioria de nós, o alívio do sofrimento e a eliminação da confusão são de suprema importância. Podemos utilizar qualquer coisa que funcione. O próprio Buda, ao aconselhar os adeptos sobre como julgar as situações da vida cotidiana, disse que os critérios a empregar seriam para avaliar se era bom e saudável. Ele dizia que, ao fazer juízos, devíamos confiar na nossa experiência. Que nenhum de nós esqueça que o budismo é principalmente uma doutrina prática para o aqui e o agora.

Acredito que a psicoterapia nas mãos de um terapeuta capacitado proporciona uma nova doutrina semelhante à do Darma que pode ajudar qualquer pessoa a compreender melhor sua experiência de vida. O Darma do Buda tem muitos ensinamentos que tratam de comportamentos autodestrutivos, contudo freqüentemente as pessoas são incapazes, sem orientação e ajuda, de desfazer o construto psicológico que mantém erguidos esses padrões de comportamento. É aí que entra em cena o bom tratamento terapêutico. O terapeuta competente ajuda as pessoas a explorar a mente e a psique e, ao fazê-lo, ajuda o cliente ou paciente a alcançar conhecimentos e auto-aceitação mais profundos.

Também devo dizer que, em alguns locais, a espiritualidade e a terapia são vistas como contraditórias. Por um lado, alguns mestres espirituais mal-informados gostariam de nos levar a crer que a psicologia e a psicanálise são meramente jogos mentais e não alcançam as dimensões mais profundas da alma.

Alguns psicólogos e psicanalistas, por outro lado, talvez nos digam que os buscadores estão meramente empregando a prática espiritual como meio de evitar ou negar seus problemas. Dentre os religiosos devotos, há quem me diga que a psicologia só trata deste mundo e desta vida, ao passo que a espiritualidade vai muito além. Acho que não é claramente uma situação mutuamente excludente; o ideal é que aqueles de nós que querem mergulhar mais fundo e compreender mais a si mesmos precisam ser capazes de fundir os dois métodos, reconhecendo a força e a limitação de ambos, de forma semelhante a uma compreensão moderna e mais evoluída da ciência e da religião.

Grande parte do conflito aparente entre a espiritualidade e a terapia gira em torno de um mal-entendido acerca do papel do ego na nossa vida. Os ocidentais novatos no pensamento budista acreditam erroneamente que a finalidade do Darma é a aniquilação do ego e da noção de ego. A meta freqüentemente declarada da terapia, por outro lado, é fortalecer o amor-próprio e curar o ego. De fato, é preciso ter uma noção saudável de ego para progredir na prática espiritual. A meditação geralmente não é útil para quem não amadureceu e cresceu o suficiente para ter um ego adulto e individualizado; a meditação pode até ser contraproducente para pessoas que sofrem de problemas como psicose maníaco-depressiva ou extrema ansiedade.

O psicólogo e mestre de meditação Jack Engler, da Harvard Medical School, talvez defina melhor em sua famosa obra *Becoming Somebody and Nobody; Psychoanalysis and Buddhism*. Diz ele:

"É preciso ser alguém antes de ser ninguém... A tentativa de ignorar as tarefas de desenvolvimento da formação da identidade e de se opor à constância por meio de uma tentativa espiritual equivocada de 'aniquilar o ego' tem conseqüências patológicas fatais... O que é necessário, e tem faltado tanto à perspectiva clínica quanto à meditativa, é uma psicologia do desenvolvimento que compreenda todo o espectro do desenvolvimento... Parece-me necessária tanto uma noção de ego quanto uma noção de não-ego — nessa ordem — para que se alcance aquele estado de bem-estar psicológico perfeito que Freud definiu como 'ficção ideal' e o Buda, muito antes dele, descreveu como 'o fim do sofrimento' que era a única coisa que ensinava."

Em resumo, para todos nós, é preciso definir uma noção de identidade madura (ego) antes que a prática espiritual possa realizar seus diversos benefícios. Os mestres espirituais responsáveis reconhecem que é perfeitamente possível que os buscadores utilizem a prática espiritual como meio de evitar dificuldades emocionais. Dessa forma, às vezes vemos introvertidos usarem o tempo dedicado à meditação como fundamentos para padrões de comportamento introvertido. Os reclusos às vezes tornam-se mais reclusos em nome da prática; os desligados podem evitar o mundo em nome da renúncia; os fanáticos por controle podem tornar-se ainda mais controladores em nome da atenção plena; quem tem mentalidade tacanha e os dogmáticos podem tornar-se mais radicais em nome da tradição e da pureza; até os ambiciosos e os competitivos podem interpretar seus padrões de comportamento na hierarquia do grupo espiritual ou religioso. O ego pode reivindicar qualquer coisa, inclusive a prática espiritual; assim, os materialistas transferem sua mundanidade para o Darma e se tornam materialistas espirituais, porém ainda gananciosos, competitivos, orgulhosos etc.

Os ensinamentos espirituais constantemente nos aconselham a não perder nosso bom-senso fundamental e a não nos enganarmos sobre o que estamos fazendo. O nome do jogo é equilíbrio em tudo. Honestidade é o método. Integridade é o resultado. Um terapeuta competente pode nos ajudar a continuar honestos conosco mesmos no tocante ao que fazemos. A prática espiritual deve nos ajudar a compreender melhor a realidade, em vez de evitá-la; a prática espiritual deve nos ajudar a levar uma vida mais equilibrada.

Os ensinamentos éticos e os valores, juntamente com o treinamento da mente e os exercícios contemplativos ajudam-nos a desenvolver o caráter e a cultivar nosso potencial máximo.

A TERAPIA E UM CORAÇÃO AMOROSO

A terapia também pode nos ajudar a curar. Afinal, a principal finalidade da prática espiritual é ser capaz de viver e amar com o coração mais livre e aberto. Bem, a verdade é que muitos de nós passamos por experiências que nos fecharam. A vida nem sempre é fácil; nem sempre recebemos o amor e a criação de que precisamos. Nem sempre temos a segurança material, física e emocional que gostaríamos de ter. É difícil amar quando as principais emoções que experimentamos são a ira, a tristeza ou a ansiedade. Quando nos trancamos dentro de nós mesmos e das nossas próprias dificuldades, numa espécie de mecanismo de defesa, inadvertidamente nos isolamos das fontes de amor e bondade. Talvez saibamos que o amor está enterrado na nossa alma, mas pode ser dificílimo ter acesso a ele. Os alunos me perguntam, por exemplo, sobre meios de lidar com a ira e com a negatividade que sentem. Querem saber como amenizar a couraça que lhes envolve a alma. Perguntam como desarmar a violência que têm dentro de si, bem como ao redor de si.

Os meditadores sempre acham que a meditação desperta uma série de emoções do passado; algumas são perturbadoras; outras são liberadoras. Nesses casos um mestre pode ajudar; uma sangha, ou mesmo um amigo espiritual que seja um bom ouvinte, também pode ajudar. E também um terapeuta, que provavelmente possa dedicar mais tempo para ajudar o buscador a encarar, explorar e compreender melhor essas sensações.

A situação terapêutica ajuda-nos a lidar com os matizes das diversas emoções, da ira ao ciúme, do medo à culpa e à confusão. Esse tipo de auto-indagação interior ajuda-nos a ser mais autênticos e sinceros com o que somos e com o que queremos. O Buda pedia aos adeptos que sentissem seus sentimentos. A terapia nos ajuda a fazer exatamente isso. Há pessoas que entendem mal a doutrina budista e acham que devemos todos emergir e nos fundir num grande estado homogeneizado e passivo semelhante ao dos zumbis. O budismo fala em equanimidade, mas isso não significa complacência nem indiferença. O pacifismo não é passivo em hipótese alguma; é um ativismo espiritual dinâmico, compaixão em ação.

Certa vez um mestre zen disse que devemos ter "olhos de gelo e corações de fogo". Ele queria dizer que devemos ver com clareza e ser bondosos. Aspirarmos à maturidade emocional, à maturidade espiritual e à maturidade psicológica. Precisamos desenvolver as três.

Eu também gosto de sugerir a terapia para buscadores que queiram encarar a vida de forma mais realista, com os pés no chão, porque para certas pessoas pode ser tão fácil dedicar-se ao caminho espiritual que elas não consigam funcionar bem no mundo. Servimos melhor à nossa meta de enxergar com clareza quando somos capazes de integrar todo o espectro de experiências, em vez de viver num cantinho da vida. É por isso que sempre digo que é impossível viver somente pelo Darma. E acreditem na minha palavra: eu já tentei!

A ESCOLHA DA TERAPIA

A maior dúvida que os buscadores costumam enfrentar é como encontrar um estilo de terapia que complemente a prática espiritual. Nem é preciso dizer que é contraproducente tentar fazer trabalhos interiores com alguém que não compreenda suas aspirações pessoais ou espirituais. Já conheci, no passado, várias pessoas a quem seus terapeutas incentivaram a largar as preces ou a meditação. Hoje, porém, temos a sorte de conhecer vários terapeutas que se interessam pelas questões espirituais. Existe até uma escola, chamada psicologia transpessoal, que tenta especificamente integrar o espiritual e o psicológico. Os junguianos são outro grupo que sempre integrou o espiritual e o psicológico.

A psicoterapia farmacêutica apropriadamente prescrita e o tratamento com drogas são um novo e interessante campo de exploração ao longo dessa fronteira. Pessoas de todas as profissões estão recorrendo a novos tratamentos para encontrar equilíbrio e serenidade sob os cuidados de médicos, psiquiatras e terapeutas competentes. A experiência pessoal e o bom-senso moderno indicam que para cada um de nós pode muito bem haver forças inconscientes e cármicas que estejam limitando nosso desenvolvimento. Em diversos casos, os novos tratamentos alternativos, científicos ou antigos podem contribuir para a sensação de integridade e transformação que todos procuramos.

Encontramos os melhores terapeutas, conselheiros e assistentes sociais quando pedimos indicações a alguém em quem confiamos. Se você for membro de uma sangha, igreja ou templo, talvez possam lhe fornecer uma lista de pessoas recomendadas. O seu médico certamente terá indicações a fazer; ou sua faculdade ou universidade, se você for estudante. Um hospital talvez também tenha uma lista à qual você possa recorrer para começar a pesquisar uma terapia que funcione para você. Nem todo terapeuta ou conselheiro funciona para todos. Não tenha medo, portanto, de pesquisar até encontrar uma terapia que preencha seus requisitos.

Muitas pessoas têm problemas financeiros que podem dificultar a terapia. Existe uma vasta série de alternativas menos dispendiosas. Não tenha medo de perguntar. Muitos terapeutas podem indicar alguém que esteja disposto a elaborar um plano de pagamento adequado. Uma outra maneira menos dispendiosa de aproveitar os benefícios da terapia é a terapia em grupo. Até um grupo de apoio feminino ou masculino pode ser bem útil. Repito que é você que tem de procurar ajuda e apoio. Se não puder realmente custear uma terapia, uma outra maneira de obter apoio é por intermédio dos diversos programas de doze passos que se baseiam nos doze passos para a recuperação formulados pelo programa original dos Alcoólatras Anônimos. Alguns deles:

> Co-dependentes Anônimos – para homens e mulheres que estão vivendo relacionamentos insatisfatórios e ruins, com base em famílias desestruturadas.

> Alcoólatras Anônimos – para os que têm problemas de abuso de substâncias químicas.

> Filhos Adultos de Alcoólatras – para pessoas que foram criadas em lares de alcoólatras ou com outros tipos de desestruturação.

Al-Anon – para amigos e familiares de pessoas que têm problemas de abuso de substâncias químicas.

Jogadores Anônimos – para pessoas que lidam com o dinheiro de modo a viver sempre em dificuldades.

Existem programas como esses em todo o país. Geralmente estão localizados em igrejas ou sinagogas. Dê alguns telefonemas, leia os anúncios nos jornais locais e procure nos quadros de avisos de igrejas e templos.

Considero os programas de doze passos com base espiritual e não denominacional uma parte indispensável do nosso Darma orgânico doméstico, *"made-in-América"*. Esses programas já fizeram maravilhas por inúmeras pessoas. Hoje em dia há reuniões de doze passos por toda parte. Então, como geralmente aconselham: "Entregue-se e permita que Deus"... ou Buda o ajude. O primeiro passo para todos nós é sempre reconhecer que temos um problema.

*Não acontecem grandes eventos interiores
àqueles que não os procuram.*

MAURICE MAETERLINCK

IOGA

Ioga é aquilo que tranqüiliza a mente.

PATANJALI

A palavra "ioga" significa união, ou reunião com a fonte suprema de energia sagrada. É um meio de reconectar o material ao espiritual, o visível ao invisível. A ioga é, por conseguinte, qualquer método que nos ajude a transcender o apego ao ego e a nos conectar com nossa energia espiritual pura e inata.

A ioga, tanto como conceito quanto como exercício, existe há milhares de anos. Durante sua vida, o Buda foi considerado iogue, assim como os buscadores e os ascetas que ele encontrou quando ingressou no caminho espiritual. De fato, em sentido mais amplo, qualquer pessoa que tente conectar-se com o divino pode ser legitimamente chamada de iogue. Iogue significa praticante espiritual, estando a ênfase na prática, e não na teoria ou na fé.

A autoria do antigo tratado clássico sobre a ioga, conhecido como Ioga Sutra, é atribuída a um sábio chamado Patanjali, que viveu no norte da Índia há mais de dois mil anos. Patanjali delineia oito princípios específicos, cada um dos quais é um método de ioga que pretende ajudar o buscador a se reunir com o divino. São eles: (1) comportamento ético; (2) disciplina; (3) posturas corporais; (4) controle da respiração; (5) afastamento dos sentidos; (6) concentração; (7) meditação; (8) absorção extática.

Parece que aqui no Ocidente a palavra "ioga" se tornou sinônimo de "hatha ioga", um condicionamento físico que tem como objetivo limpar, purificar e estabilizar o corpo. Mas a ioga, corretamente definida, abarca diversos caminhos e métodos, todos dirigidos para a (re)união com o divino. Quando nós, por exemplo, praticamos (um caminho de) boas obras e compaixão em atos, diz-se que é "carma ioga", ou união por intermédio de atos altruístas. Quando nos concentramos na honestidade, na verdade, na investigação da realidade, no intelecto e na auto-realização, estamos seguindo o caminho da sabedoria chamado "jnana ioga". O caminho dedicado ao amor devocionista é conhecido como "bhakti ioga". E quando recitamos, cantamos ou pronunciamos um mantra silenciosamente, estamos seguindo o caminho do som sagrado conhecido como "japa" ou "mantra ioga".

A ioga sempre deu ênfase à conexão mente-corpo-espírito. Agora que os ocidentais estão começando a compreender a sabedoria desse tipo de pensamento integrado, holista, a hatha ioga está gozando de um merecido surto de popularidade. Recentemente conversei com um casal de seus cinqüenta e poucos anos de idade. Cerca de um ano atrás, de repente, começaram a freqüentar aulas de ioga juntos. Nenhum dos dois havia feito nada parecido antes. Agora dizem que se deixaram cativar totalmente e que freqüentam de duas a quatro aulas por semana, dizendo que se sentem muito melhor em conseqüência da ioga que não querem mais viver sem ela. No mundo inteiro, praticamente todos – jovens e velhos – endossam igualmente a hatha ioga. É divertida, relaxante e faz bem. E, sim, é espiritual. Pode-se aprender ioga em ashrams, academias de ginástica, retiros de fim de semana ou na ACM local. Existem revistas, livros, vídeos e websites dedicados a ensinar mais a respeito da ioga aos ocidentais.

A hatha ioga utiliza o controle da respiração e as diversas posturas físicas ("asanas") para equilibrar os sete centros de energia ou força do corpo conhecidos como chacras. Isso se destina a despertar a fonte central de energia do corpo, conhecida como "kundalini" ou "serpente enroscada". Diz-se que a energia da kundalini não desperta permanece dormente no primeiro chacra do corpo como uma mola ou uma serpente enroscada. A prática da ioga desperta e canaliza essa energia para os diversos chacras até alcançar seu centro mais alto, o chacra da coroa, que se encontra no alto da cabeça.

O primeiro chacra do corpo, onde a kundalini reside em repouso, localiza-se na base da coluna vertebral. Esse chacra é desenhado como um lótus de quatro pétalas. Esse vórtice de energia forma a base do nosso instinto de sobrevivência – nossas reações reflexas – bem como do medo e da agressão.

O segundo chacra, que se encontra na área genital, é representado como um lótus de seis pétalas. É o ponto da energia sexual, das forças reprodutoras, e de outras formas de gratificação e nutrição sensual.

O terceiro chacra, situado abaixo e atrás do umbigo, é freqüentemente representado como um lótus de dez pétalas girando. É o centro do poder e do ego, do qual se origina o domínio.

O quarto chacra é o do coração, às vezes chamado de lótus do coração; é o centro da compaixão e do amor. Geralmente é visto como um lótus azul de doze pétalas.

O quinto chacra, que se encontra na garganta, tem 16 pétalas. Nosso anseio de ideais mais elevados, visão e criatividade mágica provêm desse centro transcendental.

O sexto chacra, às vezes denominado "terceiro olho", localiza-se atrás da testa, entre as sobrancelhas, cerca de 2,5 cm acima delas. As imagens desse centro de energia mostram somente duas pétalas. É o centro da sabedoria. O terceiro olho representa a visão unitária, que reúne e resolve a visão dualista, divisiva, dos nossos dois olhos normais.

O sétimo chacra, o centro mais alto de energia, encontra-se no alto ou na coroa da cabeça. É freqüentemente representado como mil pétalas semelhantes às das flores exatamente no topo da cabeça. É o centro da união cósmica, ou iluminação. Quando se atinge o despertar pleno, esse chacra floresce e é ativado, como a explosão de uma estrela. Na minha opinião, parece uma fonte jorrando para baixo, sobre a cabeça.

A imagem iogue é a da força em forma de serpente da kundalini, erguendo-se e pulsando em todos os canais de energia do corpo até finalmente resultar em energia brotando do sétimo chacra e caindo sobre o praticante em forma de chuva, preenchendo-o com uma sensação de vida, luz, completeza e pura bondade. A energia é, então, reciclada de volta ao corpo para ser reutilizada infinitas vezes, uma fonte pura e inesgotável. Quando se recorre a essa fonte cósmica, bênçãos, energia, êxtase e sabedoria jubilosa percorrem o corpo.

Fiz meu primeiro curso de ioga em Buffalo, quando ainda era universitário. Encarei esse curso com reservas. Para alguém que praticava esportes de equipe, a idéia da ioga parecia quase antipatriótica. Rapidamente percebi que, embora a ioga não fosse beisebol, também não era exatamente um balé. Por fim, concluí que não era menos máscula do que as aulas de dança que todos os garotos tinham de freqüentar na sexta série. De fato, era desafiante, relaxante e interessante, de uma maneira incompreensível.

Depois de algumas aulas, porém, descobri que a ioga fazia com que eu me sentisse melhor do que a calistenia e o halterofilismo. O único outro exercício que achei já comparável à ioga é a natação, que também é completa e relaxante, além de fisicamente benéfica. Quando comecei a fazer as posturas e o trabalho respiratório associado à ioga, descobri que, sem nenhuma teologia conceitual, eu estava me tornando mais equilibrado e espiritualizado, mais em contato com as dimensões sagradas da vida e de mim mesmo. Foi uma experiência extraordinária.

Essas sensações me incentivaram a começar a fazer experiências e a me aprofundar mais nas diversas sugestões dietéticas da ioga. Comecei a perceber o valor de consumir alimentos leves – frutas, verduras, grãos, tofu e iogurte. Tornei-me mais sensível à cafeína e ao açúcar, coisas que pareciam me estimular artificialmente e depois me deixavam exausto. Não há dúvida de que a ioga estava me ajudando a penetrar mais plenamente no momento presente. Passei a adorar a ioga e comecei até a praticar sozinho, no quintal ensolarado e em praias, com namoradas, e assim por diante, até a ioga passar a fazer parte da minha vida. Só ocupava alguns minutos, o tempo suficiente para alguns exercícios de respiração e equilíbrio, para que eu entrasse em contato direto com aquela dimensão sagrada que começara a visitar com mais liberdade.

Quando cheguei à Índia em 1971, após o término da faculdade, é claro que havia iogues por toda parte. Fiquei num ashram em Rishikish, à margem do rio Ganges, e aprendi o sistema hoje ensinado por Swami Satchidananda em seu Integral Ioga Institute. Depois, freqüentei um retiro de ioga num ashram próximo a Benares. Quando penso nesses dias tranqüilos da minha juventude, a recordação que surge é a das aulas de ioga ao sol com meu instrutor, todos os dias de manhã bem cedo, à margem do Ganges.

Quando se observa de fora uma aula de ioga, parece apenas um grupo de pessoas fazendo alongamentos para o bem-estar físico. E a ioga serve realmente a esse objetivo. Em essência, porém, é um exercício muito mais rico e refinado. As posturas, a respiração e a visualização trabalham em conjunto para equilibrar e harmonizar sua energia, levando-a para o canal central de energia. A ioga alinha o esqueleto e a musculatura, e também estimula os órgãos internos de uma forma que melhora a saúde e a sensação de bem-estar. Ela apara nossas arestas, amplia e abre a respiração; desfaz os nós energéticos do canal psíquico e das vias energéticas do nosso sutil complexo corpo-espírito. É um condicionamento físico.

Quem se interessa por meditação estaria bem-servido com aulas de ioga, que proporcionam um excelente prelúdio à meditação. A maioria das aulas de ioga termina com uma postura conhecida como postura do cadáver. Nessa postura, a pessoa deita-se de costas e primeiro contrai para depois relaxar totalmente os músculos, até estar tão relaxada que se sinta unificada com o planeta. O momento após essa postura é excelente para a meditação. Na verdade, a ioga é meditação do início ao fim. E a meditação é a forma principal de ioga.

Na Índia, os adeptos passam anos praticando diversas formas de ioga para purificar e libertar a prática, o corpo e a alma. Fazem-no por meio de visualização, dieta, jejum, movimentos e posturas corporais, cânticos, preces, meditação e outros métodos de purificação. E muitos afirmam que nasceram para a ioga. Diz-se que a ioga aumenta a longevidade, a vitalidade, o apetite sexual, a memória, as atividades mentais e a saúde. Parte disso é verificável. Na verdade, já se fizeram estudos em instituições médicas respeitáveis que demonstraram que alguns praticantes de ioga conseguem reduzir a velocidade do metabolismo e do coração, bem como alterar a temperatura do corpo. Isso pode alterar de forma significativa os estados da consciência e incentivar a cura também.

Já houve muitas outras declarações sobrenaturais a respeito de iogues da Ásia extraordinariamente bem treinados, conhecidos como "faquires". Dizem que alguns são capazes de levitar, ou aparecer em dois locais simultaneamente; outros caminham sobre carvões em brasa sem queimar os pés, ou caminham sobre espinhos ou pregos. Alguns conseguem meditar durante semanas, sem alimentos e água. Eu testemunhei isso. Uma das lendas do Tibete gira em torno de iogues da antigüidade, que eram capazes de percorrer rapidamente dezenas de quilômetros por dia, numa velocidade tão grande que suas pernas ficavam muito acima do chão, parecendo estar voando. Alexandra David-Neel, uma exploradora francesa que viajou muito pelo Tibete no início do século XX, disse que testemunhou pessoalmente esses iogues velozes realizarem seu exercício energético. No Tibete isso se chama "Lung Gom" (Meditação Respiração-Energia) ou "Pés velozes".

Naturalmente, existem muitos outros exemplos de iogues cuja alma não estava tão purificada em suas tentativas de impressionar os impressionáveis, o que despertou a dúvida em muita gente, às vezes sem merecimento. Ainda hoje temos Sai Baba, que foi filmado fazendo coisas surgirem do nada e derramando cinzas bentas de potes vazios. Muitos crêem nele; outros dizem que ele é mais prestidigitador do que iogue. Quem sabe?

Os buscadores freqüentemente recebem avisos acerca dos extremos do excesso iogue, pelos quais alguns faquires indianos se tornaram famosos. Uma vez me contaram uma história sobre um iogue que era capaz de tornar tão lento o metabolismo e a pulsação que as pessoas duvidavam que ainda estivesse vivo. Mas um lama que passou por ele não se deixou impressionar. "Continue assim", disse ele, "que seu metabolismo ficará tão lento que você renascerá como uma preguiçosa cobra subterrânea." A moral da história é nos lembrar de não confundir as formas do exercício com suas finalidade e sua essência transcendentais.

A maneira adequada de praticar ioga, em qualquer nível, é ter em mente seu elevado propósito espiritual. Sei que, de fato, é possível utilizar os métodos da ioga de forma a ser capaz de realizar façanhas incríveis. Mas, sem fundamentação espiritual, é um exercício praticamente sem sentido. Estamos nos esforçando por cultivar a profundidade espiritual, e não por realizar um espetáculo de parque de diversões. Trata-se do verdadeiro milagre da iluminação – os poderes psíquicos são meros efeitos especiais. Vamos assistir ao verdadeiro espetáculo.

> *Atinge-se*
> *o grande estado da ioga*
> *quando a mente pára*
> *de se identificar*
> *com suas ondas flutuantes da percepção.*
> *Quando isso acontece, o clarividente é revelado*
> *em sua própria natureza essencial*
> *e descobre o verdadeiro eu.*
>
> De *A Ioga Sutra* de PATANJALI

A IOGA DA REVERÊNCIA

O grande despertar do Buda aconteceu quando ele estava sentado em meditação sob a Árvore Bodhi em Bodh Gaya, na Índia. Naquele momento, quando a estrela da manhã ascendia no céu, todo o mundo natural curvou-se ao Buda. Segundo os sutras, a terra tremeu; árvores, flores e até as lâminas longas do capim-elefante se curvaram em reverência.

Caía uma garoa de um céu sem nuvens, enquanto brisas perfumadas sopravam suavemente no radiante semblante do Buda. Caíam flores e frutas das árvores próximas, e os botões de lótus caíam do próprio céu, das mãos dos devas e dos anjos, como uma nuvem de bênçãos. Os dedos do Buda formavam um "mudra" (gesto) e, com a mão direita, ele tocava a terra, fazendo-a de testemunha. Amanheceu. O Buda levantou-se, totalmente desperto, como O Iluminado.

A reverência exprime a essência da simplicidade. Todos podemos fazê-lo. Na verdade, muito de nós o fazemos no mundo inteiro. Nos "países antigos" do Oriente, a reverência é a saudação e a despedida tradicional. Em vez de apertar as mãos, fazer mesuras, abraçar ou trocar beijos no rosto, as pessoas se curvam uma diante da outra nesse gesto simples e bonito de respeito mútuo e reverência.

Na Índia, as pessoas se curvam uma diante da outra e dizem "Namaste", que significa "Venero a luz que há dentro de você". No Tibete, nós nos curvamos e dizemos: "Tashidelay", que significa sorte excelente e auspiciosa. Na China e no Japão também há muitas reverências. Quando morei em Kyoto, no Japão, no início da década de 1970, fiquei surpreso ao ver até onde as pessoas vão em termos de reverência. Até hoje, nos modernos aeroportos de aço e vidro, vemos pessoas fazendo reverência. Usando ternos, correndo para cá e para lá com laptops, maletas, malas com rodinhas e câmeras, eles ainda têm tempo para a reverência, freqüentemente sussurrando palavras de despedida – obrigado, adeus, cuide-se bem. É uma visão maravilhosa. As pessoas que passam pelos detectores de metal nos pontos de inspeção curvam-se diante do fiscal, que também se curva. Às vezes as reverências continuam durante minutos, cada uma mais profunda que a anterior.

Quando os budistas entram ou saem de um local sagrado, como o salão de meditação, o templo, o santuário ou o jardim zen fazem uma reverência. É algo bem parecido com a tradição dos católicos de se ajoelhar quando se aproximam do altar, ou dos judeus, que cobrem a cabeça antes de entrar na sinagoga, rebaixando-se diante de Deus e reconhecendo que há algo acima deles.

Em alguns países, como a Birmânia, a Tailândia e o Tibete, a reverência tornou-se um intenso exercício espiritual. Os adeptos não se curvam simplesmente, mas se ajoelham e deitam com o rosto colado no chão, numa reverência completa, chamada prostração. Juntamos as palmas das mãos e as pressionamos nos chacras da testa, da garganta e do coração. Esse gesto representa procurar refúgio nas três jóias do Buda, do Darma e da Sangha – de corpo, fala e mente. Ao fazer a reverência nós nos ajoelhamos; e, com as mãos próximas aos ouvidos, quase como que fazendo uma abdominal, nós nos prostramos até que o corpo inteiro, a testa e o coração toquem o chão. As mãos e os braços ficam estendidos em frente ao corpo e também pressionam o chão. Às vezes as mãos ficam com as palmas para cima, num gesto receptivo, pronto a receber as bênçãos. Essa posição simboliza tanto se entregar quanto se refugiar e demonstrar respeito. O adepto está simbolicamente demonstrando confiança e submissão, colocando-se numa posição bem fraca e vulnerável. As mãos, os joelhos e a cabeça tocam o chão – cinco pontos físicos, simbolizando os cinco elementos. É mais um exemplo do princípio da integridade – o microcosmo (seu corpo) retornando ao macrocosmo, representado pela terra; o finito reunindo-se ao infinito, do qual nunca se separou realmente.

Prostrações como essas são partes importantes da maioria das práticas fundamentais comuns do budismo tibetano. No decorrer de alguns meses, espera-se que os novos adeptos façam 111 mil dessas prostrações de corpo inteiro, juntamente com preces de refúgio como parte dos exercícios preliminares. A prática da reverência e da busca de refúgio continua durante toda a vida do adepto.

No Tibete, também fazemos muitas reverências menores, com as mãos postas, curvando suavemente a cintura. Fazemos isso três vezes quando entramos num santuário ou chegamos à presença de um mestre. Essas pequenas reverências também são oferecidas diariamente aos pais, aos amigos e ao ambiente, quando parece apropriado. Nos templos zen, faz-se reverência ao entrar ou sair; sigo o costume semelhante de me curvar sempre que entro num local sagrado, inclusive minha sala de meditação. Quando vou ao nosso centro budista de Cambridge para o grupo semanal de meditação, entro fazendo reverências. Quando entro no meu jardim de meditação próximo à estátua de pedra do Buda, a primeira coisa que faço é uma reverência.

Tenho certeza de que todos já vimos fotografias do Dalai Lama pondo as mãos no peito e se curvando, sempre para as pessoas que se aproximam para ouvi-lo falar. Essa reverência não é um gesto vazio, mas uma postura iogue com diversos níveis de significado. É um modo de ser e um modo de dar, de se oferecer. No budismo aprendemos a juntar as mãos e reverenciar todos os seres, visíveis e invisíveis. Assim, demonstramos nossa intenção de prezar e respeitar todas as formas de vida. É um princípio espiritual vital.

Tenho um amigo lama no Tibete que teve poliomielite quando era pequeno e vivia na Índia. Por não poder ajoelhar-se, ele simplesmente põe as mãos no peito, com as palmas juntas, e se curva em mente. Ele me garante que é possível fazer até ioga tibetana mentalmente, por meio da visualização e do uso dos métodos de respiração e de energia, já que é mesmo na mente que isso deve acontecer. Tal pureza sincera de alma expressa o princípio supremo, de qualquer maneira que se interprete.

Nem sempre gostei tanto de fazer reverência quanto gosto hoje. Nos primeiros anos que passei na Índia e no Himalaia, fazer reverência em vez de dar um aperto de mão não era problema para mim, mas idéia de me prostrar diante de um santuário, de um templo, ou até de um mestre era execrável. Era algo tão estranho ao modo como fui criado! "Não vou me curvar a ninguém", pensava eu, cheio de arrogância jovem. Acabei superando essa hesitação inicial e comecei a encarar a reverência como o ato profundo e belo que é.

Agora sempre vejo a reverência como um sinal de trânsito elegante do corpo e da mente. Ele diz: "Vá devagar, entregue-se, zona de meditação adiante. Silêncio. Pare. Largue o ego." A reverência é um exercício de atenção plena. Quando entramos num centro de meditação ou num local sagrado, a reverência é um modo de retirar nossa armadura mental e emocional, e qualquer outra bagagem do ego que possamos estar carregando.

Até os ocidentais podem sentir-se à vontade ao fazer reverência. Para mim, é como tirar as botas ou os sapatos ao entrar em casa e calçar um par de chinelos macios e confortáveis. É um ato centralizador que nos lembra de nos despir das personas mais mundanas que carregamos conosco ao interpretar nossos papéis no mundo. Quando fazemos uma reverência, baixamos a guarda e nos rendemos a nossa natureza espiritual.

Aproximar-se da terra, como fazemos ao nos curvar, nos lembra de nos aproximar do alicerce do nosso próprio ser. Nós nos curvamos diante do mistério infinito, do incognoscível universo infinito. Como o capim e as árvores da floresta fizeram perante a iluminação do Buda, nós também nos curvamos à radiante natureza búdica – a iluminação natural – que há dentro de todos os seres. Todas as criaturas são nossos mestres. A terra é como um altar, e nós somos deuses e deusas nesse altar.

Eu me curvo a isso. A isso em você.

JEJUM E SIMPLICIDADE

*Existe uma doçura oculta no vazio do estômago.
Somos alaúdes, nem mais nem menos. Quando a caixa
de ressonância está cheia de nada, não há música.
Quando o cérebro e a barriga estão ardendo nas chamas
da limpeza do jejum, a cada momento surge uma
nova canção do fogo.*

RUMI, mestre sufi e poeta, 1207-1273

Pergunta: Na sua casa, qual é a porta que se abre e se fecha com maior freqüência?
Resposta: A porta da geladeira.

Jejuar não é simplesmente deixar de comer. Feito com a devida moderação, o jejum espiritual:

- *ajuda-nos a compreender melhor nossos hábitos, desejos, apetites e apegos – como funcionam e também como nos libertar deles.*
- *põe-nos em contato mais íntimo com a plenitude e o contentamento interior que é o nosso âmago espiritual radiante.*
- *aumenta a percepção, a atenção plena e a moderação.*

A antiga tradição do jejum, que está vinculada ao conceito de renúncia e desapego, ajuda-nos a aumentar a simplicidade da nossa vida. Santos e santas sempre compreenderam intuitivamente que às vezes a melhor maneira de nos suprir de propósitos espirituais é nos esvaziar de todo o resto. O Buda jejuava, assim como buscadores espirituais de sua época. Ainda hoje muitos cristãos jejuam durante a quaresma.

Meus amigos muçulmanos jejuam todos os anos durante o ramadã, que é o nono mês do calendário islâmico. Durante trinta dias, nada – nem água nem comida – passa pelos lábios do muçulmano do amanhecer ao anoitecer. Durante as horas do dia do ramadã, os muçulmanos também se abstêm de fumar e de sexo. Toda noite se quebra o jejum com preces e uma refeição. Segundo o Alcorão, os muçulmanos podem comer ou beber à noite – "até poder distinguir perfeitamente um fio branco de um fio preto sob a luz do dia; depois, faça jejum até a noite". Essa definição de noite e dia, a propósito, é bem semelhante à encontrada na antiga tradição budista, segundo a qual nos dizem que a noite começa quando não conseguimos mais enxergar as linhas da palma da mão.

O jejum sempre teve papel essencial no judaísmo. Moisés jejuou durante quarenta dias e quarenta noites antes de descer do monte Sinai com os Dez Mandamentos. E, embora o jejum anual do Yom Kippur tenha sido o primeiro exigido a Israel, existem outros dias importantes de jejum no calendário religioso. As tradições judaicas também pedem jejum em outras épocas – do noivo e da noiva na véspera do casamento, ou após pesadelos como meio de limpar a psique. No judaísmo, também há dias de comemoração nos quais é proibido jejuar, e existem diversas obras antigas que traçam minuciosamente as épocas em que se deve ou não jejuar.

Quando eu era criança, toda a minha família jejuava um dia por ano no Yom Kippur, o dia sagrado da expiação. Lembro-me de ouvir que todos os que jejuassem e expiassem seus pecados no Yom Kippur teriam os nomes inscritos no divino Livro da Vida. Agora me diverte, depois de todas as disciplinas que pratiquei no decorrer dos anos, lembrar como era difícil jejuar durante apenas aquele dia. Quando o sol se punha, eu e meus amigos adolescentes saíamos correndo da sinagoga para a recepção, a fim de tomar suco de frutas para quebrar o jejum. Depois íamos para casa com nossos pais para a ceia.

A história clássica do Novo Testamento que relata o jejum de Jesus está no evangelho de Mateus:

"Então, foi conduzido Jesus pelo Espírito ao deserto, para ser tentado pelo diabo. E, tendo jejuado quarenta dias e quarenta noites, depois teve fome. E, chegando-se a ele o tentador, disse: 'Se tu és o Filho de Deus, manda que estas pedras se tornem pães.' Ele, porém, respondendo, disse: 'Está escrito: Nem só de pão viverá o homem.'"

É mais ou menos essa a finalidade do jejum, não é? Jejuar é mais uma maneira de nos lembrarmos que a vida é mais do que o conforto material e a satisfação dos apetites. Quando jejuamos, tornamo-nos mais capacitados para nos concentrar nos valores e nas prioridades espirituais. Estamos sempre tão repletos de nós mesmos que sobra pouco espaço para qualquer outra coisa. Quando esvaziamos o corpo dos alimentos, nós nos tornamos mais sensíveis e sintonizados com a visão maior. O jejum espiritual nos ajuda a:

praticar uma disciplina alimentar que proporciona mais consciência acerca do que entra e sai da nossa vida, bem como da nossa boca.

desintoxicar-nos e limpar-nos espiritualmente, emocionalmente e fisicamente.

centralizar e reequilibrar.

ter mais calma e simplificar.

ter acesso ao nosso estado natural, inalterado pelo vício.

abandonar alguns dos nossos apegos e dependências.

despir valores mundanos irrelevantes e ser mais abertos e sensíveis à cura.

ser mais sensíveis à dimensão espiritual e mais abertos à experiência da iluminação.

ser mais conscientes da nossa luminosidade inata.

sentir compaixão e empatia por fantasmas famintos, espíritos e viciados.

Do jeito que levamos a vida, todos inevitavelmente passaremos por momentos que entorpecem a alma, sejam grandes ou pequenos. Demasiadas experiências da vida são dolorosas, frustrantes e incômodas. Essas experiências podem fazer com que nos sintamos vazios – emocionalmente famintos e carentes. É fácil criar o hábito de reagir às sensações negativas procurando alguma coisa saborosa. Sei disso porque já o fiz. E você?

Alguns especialistas dizem que as mulheres estão mais propensas a procurar doces – chocolate, sorvete ou biscoitos – e que os homens concentram-se mais nas gorduras – cachorros-quentes, bifes bem gordos, batatas fritas. O comer e beber recreativo são as atividades favoritas aqui no Ocidente. Não é de admirar que tantos de nós tratemos o chocolate ou a bebida alcoólica como os antídotos prediletos para cada variação de humor. Usamos a comida e a bebida como meio de nos isolar dos sentimentos. Usamos a comida como meio de satisfazer uma série de fomes mais profundas.

Toda vez que jejuo, também me lembro de quanto tempo e energia consomem a compra, o preparo e o consumo dos alimentos, para não falar do tempo que passamos pensando em comer. Passamos horas obcecados com o que comer e como resolver problemas de obesidade; depois passamos ainda mais tempo lamentando nossa condescendência.

Jejuar, mesmo que seja por poucos dias, pode fazer com que tudo de repente pareça mais intenso. Parece que os sentidos se reanimam, conseguimos saborear melhor a vida, e não só o que comemos. Os homens e as mulheres que jejuam costumam dizer que é como se as portas da percepção fossem lavadas.

Durante um retiro nas regiões vinícolas do sul da França, uma vez fiz um jejum de uvas. As uvas tintas eram doces, maravilhosas e abundantes. Quando terminei o jejum, lembro-me de haver reparado que o próprio céu parecia mais brilhante; até o ar parecia mais doce e pleno de energia. Numa outra ocasião, passei vários dias jejuando e entoando cânticos no monte Koya, num pequeno templo de um dos mais antigos cemitérios tântricos do Japão, próximo ao local onde o grande mestre zen Kobo Daishi está enterrado numa caverna. Ao terminar o jejum, eu estava descendo o morro quando vi um campo florido. Quando olhei para as pequenas florzinhas cor-de-rosa e amarelas, parecia que cada uma delas era um pequeno universo divino. Parecia um glorioso campo búdico cheio de mandalas com desenhos holográficos cósmicos, cada um deles individualmente pintado e bordado naquela montanha sagrada, perto daquele templo antigo. Até hoje só preciso fechar os olhos para vê-las com os olhos da mente, e quase sentir seu aroma.

O jejum é uma prática espiritual. Destina-se a ajudar os buscadores a se disciplinar e permanecer concentrados na visão maior. É um modo de aprender a evitar o excesso. Quando chegamos ao fim de um jejum, temos uma sensação de domínio sobre os sentidos. Vemos que não precisamos nos deixar levar pelas obsessões e as preocupações mundanas.

Um símbolo budista muito conhecido é o do Fantasma Faminto. Os Fantasmas Famintos são retratados como seres com uma barriga enorme, pescoço fino e comprido e um apetite insaciável. Sua fisiologia os torna insaciáveis; nada é suficiente para saciar seu estômago dilatado. Os Fantasmas Famintos simbolizam a cobiça e a existência infernal de qualquer pessoa sem controle sobre seus anseios e desejos. O Fantasma Faminto personifica o vício, em todas as suas formas.

Existe, naturalmente, um pouquinho do Fantasma Faminto dentro de todos nós; quando esse fantasma insatisfeito aparece, pode assumir o controle. E não se trata apenas de comida. Pense em todas as obsessões e atividades que ameaçam consumir a sua vida. Quando você não consegue se desconectar da Internet ou parar de jogar paciência no computador, é o seu Fantasma Faminto que apareceu. Se você costuma comprar roupas de que não precisa, trocar de namorado com freqüência, não consegue parar de trabalhar, precisa de estímulos constantes ou de atenção constante, tudo isso são exemplos de carência fantasmagórica. Você já entendeu, não?

O jejum é praticado regularmente nos mosteiros do Tibete. Há freqüentes jejuns de um dia e meio, nas luas cheia e nova, que começam ao anoitecer – da sexta-feira à noite até o domingo de manhã, por exemplo. Em geral esses jejuns são acompanhados por cultos para a purificação do carma dos Fantasmas Famintos e de todos os outros seres que sofrem com a necessidade excessiva de nutrição. Nesse culto, os monges e as monjas em jejum visualizam raios de luz irradiantes suficientemente potentes para satisfazer os desejos verdadeiros dos que têm fome e sede, e oferecem preces para aliviar sua infelicidade.

Esses jejuns mensais remontam à antiguidade e estão entre os mais comuns atos de purificação do budismo do Himalaia. A tradição foi criada por uma grande monja budista iluminada conhecida como abadessa Palmo, que dizem ter-se curado da lepra por meio de um longo jejum e de outros atos de purificação relativos a Avalokitesvara, o Buda do Amor e da Compaixão. Durante sua vida, a abadessa Palmo teve uma visão do Buda do Amor e da Compaixão alimentando Fantasmas Famintos e, assim, satisfazendo suas necessidades e libertando-os do carma do vício. Após essa visão, ela começou a praticar essa visualização todos os meses, na lua cheia e na lua nova; acredita-se que essas fases da lua são momentos decisivos poderosos e energéticos tanto no macrocosmo (universo) quanto no microcosmo (indivíduo). A abadessa Palmo fundou, assim, uma linhagem de compaixão que continua até os dias de hoje.

ABANDONAR E RENUNCIAR AOS ANSEIOS

Lembro-me de que, quando garoto, meus amigos cristãos conversavam sobre o que abandonariam na quaresma. Um deles abandonou o chiclete; outro, o sorvete. Uma garota da minha turma no ginásio deixou de se encontrar com o namorado durante toda a quaresma. Com essas renúncias, esses jovens inocentes uniram-se ao cortejo de sábios que, no decorrer dos séculos, renunciaram a apegos por estarem mais interessados num outro tipo de sustentação.

Para experimentar alguns dos dons espirituais do jejum, não precisamos parar de comer. Podemos simplesmente parar de comer excessivamente. Não precisamos parar de comprar comida, mas talvez pudéssemos parar de encher o armário já repleto e de transbordar as prateleiras da geladeira com todos os tipos e sabores concebíveis de delícias conhecidas pela humanidade. Podemos, com certeza, simplificar – bem como curar – nossa vida por meio da renúncia a algum tipo de alimento ou bebida que não nos faça bem. Conheço pessoas que optaram pela dieta macrobiótica – comer cereais, verduras (inclusive verduras marinhas), tofu e pequenas quantidades de peixe. Essas pessoas dizem que isso torna a vida menos complicada. Com a intenção apropriada e boa orientação médica, a renúncia a certos tipos de alimento nos proporciona benefícios físicos e espirituais. Talvez consigamos até nos curar por intermédio dos diversos regimes alimentares, como a abadessa Palmo há setecentos anos.

Conta-se uma história de uma mulher que procurou o Mahatma Gandhi para pedir que ele a ajudasse a resolver um problema que estava tendo com o filho. Parece que o garoto estava completamente viciado em doces de leite indianos. Ele não conseguia parar de comer aqueles doces açucarados. A mulher perguntou a Gandhi se ele poderia ajudar. Será que ele poderia, implorou a mulher, pedir ao filho dela que parasse e também lhe dizer como se sentiria melhor se parasse?

Gandhi olhou para a angustiada mulher e respondeu:

— Não posso fazer isso nesta semana, mas volte na semana que vem.

Na semana seguinte a mulher chegou com o filho, e Gandhi fez um pequeno discurso apaixonado, como a mulher havia pedido.

— Mas, Baba — perguntou ela —, por que nos fez esperar uma semana?

— Porque — respondeu Gandhi — semana passada eu também estava comendo doces de leite demais. Parei de comê-los e agora também me sinto melhor.

COMO LEVAR À SUA VIDA ESPIRITUAL OS BENEFÍCIOS DO JEJUM

O jejum periódico é um meio de nos educar para examinar e refletir sobre nossos apegos mundanos. Durante esses dias em que reorganizamos nossos hábitos alimentares, podemos também reorganizar nossas prioridades. Assim, podemos desintoxicar e limpar a mente e o espírito, bem como o corpo.

Não esqueça: jejum é uma empreitada séria. *Não pare simplesmente de comer*. Isso não é saudável e é insensato. *E nunca, jamais, pare de beber água por muito tempo!* É muito fácil se desidratar.

Eis algumas sugestões para iniciar um jejum espiritual:

1. Isto é essencial: Consulte um médico, um nutricionista, ou um profissional da saúde para averiguar se ele acha que *você* pode jejuar.
2. Vá a uma biblioteca, uma livraria, à World Wide Web, ou a uma loja de alimentos naturais para se informar sobre os diversos tipos de jejum. Já que os jejuns se destinam a desintoxicar física e mentalmente, escolha um jejum por seus benefícios à saúde. Existem muitos livros sobre diversos tipos de jejum. Existem jejuns de sucos, de uvas, de arroz integral, só para citar alguns. Todos esses jejuns têm protocolos diferentes aos quais é preciso obedecer. Procure o jejum que mais se adapte à sua personalidade e ao seu estilo de vida.
3. Não jejue se você tiver um problema de saúde sem supervisão médica.

4. Não passe mais de três dias em jejum sem supervisão médica, mesmo que você esteja bem de saúde.
5. Faça um jejum saudável, escolhendo um que destaque opções de dietas saudáveis.

TORNE ESPIRITUAIS OS SEUS DIAS DE JEJUM

Aproveite os dias do jejum para descansar e manter suas prioridades espirituais. Sempre que possível, esteja atento e dedique esses preciosos dias a preces, meditação, leituras espirituais, ioga e solidão. Descubra alegria na natureza e no meio ambiente. Escreva no seu diário e reflita sobre sua vida e suas prioridades. Quando o jejum é bem-feito, esses dias podem lhe ensinar moderação, atenção plena, disciplina e autocontrole.

ALGUMAS ADVERTÊNCIAS

Quando paramos de comer, ficamos tontos, e podem surgir alucinações e visões com mais facilidade. Você pode perder o discernimento com facilidade. Trate seus dias de jejum como se fossem retiros privativos, com ênfase na simplicidade, na prece e na meditação. Não são dias para sair e agir. Por falar nisso, nesse estado também é mais fácil tornar-se mais dependente dos outros. Por esses motivos, saiba que o jejum tem sido freqüentemente utilizado como meio de controle mental.

QUANDO JEJUAR, SIGA A LIÇÃO DO BUDA SOBRE O EQUILÍBRIO E A MODERAÇÃO

O jejum sensato só é uma prática espiritual quando é feito com uma noção de equilíbrio. Quando exageramos, o jejum deixa de ser espiritual e se torna um modo de satisfazer os caprichos do ego, ou de alimentar uma noção superestimada ou invertida do ego. Isso se aplica a qualquer coisa, é óbvio. Não se deve usar o jejum espiritual como penitência, autoflagelação ou privação extrema. Deve ser sempre feito com moderação. Deve ser sempre feito de forma sadia e equilibrada.

Quando o Buda iniciou sua jornada espiritual, foi longe demais e praticou o ascetismo extremo. Havia dias em que o Gautama só comia um grão de arroz. Ficou tão fraco que, a certa altura, cambaleou para dentro do rio e quase foi levado pela correnteza. Por fim, o Buda concluiu que austeridade tão extrema, embora comum entre os iogues daquela época, não estava obtendo resultados saudáveis. Exausto e quase morto, Gautama chegou a uma aldeia onde uma jovem lhe deu leite doce e arroz. Depois de comer e recuperar as forças, o Buda, aos 35 anos de idade, percebeu que a austeridade extrema era uma forma de violência contra si mesmo. Força os limites da sanidade. Ele renunciou ao ascetismo extremo, percebendo que o equilíbrio é um ingrediente essencial à vida espiritual. Foram suas próprias experiências que levaram o Buda a elaborar seus ensinamentos ímpares sobre a naturalidade, a não-violência, o equilíbrio e a harmonia, conhecidos como Caminho do Meio.

A PRECE –
UMA EXPERIÊNCIA DIVINA
DO TIPO "FAÇA VOCÊ MESMO"

*Faça uma prece da sua religião e eu faço uma prece
do jeito que conheço. Juntos, faremos essa
oração, e será algo de lindo para Deus.*

MADRE TERESA

Simone Weil diz que a prece é atenção não dividida. São Paulo aconselhava os discípulos a transformar cada suspiro numa oração. Jesus disse aos discípulos: "Tudo o que pedirdes, orando, crede que o recebereis e tê-lo-eis."

Por todos os séculos, a prece tem sido um ato humano universal – um elemento conector essencial – comum a todas as pessoas de todos os grupos religiosos e étnicos. Quem, dentre nós, nunca fez uma pequena prece, ou um pedido de ajuda em horas de necessidade? Às vezes essas súplicas se referem a necessidades próprias: "Socorro! Tem alguém me ouvindo? Tem alguém que ligue para mim?" Outras vezes, concentram-se em outras pessoas: "Por favor, ajudai minha amiga Paulette, que está doente e sofrendo muito no casamento." Essas súplicas ou preces, faladas ou silenciosas, acontecem no mundo inteiro. O suplicante está pedindo sabedoria e intervenção divina.

Acho que todos concordamos que a prece é nosso meio de tocar, ou de nos conectar com o que está além de nós mesmos. Algumas pessoas dizem que a prece é nossa maneira de falar com Deus; outras dizem que é como impulsionamos as coisas. Um velho ditado nos aconselha a tomar cuidado com o que pedimos, pois podemos acabar conseguindo. Oscar Wilde disse que "quando os deuses querem nos castigar, atendem às nossas preces". Outros dizem que se rezarmos pelo que já temos, nossa preces serão sempre atendidas.

A prece, da mesma forma que a meditação, é um conceito complexo com múltiplos níveis de significados, que mudam de uma era para outra, de uma religião para outra, de uma cultura para outra. O tema comum em todas as tradições, porém, gira em torno do desejo natural humano de abrir a alma e se comunicar com o princípio sagrado, com um poder mais elevado ou uma fonte divina. Qualquer que seja a língua usada, a prece é a língua universal da alma. É desnecessário dizer que a prece não depende somente das palavras. Algumas pessoas rezam cantando e outras rezam em silêncio. Thomas Merton disse que "Deus reza dançando".

Fui educado num lar judaico, onde Deus era a única divindade para a qual aprendi a rezar. Meus amigos protestantes oravam a Jesus; meus amigos católicos tinham toda uma constelação de seres divinos a quem podiam dirigir suas preces. Lembro-me de amigos que sempre pediam intervenção divina nas atividades cotidianas da vida – de Deus, de Jesus, de Maria e também de dezenas de santos interessantes e bem legais: São Judas, o padroeiro das causas impossíveis; São Francisco, que cuida de animais e de gente; Santo Antônio de Pádua, o padroeiro dos objetos perdidos, para quem muitos rezavam.

Quando estive na França, um amigo que era frei dominicano me ensinou uma pequena prece a Sta. Teresa de Lisieux, que dizem também ajudar a encontrar objetos. "Pequena Flor, mostre seu poder, por favor." Recorro a ela quando não sei onde estão as chaves do carro ou qualquer um dos diversos objetos que desaparecem tão misteriosamente. A idéia de um budista agnóstico judeu de Nova York rezando para uma santa católica francesa pode parecer estranha, mas me parece que ajuda mesmo. Juro por tudo o que é sagrado! Concentrar-me nessa prece me ajuda a parar, interromper a procura frenética do objeto perdido, relaxar e me tornar mais presente. Para me equilibrar, medito durante alguns segundos e rezo. Às vezes, fazer apenas isso me faz lembrar onde deixei o objeto que procuro.

Nunca pedi a intervenção de Maomé, mas tenho amigos que pedem. Já recorri a diversas preces, cânticos e canções sufis da tradição islâmica.

A minha amiga Carrie, que estava com problemas na coluna, foi recentemente visitar um curandeiro espiritual que, segundo ela, iniciou a sessão pedindo auxílio e orientação a qualquer um que pudesse dar. Quando o curandeiro pediu auxílio à Fonte Divina, Carrie me disse que se sentiu à vontade. O curandeiro passou, então, a invocar o auxílio dos santos orientais e também dos dakinis tibetanos e dos Guardiões do Darma. Carrie disse que ele não esqueceu absolutamente ninguém. A princípio, ela se sentiu tola, mas quando a sessão se transformou numa prolongada meditação, tudo começou a fazer sentido. Carrie começou a sentir-se banhada por uma energia maravilhosamente positiva, e a dor nas costas tornou-se menos intensa. Ela disse que se sentiu muito melhor durante vários dias, com ou sem contrações na coluna.

Muitos estudos já demonstraram que todos os seres vivos reagem positivamente à oração. Isso se aplica tanto às plantas de uma estufa quanto a pessoas que estejam em leitos de hospitais. Dos jardins espiritualmente cultivados da comunidade New Age Findhorn na Escócia às instituições médicas de prestígio como Harvard, a Clínica Menninger e a Clínica Mayo, existem inúmeras provas do poder da oração. Dr. Larry Dossey, autor do best-seller *Healing Words: The Power of Prayer and the Practice of Medicine*, diz que "a prece é a ponte para o Absoluto, um meio de se conectar com algo mais elevado, mais sábio e mais poderoso que o ego individual".

Simplificando: a prece funciona. Por quê? Será que a prece tem poder porque somos todos interconectados e interdependentes? Madre Teresa dizia: "Tudo começa com a prece." Quando lhe perguntavam se tinha alguma sabedoria especial para transmitir, ela sempre respondia: "Meu segredo é bem simples. Eu rezo."

A meditação é tão fundamental ao budismo que muita gente esquece que a prece também faz parte da doutrina budista tradicional. Alguns eruditos budistas chegam ao extremo de dizer que não existem preces no budismo, mas acho que estão usando uma definição muito limitada da prece, como algo exclusivamente teísta; ou simplesmente se referindo a apenas uma escola da tradição budista. O fato é que o Buda rezava. O Dalai Lama reza – várias horas por dia. Na verdade, todos os lamas, monges e monjas do Himalaia rezam, bem como os leigos e as crianças. Lembro-me claramente de uma época em que fiquei inseguro a respeito da direção que devia dar a minha vida espiritual; um dos meus amados velhos mestres, um lama do Nepal, disse que se eu fizesse 108 preces em certo local sagrado, com certeza receberia a orientação que queria, e funcionou. A prece é uma parte essencial do caminho espiritual. A prece é uma coisa bela na nossa vida.

No budismo, assim como em outras tradições religiosas, existem muitos níveis de preces para vários propósitos diferentes. Uma das perguntas que sempre me fazem é como os budistas encaminham as preces. Os budistas tradicionais não acreditam em Deus. Não existe para quem rezar. Então, qual é a finalidade da prece?

O budismo acredita no carma – causa e efeito. Tudo o que fazemos, tudo o que dizemos, tudo o que pensamos provoca alguma mudança no meio ambiente, e tem conseqüências. Quando rezamos, provocamos uma mudança. A intencionalidade desperta, o espírito se movimenta, a energia flui. Decididamente, acontece algo, mesmo que só seja observável dentro de nós mesmos. Faça uma oração, ponha uma idéia em movimento e, por definição, haverá algum efeito. Pensamentos, desejos e idéias criam mundos. Todos conhecem o poder da tecnologia; poucos se lembram das mudanças radicais que aconteceram neste planeta por intermédio do amor e da verdade e por meio do poder da oração. Como muita gente já disse inúmeras vezes, todas as preces são atendidas, mas, às vezes, não do modo como esperamos.

Eis uma lista com alguns dos diversos tipos de preces e modos de trazê-las à nossa vida:

- *preces matinais, preces diárias, preces vespertinas, preces à hora de ir dormir, preces em ocasiões especiais e datas festivas*
- *preces pela cura e pela longevidade*
- *preces pela reconciliação*
- *preces pela paz*
- *preces celtas pedindo orientação na hora da morte*
- *preces de bondade amorosa e compaixão*
- *preces de súplica e de remoção de obstáculos*
- *preces pedindo orientação e sabedoria divina*
- *preces de renúncia e concessão*

- *preces por um renascimento melhor*
- *preces por bênçãos*
- *preces de ação de graças*
- *preces por equilíbrio*
- *preces silenciosas*

Em *Autobiografia de um iogue*, o famoso mestre hindu Swami Yogananda diz: "Quer Ele responda ou não, continue chamando." De forma semelhante, o místico rabino Nachman dizia: "A prece é a principal arma do judeu... reze com toda sua força e com concentração intensa, até o ponto que sua prece pareça um trovão."

A prática espiritual envolve repetição. Isso é verdadeiro principalmente no tocante às preces. No topo do monte Athos há um mosteiro ortodoxo grego com vista para o mar Egeu. Os monges enclausurados que vivem lá esforçam-se por rezar incessantemente, repetindo sem parar a prece: "Senhor Jesus Cristo, Filho de Deus, tende piedade de mim, pecador." Muita gente que faz essa prece centralizadora o faz como um exercício, inspirando ao rezar e dizendo silenciosamente ou bem alto: "Senhor Jesus Cristo, Filho de Deus", e depois expirando ao concluir a prece: "Tende piedade de mim, pecador". Alguns encurtam ainda mais a prece e rezam: "Senhor Jesus Cristo, tende piedade."

Existem belas lendas que dizem que os monges ortodoxos repetem a prece com tanta freqüência, e com tanta fé e devoção, que a própria prece às vezes fica gravada no coração deles. No Tibete diz-se algo parecido a respeito dos lamas, das monjas e dos monges, que entoam os mesmos mantras todos os dias durante a vida inteira. Quando esses santos morrem, dizem que é possível ver as sílabas inscritas no coração. Recentemente estive no Nepal, no mosteiro do meu falecido mestre Dzogchen, Urgyen Rinpoche. O filho dele, abade do mosteiro, mostrou a mim e a alguns outros discípulos íntimos o crânio do nosso mestre, que estava envolto em seda cor de laranja e venerado num pequeno santuário. O crânio saíra intacto da pira fúnebre do lama, uma representação simbólica de seu espírito vajra inabalável, ou semelhante ao diamante. No maxilar estava inscrito o símbolo do mantra Dzogchen "Aah". Não me pareceu coincidência que o fogo tenha marcado o maxilar daquela forma. Minha fé me dá liberdade e tranqüilidade a respeito de muitas dessas coisas; talvez outras pessoas possam ter dúvidas. A prece é poderosa e profunda.

ADAPTAÇÃO E PERSONALIZAÇÃO DAS SUAS PRECES

Há muitos budistas tibetanos que rezam regularmente para uma variedade de Budas, Bodhisattvas, gurus iluminados, dakinis, Guardiões do Darma e deidades menores. É um hábito que não difere dos ocidentais rezando para diversos santos, ou dos confucianos e taoístas que rezam para os imortais e pelos ancestrais. Eu, pessoalmente, não o faço com muita freqüência. No lado ocidental do meu cérebro, esse tipo de prece parece extinta no meu lugar de origem. Contudo, muita gente que conhece recorre a essas preces e delas obtém muitos resultados.

Algumas das preces que faço contêm a idéia de Deus, ou de Fonte Divina, ou de espírito. Isso é verdadeiro no tocante às preces das tradições místicas ocidentais e também às preces das tradições hindus e muçulmanas. Por ser budista ocidental sinto-me totalmente à vontade com isso. Outros podem pensar de outra forma.

Uma das características surpreendentemente bem-documentadas do budismo tem sido sua capacidade de se adaptar, absorver e integrar-se a outras culturas e religiões. O budismo tibetano, por exemplo, integrou-se claramente à religião Bon nativa do Tibete e incorporou suas doutrinas relativas às energias da terra e aos cinco elementos naturais, bem como as energias do corpo, da mente e do espírito. Parece completamente razoável que, ao entrar no Ocidente, o budismo possa novamente adaptar-se.

Na prece, como em outras práticas espirituais, os líderes espirituais de mentalidade aberta percebem que diversas formas podem evoluir e se modificar sem alterar a essência. Nos últimos vinte anos, reparei no surgimento de uma nova postura acerca de Deus e da prece. Estive em igrejas cristãs que mantiveram a essência do Pai Nosso, por exemplo, embora alterassem um verso. Assim, em vez de rezar "Pai Nosso que estais no céu", perdem o preconceito sexual e rezam: "Pai Nosso e Mãe Nossa que estais no céu." Às vezes as pessoas afastam-se ainda mais da idéia antropomórfica do Deus de cabelos longos e barba branca quando rezam: "Nossa Divina Fonte (ou Nosso Criador) que estais no céu."

Acho importante para os buscadores espirituais continuarmos abertos à compreensão e à aceitação dos diversos modos como homens e mulheres empregam palavras diferentes para definir essencialmente os mesmos conceitos. No budismo, geralmente vemos nossas traduções espirituais como provenientes do sânscrito ou do pali, mas, na realidade, todas as palavras que se referem às práticas espirituais são traduções fracas da linguagem universal do espírito. Então não nos prendamos às palavras. Gandhi, a grande alma, disse: "Na prece, é melhor ter uma alma sem palavras do que palavras sem alma." Algumas palavras simplesmente não se traduzem, mas sabemos o que significam. O importante é continuarmos a abrir o coração nas preces.

CRIE O SEU PRÓPRIO LIVRO DE PRECES

Quando iniciei as práticas espirituais, comecei a anotar as preces que me pareciam poderosas, ou belas, ou simplesmente que falassem ao meu estado de espírito. A princípio eu as colecionava em papeizinhos. Pouco tempo depois comprei um caderninho e as copiei todas. Alguns anos depois, comprei um caderno especial novo, e um amigo espiritual que era calígrafo as copiou para mim. Encapei o caderno com um belo tecido vermelho e dourado. Levo esse caderno comigo aonde quer que eu vá. Ele já deu a volta ao mundo várias vezes. O meu livro de preces pessoais funciona como uma espécie de talismã e está sempre comigo.

Recentemente visitei uma exposição chamada Jóias dos Romanov num museu de Nova York. A exposição apresentava as jóias incríveis da família real russa e também algumas roupas e objetos pessoais. Numa das mesas envoltas em vidro no meio da exposição, avistei dois livros com capa de cetim desbotada e letras douradas. Eram os livros de preces personalizados que haviam pertencido a dois membros daquela família real que viveram cem anos atrás. Lastimei o fato de os livros estarem fechados e não haver exemplos das preces que continham.

A idéia de ter uma coleção pessoal de preces é muito bonita, na minha opinião. Você pode colecionar suas preces da forma que desejar. Pode até fazê-lo no computador. Pessoalmente, prefiro fazer à moda antiga, à mão. Acho que é uma experiência mais reflexiva e centralizadora. Copiar preces também é um meio antigo e aceito de conquistar mérito espiritual. Lembre-se de que a palavra "ioga" significa ligar ou reunir. Copiar escritos espirituais é, portanto, uma forma de ioga que o ligará à fonte. Para mim, é uma prática de amor, além de um meio de praticar a atenção plena. Também gosto de levar meu livro de preces comigo aonde quer que eu vá. Sei de cor as preces do meu livro, mas, para mim, aquele livrinho reverbera energia espiritual.

Comece, então, a colecionar suas preces. Não precisam ser todas preces formais. Às vezes ouvimos palavras, frases, trechos de hinos, cânticos, ou até músicas populares que nos tocam de maneira pessoal e espiritual. Às vezes podemos rezar silenciosamente, e ouvir quaisquer palavras sinceras, afirmações e aspirações podem chegar a nós espontaneamente. Essas são nossas verdadeiras preces.

As seguintes são algumas das minhas preces favoritas. Talvez possam ajudá-lo a começar.

Preces pela paz

Dona nobis pacem, pacem
— dai-nos paz, paz —

A paz é de importância primordial em todas as tradições espirituais. Todos queremos paz, todos rezamos pela paz – entre todos os povos, entre todos os seres. A paz evolui do amor; o amor evolui da paz. Em muitas tradições, as duas palavras são utilizadas quase como sinônimas. Quando pedem aos budistas que definam o nirvana, sempre o descrevemos como a paz que transcende o entendimento, ou a experiência do amor divino e incondicional que traz consigo uma sensação de participação ou integridade. Precisamos nos tornar e ser a paz se quisermos ver um mundo mais pacífico.

Muitos lembram-se das marchas pela paz, com todos os manifestantes cantando a música de Lennon/McCartney "Give Peace a Chance". A palavra em sânscrito que designa paz profunda é "shanti". Ao caminhar pelas ruas da Índia, é comum ouvir religiosos cantando "Om shanti, shanti, shanti". Os hindus crêem que as escrituras sagradas mais antigas da humanidade, conhecidas como Vedas, têm origem divina. O sânscrito é uma língua tão antiga que não raro é denominada de "Língua dos Deuses". "Om Shanti" é um dos mantras mais antigos conhecidos pela humanidade.

PRECE VÉDICA PELA PAZ

> Que haja paz nas regiões superiores;
> que haja paz no firmamento;
> que haja paz na terra.

Que as águas corram em paz; que as ervas e as plantas
cresçam em paz; que todos os poderes divinos nos tragam a paz.
O Senhor supremo é paz.
Que todos conheçamos paz, paz e paz; e que essa paz venha a
    cada um de nós.
Om Shanti, Shanti, Shanti.
Paz a todos.

PRECE DE SÃO FRANCISCO

Esta prece, atribuída a São Francisco de Assis, o santo católico romano que nasceu em fins do século XII, é merecidamente conhecidíssima. O desejo de tornar-se instrumento da paz é tão profundo quanto belo.

Senhor, fazei de mim um instrumento de vossa paz.
Onde houver ódio, que eu leve o amor,
Onde houver ofensa, que eu leve o perdão;
Onde houver dúvida, que eu leve a fé;
Onde houver desespero, que eu leve a esperança;
Onde houver trevas, que eu leve a luz;
Onde houver tristeza, que eu leve a alegria.
Oh, Divino Mestre, fazei com que eu procure mais consolar, que
    ser consolado,
compreender, que ser compreendido,
amar, que ser amado.
pois é dando que se recebe;
é perdoando que se é perdoado;
e é morrendo que se vive para a vida eterna.

BÊNÇÃOS DE PAZ

Para pessoas do mundo inteiro, as palavras de paz estão associadas a bênçãos. Eis alguns conhecidos votos de paz. Cada um desses votos é uma pequena prece.

Vá em paz.
Pax.
Que a paz esteja convosco.
Que seus pés sejam conduzidos no caminho da paz.
Shalom.

Prece de cura

O principal motivo da cura é o amor.

PARACELSO (1493-1541)

"Ó Deus, rogo-te que a cures."
Essa prece simples e sincera foi dita por Moisés, pedindo a Deus que socorresse sua irmã Miriam, que estava com lepra.

Assim como Moisés, todos nós reagimos com freqüência à doença, seja de um ente querido ou nossa própria, com preces. Quando estamos com medo, confusos ou preocupados, a prece parece o mais certo a se fazer. No início da década de 1970, quando eu estava na Índia, um dos meus amigos do caminho apareceu subitamente com uma doença grave que ninguém conseguia diagnosticar. Não sabíamos o que ele tinha – malária, meningite, varíola? Vários médicos indianos nos davam conselhos contraditórios. Preocupados e inseguros a respeito das providências que deveríamos tomar, vários de nós acabamos saindo do mosteiro onde estávamos morando, telefonamos para os pais do nosso amigo e o colocamos num avião para a Suíça, a fim de obter tratamento médico.

Assim que voltamos do aeroporto, lembro-me de que fui ao nosso templo para rezar. Foi minha primeira experiência de prece espontânea; ainda me lembro bem da premência da minha súplica. Eu não podia fazer mais nada. Não me lembro das palavras que usei ao rezar, provavelmente apenas: "Por favor, ajudai meu amigo. Por favor, dominai meu medo." Eu simplesmente juntei as mãos, curvei a cabeça perante a imensidade de tudo e rezei.

No budismo, as preces de cura têm um significado especial porque, quando rezamos pela cura, rezamos pela cura no sentido mais amplo. Não pedimos apenas que a pessoa por quem rezamos seja curada de uma doença específica ou de um estado de espírito. Rezamos também pela cura dessa pessoa da forma mais profunda, que o seu próprio carma seja expiado, purificado e esgotado. A prece budista pela cura implica uma súplica de que toda a vida (ou todas as vidas) seja curada, não só a aflição temporária. A cura mais profunda traz consigo um retorno ao bem-estar espiritual e físico.

PRECE DE CURA

Nós, que precisamos de ajuda, suplicamos a cura das nossas dores e dificuldades emocionais e espirituais.
Fonte de todas as bênçãos e de poder, curai-nos, dai-nos força e abençoai-nos.
Sabemos que não podemos fazê-lo sozinhos e pedimos as bênçãos de todos os que têm o poder de ajudar, melhorar e curar.
Pedimos o auxílio do sagrado que está acima de nós.
Pedimos o apoio daqueles que estão à nossa volta, nossos amigos, nossa família e nossas comunidades.
Suplicamos que a sabedoria encontre meios de nos ajudar.
Pedimos orientação para facilitar nossa jornada e curar nosso coração.
Que possamos nos abrir para o mistério que está além de nós, a fonte da qual jamais nos separamos.
Que sejamos felizes e íntegros.
Que jorre de nós energia para o bem de todos.
Que reverenciemos e ergamos as mãos e o coração em louvor e regozijo.

Prece do agnóstico

Não me leve a mal. Não acredito em preces.
Eu simplesmente faço as preces. Ou talvez elas me façam.

SAM KEEN

O meu amigo Sam Keen é um americano, filósofo, escritor e pensador. Em um de seus inúmeros livros, ele fala do que significa ser um homem americano. Numa parte do livro ele diz: "Como americano moderno, meus mentores em masculinidade me ensinaram com atos e palavras que de mim se espera auto-suficiência. Com Emerson, aprendi a confiar em mim mesmo. Erich Fromm me ensinou a virtude da autonomia. Gary Cooper, Clint Eastwood e todos os ídolos daquelas grandes obras da moralidade – os filmes de cowboy – mostraram-me que o homem de Marlboro enfrenta tudo corajosamente e sozinho. Mais recentemente, um grupo de psicólogos populares me advertiu a respeito do terrível perigo da dependência mútua. Nada de muletas, nada de se curvar. Sou um indivíduo independente e auto-suficiente.

"É com certo constrangimento que admito ter sido incapaz de deixar de rezar em certas situações. Como um náufrago, lancei minha súplica ao vazio:

Pai Todo-Poderoso, forte para salvar,
Cujo braço tem ondas firmes e agitadas,
Que nos ofereceu as profundezas do oceano
E guarda seus próprios limites:
Ó, ouvi-nos quando vos suplicamos
Por aqueles que correm perigo no mar."

Antes de começar a ler o livro de Sam, fiquei muito tempo olhando para o título, perguntando a mim mesmo a que tipo de "Deus desconhecido" ele se referia. Quando comecei a ler o livro e cheguei a essa parte a respeito da prece, percebi que fala realmente dos nossos tempos e da nossa geração. Nos momentos de crise, Sam, como todos nós, reza.

Prece pela orientação divina para toda finalidade

Em setembro de 1972, eu estava levando a mestra espiritual hindu, nascida nos EUA e educada na Índia, Hilda Charleton, trajando um sari, a sua aula noturna semanal em Greenwich Village. Seu grupo religioso se reunia uma noite por semana para juntos entoar cânticos, cantar, meditar, rezar e aprender a amar juntos. Estávamos atrasados para a reunião, e eu estava tendo dificuldade em achar uma vaga para estacionar.

Hilda disse:

– Vamos pedir a Deus uma boa vaga perto do salão. Ele vai nos ajudar.

– Como podemos pedir um favor tão insignificante a Deus? – perguntei indignado. – Existem coisas muito maiores e mais importantes para se pedir.

– Não se preocupe, Surya – disse minha querida Hilda –, as preces vão melhorando com o uso. Vamos simplesmente rezar e achar o espaço que ele escolheu para nós.

Encontramos alguém saindo de uma vaga próxima à porta do salão. Parecia magia termos chegado na hora certa.

Tenho pensado muito naquela noite e nas palavras de Hilda. Nossas preces freqüentemente destinam-se a pedir que nos tornemos tão sintonizados com o universo que encontremos o lugar onde deveríamos estar.

Existem incontáveis ocasiões na vida em que desejamos orientação divina, ou pelo menos algum tipo de ajuda. A lei do carma, ou da causa e efeito, ensina que tudo o que nos acontece é resultado de algo que fizemos, ou dissemos, ou pensamos. Nosso destino está nas nossas próprias mãos. Não seria maravilhoso se todas as nossas decisões, palavras e pensamentos expressassem a compaixão e a sabedoria divinas? Nosso futuro seria tão mais feliz e agradável.

Esta prece foi adaptada de um velho hino inglês. Em poucas linhas, ele pede com eloqüência que o sagrado faça parte de tudo o que fazemos e pensamos.

> Presença Divina, esteja na minha cabeça
> E no meu entendimento.
> Presença Divina, esteja nos meus olhos
> E no meu olhar.
> Presença Divina, esteja na minha boca
> E na minha fala.
> Presença Divina, esteja em meu coração
> E no meu pensamento.
> Presença Divina, esteja no meu fim
> E na minha partida.

Antigas preces tibetanas

No Tibete, Padma Sambhava, "O nascido do lótus", é venerado como o segundo Buda e também como fundador do budismo tibetano. Geralmente ele é citado como "Guru Rinpoche" (mestre precioso).

Diz-se que Padma Sambhava, que viveu no século VIII, tinha 25 discípulos principais – homens e mulheres. Por ter previsto dificuldades na continuidade de seus ensinamentos no futuro, Padma Sambhava escondeu muitos de seus escritos religiosos e revelações em 108 esconderijos diferentes, inclusive nas diversas cavernas das montanhas espalhadas pelo Tibete. Séculos mais tarde, as reencarnações dos 25 primeiros discípulos de Padma Sambhava tiveram visões e sonhos que lhes revelaram onde encontrar aqueles tesouros ocultos do Darma, ou "termas", como são chamados. O mais famoso desses termas é o texto Dzogchen conhecido como *O livro tibetano dos mortos*.

A prece de realização de desejos e de cura a seguir foi transmitida por Padma Sambhava ao príncipe do Tibete no século VIII. Estava escondida e foi redescoberta no século XIX pelo visionário descobridor de termas e mestre Choling Rinpoche. Nessa prece, Padma Sambhava está personificado como reencarnação do Buda da Medicina, o divino médico que cura todas as enfermidades. Ao orar para essa forma arquetípica, entramos na corrente de cura da energia e das bênçãos transcendentais.

PRECE DE CURA DE PADMA SAMBHAVA
(DO TESOURO DE CHOLING)

Os corpos ilusórios de todos os seres sensíveis sofrem de medo, males e enfermidades.

Em meio a um indescritível oceano de infelicidade, oramos ao poder do Buda curador, o Buda médico, o médico espiritual que cura todos os males e aflições através de sua forma de Buda Nascido do Lótus.

Que nossa longevidade e vitalidade não sejam obstruídas por enfermidades, acidentes e sofrimentos.

Ao mestre Guru Nascido do Lótus, suplicamos:

Concedei a benção que realizará nossos desejos e nossas aspirações autênticas.

Convido-os a orar conosco e com todos os mestres da linhagem para que essa súplica seja atendida. Ao orar com essas palavras antigas e poderosas pronunciadas pelo próprio Padma Sambhava, penetramos no fluxo incessante de bênçãos e inspiração, alinhando-nos com o princípio cósmico de integridade, harmonia e perfeição imutáveis.

PRECE PARA REMOÇÃO DE OBSTÁCULOS

A seguinte prece para a remoção de obstáculos do caminho espiritual é mais um termo antigo da mesma tradição tibetana dos Tesouros de Choling.

Precioso Guru, Buda Nascido do Lótus, Guru Rinpoche
Unido a todos os Iluminados no espaço e no tempo,
Presença bem-aventurada e fonte de todas as realizações espirituais,
Feroz destruidor das ilusões que dispersa todos os obstáculos –
Suplicamos vossas bênçãos e vossa inspiração:
Por favor removei nossos obstáculos externos, internos, ocultos e desconhecidos,
e realizai espontaneamente nossas aspirações.
A vós, e somente a vós, suplicamos.

Preces pela longevidade

Quem saberá explicar por que algumas pessoas têm vida mais longa, mais saudável do que outras e também têm mais força, energia vital, ou Chi, como se costuma chamá-la? É um mistério. No Tibete existem preces específicas, além de rituais, usadas para aumentar a energia e promover a longevidade. É uma prática importante no Budismo Vajrayana, e todos os lamas confiam nessas práticas, de uma forma ou de outra. Quando Dudjom Rinpoche estava com sessenta e poucos anos, por exemplo, ficou muito doente, com enfisema, após ter saído do planalto tibetano e ido refugiar-se no clima mais tropical da Índia. Apesar disso, ele viveu uma vida longa e produtiva. Todos acreditavam piamente que sua vitalidade e sua habilidade de continuar sendo um mestre ativo e cheio de energia até bem depois dos oitenta anos podiam ser diretamente atribuídas às práticas de longevidade e também às preces, à energia de cura da esposa e a outras técnicas semelhantes.

Em geral essas preces pela longevidade são dirigidas a Amitaba, conhecido como o Buda da Vida Infinita. Essa manifestação radiante e vermelho-rubi do Buda é uma imagem comum no Oriente; geralmente ele é retratado com as mãos no colo, de palmas voltadas para cima, e com os dedos ligeiramente unidos na mudra de meditação. Às vezes está sentado num lótus florido, o que reforça a pureza de sua natureza. Nas palmas de suas mãos voltadas para cima está o vaso transbordante da imortalidade espiritual. Nas tapeçarias tibetanas para parede, conhecidas como "tangkas", e também em todo o Extremo Oriente, onde o Buda Amitaba é muito venerado, ele é freqüentemente pintado de vermelho vivo de pôr-do-sol, resplandecente de vida.

Quando eu estava em retiro na França, havia dois irmãos no nosso grupo. Ambos eram pilotos, provenientes de uma família católica francesa. Também eram engenheiros. Quando estávamos no retiro, o pai deles recebeu o diagnóstico de câncer. A mãe deles amava e respeitava os grandes lamas que eram nossos mestres; ela e os filhos perguntaram se os lamas poderiam fazer alguma coisa, embora o Monsieur Pai fosse descrente. Nossos mestres disseram que iriam abençoar o Monsieur, orar por sua longevidade e lhe outorgar poderes. Todo o mosteiro se envolveu na confecção de "pílulas" de preces enroladas à mão segundo receitas medicinais antigas e instruções de visualização. O pai dos meus amigos viveu mais dez anos e sua família grata sempre acreditou que aquelas práticas e preces foram as responsáveis por isso. Até o cético Monsieur tornou-se crente e muito grato a todos nós.

A maioria dos lamas tibetanos tem uma prece especial de longa vida chamada "shabten" e escrita pessoalmente para eles, geralmente por seu próprio mestre. Eis um exemplo de uma dessas preces, que foi escrita para mim pelo meu mestre Nyoshul Khenpo Rinpoche, a pedido dos meus próprios alunos. Eu a ofereço a você, para sua oração própria e para proteção. Você pode personalizá-la substituindo a palavra "Sol" pelo nome que desejar.

PRECE POR UMA LONGA VIDA ESPIRITUAL

Pelo poder e pelas bênçãos de oceanos de seres sagrados de vida infinita:
Senhor e protetor Buda Amitaba, guardião da vida infinita, nosso guia, o Buda Lótus Padma Sambhava e todos os outros,
Que o portador do nome "Sol"
tenha uma vida longa neste mundo, que suas atividades espirituais continuem e floresçam amplamente.

Se quiser escrever suas próprias preces pela longevidade, vale lembrar que as preces tibetanas pela longevidade normalmente não pedem apenas que a pessoa por quem se reza tenha uma vida longa. Sempre há uma finalidade maior implícita – que a vida da pessoa seja um veículo de atividades espirituais benéficas e que se espalhem ainda mais a sabedoria, a verdade e o amor, conhecidos como Darma.

Prece sakyapa pelo progresso rápido no caminho espiritual

São quatro as principais escolas do budismo tibetano. A tradição original mais antiga é a Nyingma, fundada por Padma Sambhava no século VIII. As outras são as escolas Kagyu, Gelug e Sakya. Esse é o tipo de informação que pode ser útil se um dia você se inscrever num programa de perguntas e respostas na televisão. Embora tenham muito em comum, cada escola é conhecida por motivos diferentes. Os sakyapas, por exemplo, são conhecidos pela erudição tântrica e pela disciplina monástica.

A seguinte prece me foi transmitida pelo meu querido mestre sakyapa, Deshung Rinpoche, que faleceu no Nepal na década de 1980. Sua atual encarnação renasceu em Seattle; o maravilhoso filme de Bertolucci sobre o renascimento nos Estados Unidos de um lama tibetano inspirou-se parcialmente nessa história.

Esta prece acelera o progresso espiritual.

Com a bênção da Tríplice Jóia,
Que as mentes e os corações de todos os seres
Entrem em sintonia com o sublime Darma.

Que sejamos abençoados para progredir no caminho do verdadeiro entendimento;
Que o caminho esteja livre de todos os obstáculos.
Que sejamos abençoados para que a visão ilusória apareça na luz clara da sabedoria transcendental do Buda;

Que os pensamentos não saudáveis e os atos inábeis deixem de surgir.

Que sejamos abençoados com o despertar do verdadeiro amor e da verdadeira compaixão.

Que todos os seres juntos realizem a perfeita iluminação.

Prece a Tara

Há pinturas da maravilhosa Buda feminina, Tara, por todas as partes da Ásia, principalmente no budismo tibetano. Tara, cujo nome significa "estrela", representa a energia sagrada feminina que se encontra em todos nós. Vista como uma luz que brilha nas trevas, a Sagrada Tara é o complemento feminino de Chenresig, o Buda do Amor e da Compaixão. Tara é a figura materna compassiva e protetora do Tibete. Chenresig e Tara são duas deidades protetoras muito amadas que protegem e cuidam do Tibete e de seu povo.

Tara aparece em 21 formas e cores. As mais comuns são a Tara Branca e a Tara Verde. A Tara Branca é representada sentada em posição de lótus carregando um lótus branco na mão direita. Ela é pacífica, contemplativa e tem consciência divina. A Tara Branca tem cinco olhos adicionais, um em cada palma, um em cada pé e, naturalmente, o terceiro olho no meio da testa; isso representa que ela está sempre olhando por nós com o olho da sabedoria e do amor totalmente abertos. A Tara Verde costuma ser representada com uma perna fora da posição de lótus, estendida para baixo, para que possa reagir rápida e decididamente quando necessário. A Tara Verde age com rapidez ao atender as preces – como uma leoa protege os filhotes.

Parece que todos no Tibete sabem de cor a bela e longa prece chamada "Vinte e Um Louvores a Tara", e eu também. Cada estrofe de quatro versos dessa prece é dedicada a uma das manifestações de Tara. Tanto nos mosteiros quanto nos lares, essa prece é entoada doze vezes todas as manhãs, o que leva cerca de uma hora. Os praticantes tibetanos também condensam essa longa prece a Tara a dois versos curtos do mesmo comprimento.

Quando cheguei pela primeira vez a Darjeeling em 1973 e ainda não havia aprendido tibetano, meu mestre Nyingma, Bairo Rinpoche, me disse que Tara sempre atende rapidamente a nossas preces e que, se eu não conseguisse aprender mais nada em tibetano, deveria aprender como obter rapidamente sua atenção chamando *"Tara Kye Kyenno"*. É a maneira mais curta de chamá-la.

Eis a versão condensada da prece de Tara, a primeira prece tibetana que eu decorei:

> Oh Tara, sagrada libertadora, mãe de ações rápidas, imploramos e invocamos vossas bênçãos;
> Olhai por nós, protegei-nos e amparai-nos em seu abraço amoroso.

Prece de Albert Schweitzer pelos animais

Músico, teólogo, médico, escritor e médico missionário, Albert Schweitzer, que morreu em 1965 aos noventa anos de idade, talvez tenha sido mais conhecido pelo hospital missionário que fundou na África do Sul, em Lamarene, no Gabão. Sua filosofia ética baseava-se numa profunda veneração pela vida.

A seguinte prece pelos animais sempre teve importância para mim.

Ouvi nossa humilde prece, Ó Deus, pelos nossos amigos animais, principalmente pelos animais que estão sofrendo; pelos caçados ou perdidos, ou abandonados ou assustados ou famintos; por todos os que precisam ser sacrificados. Suplicamos por todos eles vossa misericórdia e piedade, e para aqueles que lidam com eles pedimos um coração cheio de compaixão e mãos gentis e palavras bondosas.

Fazei com que nós sejamos verdadeiros amigos dos animais para compartilhar as bênçãos do misericordioso.

Prece de Ação de Graças e Louvor

*Louvai ao SENHOR, porque é bom
cantar louvores ao nosso Deus.*

Do Salmo 147

Os americanos geralmente se lembram de ser gratos em pelo menos um dia do ano, o Dia de Ação de Graças. Uma boa maneira de estar mais em contato com o sagrado durante o ano inteiro é ter um coração grato por tudo o que se recebe. Santa Teresa d'Ávila foi ainda mais longe ao dizer: "Agradeço a Deus por tudo o que não tenho."

Acho que o poema a seguir de E. E. Cummings é a expressão maravilhosa de um coração grato e jubiloso.

agradeço a vós, Deus, por mais este fantástico
dia: pelos espíritos saltitantes e verdejantes das árvores
e pelo sonho verdadeiramente azul do céu; e por tudo
que é natural que é infinito que é sim

E.E. CUMMINGS

Preces de bênção

Todos nós precisamos de bênçãos; todos nós precisamos ser abençoados. Normalmente não nos imaginamos distribuindo bênçãos, embora o façamos. Dizemos "Deus te abençoe" quando alguém espirra. Dizemos "Vá com Deus, cuide-se bem" aos amigos. Dizemos "Que Deus te ouça" para confirmar os desejos de outra pessoa.

Qualquer pessoa que visite Israel sente-se bem-vinda ao ouvir "Shalom", vá em paz. Quando os tibetanos se despedem de quem vai partir, dizem "Vá tranqüilo". E o tibetano que está de partida diz ao que fica: "Fique tranqüilo."

A maioria de nós já viu a seguinte bênção irlandesa. Nós a vemos inscrita em marcadores de lugar, pendurada na geladeira e na parede dos bares do bairro.

> Que a estrada suba para encontrá-lo
> Que o vento esteja sempre por trás de você
> Que o sol brilhe quente sobre o seu rosto
> Que a chuva caia suavemente sobre o seu campo
> E, até nos vermos novamente, que Deus o tenha
>   na palma da mão.

A seguir, uma linda bênção celta que invoca a paz na forma dos quatro elementos – água, ar, terra e fogo.

> Paz profunda da onda que corre para você.
> Paz profunda do ar que flui para você.
> Paz profunda da terra tranqüila para você.
> Paz profunda das estrelas brilhantes para você.

Como rezar

*Espírito divino do amor,
Ouvi nossas preces.*

O Yom Kippur é um dia de jejum, expiação e realinhamento cósmico. Certa vez, nesse dia sagrado de jejum do ano judaico, um jovem pastor analfabeto entrou na sinagoga de Baal Shem Tov, o fundador do movimento devocional hassídico. Impossibilitado de ler o livro de orações da congregação que rezava solenemente e do cântico entoado pelo cantor, o jovem pastor começou a assoviar alto – pois era a única coisa que ele sabia fazer com beleza. Ofereceu a dádiva de seu assovio de adoração e louvor perante Deus.

A congregação horrorizada desviou o olhar de suas devoções quando o zelador do templo correu para impedir que o pastor continuasse a entrar no templo. Assoviar é proibido!

O grande sábio Baal Shem observou isso e intercedeu rapidamente. E anunciou: "Até agora, nossas preces foram impedidas de entrar no céu. Contudo, a prece assoviada desse ingênuo jovem foi tão pura que abriu os porões e levou todas as nossas preces diretamente a Deus."

A questão é que o Divino ouve todas as preces, em todas as línguas. Quando pela primeira vez fui viver com os lamas no Himalaia, eu não sabia falar nem ler tibetano. Geralmente passavam dias inteiros rezando, e eu me perguntava como poderia participar do grupo. "Como posso rezar? Como posso meditar?" perguntei a Kalu Rinpoche. Ele disse: "Simplesmente reze, como puder. À medida que sua prática for se desenvolvendo, outras habilidades estarão ao seu alcance."

Orar é uma prática essencial e simples. Não requer habilidades especiais nem instrução. A oração é espontânea e brota do coração. Em resumo, a linguagem do sagrado é expressa na pureza do coração, sejam quais forem as circunstâncias. Por esse portal, nós vemos e somos vistos; escutamos, ouvimos e somos ouvidos.

Uma amiga me contou que há alguns anos, quando o filhinho ainda engatinhava, ficou gravemente enfermo e foi levado às pressas para a ala de isolamento de um grande hospital metropolitano. O filho estava com febre alta, vomitava violenta e incontrolavelmente e se curvava de dor; os médicos desconfiaram de alguma forma grave de infecção virótica ou bacteriológica. Colocaram na criança apavorada um frasco de soro intravenoso; toda vez que entravam no quarto, os médicos e as enfermeiras estavam protegidos por máscaras, roupões e luvas descartáveis. Embora não autorizassem que o menino recebesse visitas, por ser tão jovem permitiram que a mãe ficasse com ele 24 horas por dia. Depois do primeiro dia, minha amiga começou a se sentir tão mal quanto o filho. Tinha calafrios e febre, e também começou a vomitar violentamente. Ela disse que, ao se ajoelhar no chão do banheiro com a cabeça inclinada sobre o vaso, começou a rezar. Ela temia, não por si, mas pelo filho. Se também estivesse doente, tinha certeza de que não lhe permitiriam que permanecesse com ele. Ele era apenas uma criancinha e estava muito amedrontado. Ela rezou com toda a energia que lhe foi possível. Então, disse ela, literalmente – praticamente em meio ao vômito – todos os sintomas desapareceram. Subitamente ela estava se sentindo bem. Ainda sentada no chão de ladrilhos, ela estava bem. Suas preces foram atendidas.

COMO ENCONTRAR A VERDADEIRA PRESENÇA NA PRECE

Muita gente já disse que a prece, assim como a meditação, começa com o silêncio. O verdadeiro silêncio é uma experiência bem diferente de apenas ficar calado ou não falar. No silêncio interior do simplesmente ser, é mais fácil encontrar a verdadeira Presença Autêntica. Para alcançar esse tipo de silêncio profundo, eliminamos os supérfluos, a desordem da cabeça e do coração enquanto tentamos nos conectar com nossa natureza búdica inata, nossa bondade natural – o centro do nosso ser.

C. S. Lewis escreveu: "A prece que precede todas as preces é 'Que seja verdadeiro o eu que fala. Que seja verdadeiro o vós a quem falo'." Quando alguém está doente e você está temeroso, emerge o seu verdadeiro eu – a Presença Autêntica. É o seu verdadeiro eu falando de uma fonte interna à fonte de todas as bênçãos – a Verdadeira Presença encontra-se com a Presença Divina. Reunião.

Então, antes de começar a rezar, paramos, fazemos silêncio. Ficamos quietos. Entramos em contato com o divino em nosso interior. Então, com ou sem palavras, falamos sem autocrítica o que vai em nossos corações. O desejo autêntico do coração-espírito se expressa. Ouvimos. É quando entra em cena o verdadeiro ser. Às vezes rezamos silenciosamente. Essas talvez sejam nossas preces mais verdadeiras. Uma vez o monge beneditino Irmão David Steindl-Rast me disse: "A verdadeira prece começa quando não se tem mais consciência de estar rezando."

PRECE DIRIGIDA E NÃO DIRIGIDA

Embora muitas formas de preces sejam dirigidas porque fazem pedidos específicos, não raro as preces mais poderosas são as que abdicam do controle. Muitos de nós conhecemos a oração do Pai-Nosso cristão, que pede que "seja feita a vossa vontade". Pessoas que freqüentaram programas de doze passos conhecem a frase "Desapegue-se e deixe Deus entrar na sua vida". No budismo, nós vemos isso como se esvaziar do ego, aprender a conceder e a desapegar-se. Esse é mais um exemplo do caminho do desapego. Ao fazê-lo, nós nos desviamos e conquistamos nosso próprio caminho.

Quando os buscadores rezam, freqüentemente tentam encontrar o equilíbrio entre a prece dirigida e a não dirigida. É como "Quero o que quero, mas também quero estar em sintonia com o sagrado". Os ensinamentos budistas nos incentivam a aceitar o carma, mesmo sabendo que pode ser modificado para melhor. Rezamos, portanto, pela sabedoria de aceitar o que está acontecendo, mesmo quando tentamos encontrar soluções para nossos dilemas humanos. Dessa forma, podemos equilibrar o "ser" com o "fazer".

GRUPOS DE ORAÇÃO

No mundo inteiro existem grupos de pessoas que se dedicam a rezar com outras pessoas. Às vezes esses grupos se reúnem no mesmo espaço; é comum simplesmente combinarem um horário em que fazem uma prece juntos. Esses grupos quase sempre rezam por um motivo específico. No final do culto a que fui assistir numa igreja recentemente, o pastor perguntou se havia algum comunicado. Alguém se levantou e falou de um amigo enfermo que fora membro da igreja antes de se mudar. Essa pessoa queria saber se, durante a semana seguinte, todos poderiam fazer o favor de sincronizar os relógios para fazer uma prece às nove horas da manhã pela recuperação do amigo.

Rezar em grupo é uma bela prática que gera uma enorme energia sagrada, trazendo bênçãos e cura para todos.

O PAPEL DA FÉ E DA DEVOÇÃO NA PRECE

Sempre me perguntam sobre o papel da fé em práticas como a prece. Sim, a prece implica fé, mas não é uma simples fé unidirecional. Podemos ter fé em muitas coisas. Podemos ter fé no poder da mente consciente. Podemos acreditar, ou ter fé, em que nos tornaremos aquilo em que pensamos.

Algumas pessoas talvez digam que é bobagem rezar. Outros talvez achem que a crença de que existe magia e mistério além do que podemos ver é bobagem – que alguns interpretam como loucura divina. O fato é que é preciso ter uma quantidade de amor-próprio para rezar, porque o amor-próprio implica crença no poder pessoal. Um requisito para a prece é a fé, ou convicção, de podermos alterar as circunstâncias. Temos um papel no nosso destino. Temos um papel no nosso carma; temos um papel no nosso futuro. Acreditar nisso já é fé suficiente.

Também é preciso uma quantidade de fé e confiança para parar de fazer o que se está fazendo durante um período de tempo suficiente para rezar. Jesus disse aos discípulos que mesmo que sua fé fosse pequena, do tamanho de uma semente de mostarda, seria suficiente para mover montanhas. Então, se você é, como eu, alguém que questiona tudo, tem fé suficiente para rezar. Se você acredita que as suas perguntas são suficientemente válidas para serem respondidas, então tem fé suficiente. Siga essa fé, que mais cedo ou mais tarde suas dúvidas e suas preces terão resposta. Ouça. Receba. Esvazie a mente e abra o coração e veja como pode preenchê-los além de você mesmo. É assim que se reza.

A Prática da Leitura Espiritual

*Quantas pessoas encontraram uma nova era em sua vida
pela leitura de um livro! O livro existe para nós, talvez,
para explicar nossos milagres e revelar novos milagres. Podemos
encontrar expressas em algum lugar coisas
até agora não proferidas.*

HENRY DAVID THOREAU

Antes de nossos ancestrais aprenderem as técnicas da fabricação do papel, da escrita e da impressão, não era tão fácil encontrar conhecimentos espirituais. Na verdade, até a época de Gutenberg e da expansão da possibilidade de ler e escrever, estudar era privilégio de poucos. Quando o Buda estava vivo, todos os ensinamentos espirituais eram transmitidos oralmente. Não havia outro meio; conseqüentemente, o buscador precisava de um professor vivo. Atualmente grande parte do nosso legado espiritual é transmitido pelos livros. Praticamente todas as bibliotecas e livrarias, ou via Internet, têm seções dedicadas às questões do espírito. E essa transmissão moderna de conhecimentos não está mais confinada apenas nos livros. Temos revistas dedicadas a assuntos espirituais, livros em fita, videocassetes, CD-ROMs, websites budistas e inúmeros instrumentos de comunicação e tecnologias didáticas. Como somos felizardos, nós, os ocidentais!

A prática espiritual budista enfatiza tanto a meditação e o esvaziar-se de pensamentos que é fácil negligenciar o uso dos pensamentos e da análise na prática espiritual. Contudo, é bem óbvio que gerações de buscadores descobriram seu caminho conduzidos pelas palavras dos que analisaram e redigiram seus pensamentos, suas lutas e suas experiências.

Quando pela primeira vez cheguei ao Nepal, ainda um jovem estudante, um dos meus idosos lamas tibetanos me disse que eu não devia desperdiçar minha mente lendo jornais, revistas, romances ou poesia. De fato, ele disse que o único livro que eu precisaria ler seria o clássico de Gampopa, escrito no século XII, *The Jewel Ornament of Liberation*, que é um texto budista extremamente seco e minucioso. Passei anos tentando seguir esse conselho antiintelectual. Conheço alguns buscadores que ainda hoje o fazem. Mas descobri que não era muito bom para mim. Isto é, nem só de meditação vive o homem! Acredite na minha palavra, eu bem que tentei.

Uns dez anos depois, durante a preparação tradicional para me tornar lama, num retiro de meditação em clausura, não praticávamos somente meditação. Nossos mestres Dilgo Khyentse Rinpoche e Dudjom Rinpoche nos davam duas horas por dia de aula e, conforme íamos progredindo, de vez em quando fazíamos provas orais e escritas sobre alguns textos, escrituras e comentários budistas.

É possível encontrar a sabedoria do Darma e a verdade na contemplação e na reflexão sobre a palavra escrita. A leitura pode ser transformadora. No Tibete, ensina-se que o processo de aprendizado ou de acumular conhecimentos tem três etapas: 1) ouvir os conhecimentos; 2) refletir sobre o que ouvimos; 3) meditar sobre o que ouvimos e incorporá-lo ao que somos. A leitura dos textos espirituais realiza a primeira etapa. As outras duas dependem de cada buscador e envolvem introspecção, auto-exploração e contemplação.

Oliver Wendell Holmes escreveu: "Quando a mente humana se estende para receber uma nova idéia, nunca mais retorna às dimensões originais." Hoje em dia temos acesso a séculos de conhecimentos eternos. Existem traduções das mais belas e iluminadas antigas escrituras orientais. As gerações mais novas de mestres do Darma – tanto orientais quanto ocidentais – criaram estantes de livros que, por sua vez, servem de inspiração para os buscadores do mundo inteiro. E isso não ocorre somente no budismo. Pensemos nas gerações de buscadores e estudiosos de todas as fés e etnias que estudaram a fundo a Torá, a Bíblia, o Corão, o Tao Te Ching, o Bhagavad Gita, bem como incontáveis escrituras hindus e budistas.

Pensemos em todos os caixeiros-viajantes exaustos que pegam a Bíblia dos Gideões em seus solitários quartos de hotel, bem como nos eruditos que passam a vida inteira estudando obscuras escrituras religiosas. Quantas vezes você já leu algo e se sentiu genuinamente inspirado – talvez até iluminado – com a experiência? Se pudéssemos reunir toda a energia gerada pelas horas acumuladas nas leituras espirituais, essa energia iluminaria o céu totalmente.

No budismo, a leitura das escrituras sempre foi considerada uma atividade iluminadora honorável. Um dos meus amados mestres tibetanos, já falecido, foi o venerável abade Deshung Rinpoche, geralmente considerado um dos lamas mais cultos de sua época. Depois de fugir do Tibete em 1959, ele e alguns de seus discípulos, entre eles outros grandes lamas, foram levados a Seattle, Washington, pela Rockefeller Foundation, para participar de um extraordinário programa universitário de estudos asiáticos. Deshung Rinpoche me contou que, no Tibete, passara três anos na grande biblioteca Tibetano-Sânscrita em Derge, estudando e decorando sutras budistas, até conhecer milhares de cor. Na tradição tibetana, considera-se que isso tem um grande mérito espiritual e que equivale a um retiro de três anos. Mais tarde, quando morou na cidade de Nova York, ele me mostrou alguns dos muitos cadernos manuscritos que ele havia enchido de comentários e observações desde que chegara à América.

Muitos monges tibetanos dedicaram sua energia à fabricação de papel-arroz e ao entalhe das escrituras budistas em blocos tipográficos de madeira para que as escrituras fossem preservadas. Isso sempre é considerado um trabalho espiritual generoso e essencial. Quando os comunistas chineses invadiram o Tibete, uma das primeiras coisas que fizeram foi queimar e destruir as escrituras impressas e também os preciosos blocos de madeira, muitos dos quais com séculos de idade.

A queima de livros não é novidade. A história da opressão – a desumanidade do homem para com a própria humanidade – está tragicamente repleta de exemplos de exércitos brutais destruindo livros como meio de destruir o espírito e a cultura de um povo. É dessa forma que os exércitos invasores controlam os países que invadem. Em 1975, o Khmer Vermelho iniciou sua carnificina no Camboja, matando milhões de pessoas em sua tentativa de erradicar a cultura tradicional. Entre os primeiros alvos estavam todos os intelectuais e os proprietários – professores, jornalistas, profissionais de diversas áreas, as pessoas que falassem línguas estrangeiras e até qualquer pessoa que usasse óculos. O Khmer Vermelho travou uma guerra especialmente contra as doutrinas budistas e perseguiu os bondosos monges e monjas.

Pessoas pacíficas foram assassinadas por coisas tão benignas como falar do Buda e recitar as escrituras. Quase todos os mais de três mil templos budistas do Camboja foram demolidos. Quando o Khmer Vermelho iniciou sua destruição, havia mais de cinqüenta mil monges budistas; quando terminou, havia apenas três mil.

Um desses três mil monges era o venerado Maha Goshananda, que dedicou a vida ao serviço pela paz. Em 1978, quando os sobreviventes cambojanos começaram a chegar aos campos de refugiados, Maha Goshananda os aguardava, usando a proibida túnica da cor do açafrão dos monges budistas. Começou a distribuir a todos exemplares desgastados da Metta Sutra, os ensinamentos do Buda sobre o amor, o perdão e a compaixão. A apresentação da editora na introdução do livro de Maha Goshananda diz: "Naquele momento, fundiu-se o grande sofrimento com o grande amor. Séculos de devoção budista penetraram na consciência dos refugiados. Multidões de sobreviventes caíram de joelhos e, prostrados, choravam bem alto, seus gritos se reverberando por todo o campo. Muitos dizem que o Darma, que dormia suavemente na alma daquela gente, como a Árvore Bodhi queimada, redespertou naquele dia."

Como temos sorte, aqui no Ocidente, de poder ler os livros, os jornais e as revistas que quisermos, rezar as preces que quisermos, entoar os cânticos que quisermos. A liberdade de religião, um dos alicerces sobre os quais foi construído o nosso grande país, não deve ser menosprezada.

A leitura espiritual nos ensina a ouvir para poder ouvir o sagrado nos ensinamentos eternos dos sábios de todas as eras. É óbvio que as pessoas que vivem hoje nunca puderam se encontrar cara a cara com Gautama, o sábio conhecido como Buda. Mas temos suas palavras. Podemos lê-las quando quisermos, em praticamente qualquer língua que quisermos.

Pouca gente hoje em dia pretende viajar por Kathmandu ou Lhasa na esperança de encontrar seu guru no caminho. A maioria não gostaria de ir tão longe, mesmo que pudesse. A boa notícia é que não é preciso. Podem ir até a livraria mais próxima e aprender meditação com Buda, Milarepa ou Dogen; podem aprender devoção e preces com Rumi, haiku com Basso e os princípios da vida iluminada com Lao Tsé. Se estiver disposto, você pode passar uma tarde inteira ou uma noite na companhia de escritores místicos como Rumi, Kabir, São João da Cruz, Han Shan (*Cold Mountains*),Weil, Whitman e Ginsberg. Se estiver interessado em mestres mais contemporâneos, eles existem em abundância: Sharon Salzberg, Pema Chodron, Stephen Mitchell, Sylvia Boorstein, Jack Kornfield, Joseph Goldstein, Thich Nhat Hanh, Jon Kabat-Zinn, para citar apenas alguns.

Acho importante que os buscadores tenham a mente aberta para a descoberta de inspiração espiritual em suas leituras. Quando pensamos em leituras espirituais, a mente normalmente salta para os livros conhecidos. Todo mundo conhece a Torá, a Bíblia, o Corão e o Dhammapada (as palavras do Buda). Mas muitos de nós começam a percorrer o caminho espiritual depois de ler livros que pareciam essencialmente populares, comerciais ou introdutórios. Uma de suas grandes virtudes é o fato de serem acessíveis.

No meu próprio caso, os livros foram degraus importantes no meu caminho espiritual. Com o passar dos anos, descobri que os livros que eu achava inspiradores nem sempre eram tão óbvios. No meu caso, quando estava com 12 ou 13 anos, peguei um livro emprestado com um amigo. Era *Franny e Zooey*, de J. D. Salinger. Se bem me lembro, pensei que fosse uma história de amor. Quem leu esse livro deve lembrar-se que a personagem principal, Franny, pega um exemplar de um livro antigo que conta a história de um caminhante espiritual anônimo do século XIX, que viajava a pé pela Rússia.

A leitura de *Franny e Zooey* me indicou a direção de *The Way of a Pilgrim*. Atualmente *The Way of a Pilgrim* está na maioria das livrarias, mas quando eu estava na faculdade na década de 1960, era um livro difícil de achar. Acabei encontrando um exemplar: um dos irmãos do meu amigo o tinha. Era um livro fascinante. O peregrino anônimo queria entender melhor o que São Paulo queria dizer quando disse aos discípulos que deviam transformar a vida em preces. Tentando levar uma vida de preces incessantes, o peregrino aprendeu a Prece do Coração de Jesus – "Senhor Jesus Cristo, tende piedade de mim..."

Embora eu seja de família judaica, foi importante para mim a leitura sobre o poder de todas as formas de preces e da fé na direção do caminho espiritual. Também foi importantíssimo descobrir que eu não estava sozinho em meus interesses. Era gratificante descobrir que gente inteligente podia fazer preces e se envolver com a espiritualidade. Não era coisa só para os ingênuos e os crédulos, como muita gente à minha volta gostaria que eu acreditasse. Quando descobri Alan Watts e os livros sobre zen, um mundo começou a se abrir para mim. Quando estava com 18 anos, trabalhei numa grande firma de advocacia na Quinta Avenida, em Nova York. Certa manhã, quando cheguei, o sócio principal, com sua camisa de monograma, sapatos italianos e todo o resto feito sob medida, me chamou a sua sala. Ele estava sempre tão cedo no escritório que eu até imaginava que ele dormia lá.

– Jeffrey, venha aqui – me disse ele naquela manhã.

Ele havia apanhado o meu exemplar de *O livro tibetano dos mortos* em cima da minha mesa.

– O que é isto? – perguntou. – Quero que você leia isto e me diga de que se trata.

Já naquela época as pessoas tinham interesse em se informar mais sobre o Tibete – e também sobre a vida interior, é claro.

Naquela época, nem é preciso dizer, eu não sabia distinguir um tibetano de qualquer outra coisa. Mas lembro-me de que terminei de ler o livro na biblioteca de direito da firma e de que fiquei fascinado com o que aprendi sobre as passagens após a morte conhecidas como bardo, despertar em sonhos, reencarnação e a possibilidade de iluminação ainda nesta vida. Esse livro abriu as portas ao meu carma tibetano? Talvez.

Minha experiência com certeza não é a única. "Sim", dizemos ao ler algo que toque fundo nossos corações e nossas mentes, "é tão verdadeiro". Ser um buscador significa que estamos abertos e alertas para ouvir a sabedoria. Os livros contêm muito do que queremos saber. Kafka disse: "O livro deve ser o machado para o mar congelado que há dentro de nós."

Crie a sua própria biblioteca espiritual. De certa forma, os livros e as palavras que têm importância para você sempre terão lugar em sua vida. Acho que é útil ter um local especial ou uma estante para esses volumes inspiradores para encontrá-los sempre que quiser. Ponha os livros que ama na mesinha-de-cabeceira e leia um pouco toda noite. Ler e reler os livros que o ajudam a despertar para o sagrado fará com que reconheça para si mesmo, e também para os outros, que você tem um compromisso com o caminho espiritual. E se você não gosta de ler, muitos desses livros já estão disponíveis em fitas de áudio.

> *Fora o cão, o livro é o melhor amigo do homem. Dentro do cão é escuro demais para ler.*
> GROUCHO MARX

CRIE UM CADERNO ESPIRITUAL:
COPIANDO PALAVRAS QUE FALAM AO SEU ESPÍRITO

Crie sua própria Bíblia; selecione e colecione todas as palavras e frases que, em todas as suas leituras, foram para você como a explosão de triunfo proveniente de Shakespeare, Sêneca, Moisés, João e Paulo.

RALPH WALDO EMERSON

Quando estou lendo ou ouvindo palavras que têm ressonância em minha vida e na minha vivência, quase sempre as anoto no meu caderninho especial. Descobri que é uma atividade espiritual muito satisfatória e enriquecedora. Lembro-me de que comprei meu primeiro caderno espiritual em maio de 1991, logo depois que saí dos Estados Unidos. (Será que isso está começando a se parecer com o catálogo de J. Peterman?) Foi em Istambul, e eu tinha acabado de fazer uma refeição na Pudding Shop, que era um dos poucos locais da Turquia onde os americanos encontravam pratos que conseguiam entender – mesmo que fosse raro encontrar milkshakes, panquecas e hambúrgueres com a grafia correta no cardápio.

Eu estava pensando que precisava de um caderno especial, no qual pudesse anotar minhas listas de lugares aonde ir e coisas a fazer na jornada espiritual. Eu já tinha um diário poético preto e encadernado e um diário de sonhos, mas achava que precisava de um diário exclusivamente dedicado às questões do espírito. Assim como o meu livro de preces, o primeiro "caderno espiritual" que comprei era vermelho, e eu gostava tanto dele que, desde então, todos os subseqüentes também têm sido vermelhos. Já tenho dezenas deles e guardei todos. E os folheio regularmente.

Todos nós perdemos, às vezes, o controle sobre nossos motivos para trilhar o caminho espiritual, e nossas prioridades perdem o equilíbrio com facilidade. Um caderno espiritual repleto de idéias e pensamentos dos santos e santas que caminharam antes de nós – ou que caminham ao nosso lado – pode nos ajudar a lembrar o que é importante, o que estamos fazendo e por quê.

Desde aquela época prefiro caderninhos que caibam no bolso do paletó, para que eu possa carregá-los comigo nos momentos importantes, quando leio ou ouço algo que mereça guardar, esteja eu onde estiver, e não só quando estou sentado à minha escrivaninha. Foi assim que consegui colecionar os inúmeros ensinamentos, pensamentos e histórias que ouvi em todos esses anos. Agora uso meus cadernos em muitas das minhas próprias aulas e nos meus escritos. É raro o dia em que não escrevo alguma coisa neles.

Eu gostaria de sugerir que você comece o seu próprio caderno espiritual copiando as palavras do Buda sobre a bondade e o amor conhecidas como Metta Sutra. É um sutra tão inspirador que, na minha opinião, deveria estar na biblioteca espiritual de todos. Tenho uma cópia ao lado do meu assento de meditação, junto com meu livro de preces tibetanas.

Metta é a bondade amorosa. Quando entoamos as palavras do Metta Sutra, lembramo-nos de estender nosso amor, compaixão, perdão, empatia e boa vontade a *todos* os seres vivos, sem exceção. Leia o Metta Sutra e pense no significado do que o Buda disse: "Como a mãe protege com a vida o filho, seu único filho, com o coração infinito devem-se prezar todos os seres vivos."

Dizem que entoar o Metta Sutra traz inúmeras bênçãos, tanto ao praticante quanto a todo o ambiente. Entre muitos budistas, "metta" tornou-se o codinome do amor e das bênçãos. Junto com outros professores de meditação vipassana, Sharon Salzberg, autora de *Lovingkindness* ajudou a popularizar o conceito de metta nos círculos espirituais. Sharon sempre envia e-mails aos amigos pedindo que enviem metta a seres específicos que estão doentes ou carentes. Quando o faz, ela está nos pedindo que enviemos nossos mais potentes pensamentos de amor e irradiemos preces de bondade amorosa. Metta é um modo de despertar para o verdadeiro amor dentro do coração; dessa forma, ajudamos a curar e a cuidar uns dos outros.

Aumentamos nossa capacidade de amar quando enviamos metta a todos os seres, mas especialmente àqueles que estão necessitados ou sofrendo. Sempre que eu, por exemplo, olho para o céu no início do outono e vejo gansos numa formação em V indo passar o inverno no sul, envio metta. Penso: *Que eles estejam a salvo, que eles alcancem seu destino, que eles encontrem alimento, que eles possam ser protegidos do mal.* Faço o mesmo pelos passageiros dos aviões que vejo, ou pelas borboletas que cruzam meu caminho.

Envio metta e bênçãos espirituais especialmente para todos os indefesos, os de capacidades diminuídas e aos que estão gritando por socorro. Quanto mais pratico esse ato profundamente emocional no decorrer dos anos, mais naturalmente ele me vem. Quando minha cadela corre atrás de veados e coelhos na floresta, eu a chamo de volta. Posso proteger essas criaturas contra minha cadela, mas não posso protegê-las contra mais nada. Então, envio metta, desejando *alegremente e com segurança que todos os seres tenham conforto*.

Ao copiar este sutra, esteja atento ao significado das palavras.

O METTA SUTRA

Isto é o que deve ser feito
Por aqueles dotados de bondade,
E que conhecem os caminhos da paz:
Que sejam dignos e honrados,
Sinceros e gentis ao falar.
Humildes e não vaidosos,
Contentes e facilmente satisfeitos.
Sem encargos excessivos e com hábitos simples.
Pacíficos e calmos, sábios e habilidosos,
Nem orgulhosos nem exigentes.
Que não façam nada, por mais insignificante que seja,
que os sábios mais tarde reprovariam.
Desejando: com alegria e convicção,
que todos os seres sejam felizes.
Quaisquer que sejam os seres existentes,
Fracos ou fortes, sem omitir nenhum,
Os ricos e os poderosos, os médios, os pequenos e os pobres,
Os visíveis e os invisíveis,
Os que vivem perto e os que vivem longe,

Os nascidos e os que ainda estão por nascer,
Que todos os seres sejam felizes.
Que nenhum ser engane o outro,
Nem despreze ninguém em qualquer estado.
Que nenhum, pela ira ou má vontade,
Deseje o mal a outro.
Como uma mãe que protege com a sua própria vida
o filho, o seu único filho,
com uma afeição sem limite
devem-se acolher todos os seres vivos;
Irradiando bondade pelo mundo inteiro
Espalhando para cima, para os céus,
E para baixo, para as profundezas;
Para fora, para além das fronteiras,
Livre do ódio e da má vontade.
Estando em pé ou caminhando, sentado ou deitado
Livre da indolência,
Deve-se manter esta lembrança.
Diz-se que isto tem a sublime estabilidade.
Por não estar preso a opiniões fixas,
Aquele puro de coração, tendo clareza de visão,
Tendo sido libertado de todos os desejos dos sentidos,
Neste mundo, não renascerá.

Práticas com cânticos

*Aquele é o tordo sábio; canta duas vezes cada canção,
Para que não penses que não saberia repetir
O primeiro enlevo maravilhoso e descuidado!*

ROBERT BROWNING

O som tem poder.

O livro de Josué do Velho Testamento nos dá o seguinte exemplo assombroso do que se consegue por meio do som:

"E o Senhor disse a Josué... 'Rodeareis a cidade, cercando-a uma vez; assim fareis por seis dias. Sete sacerdotes levarão sete trombetas de chifre de carneiro adiante da arca; no sétimo dia, rodeareis a cidade sete vezes, e os sacerdotes tocarão as trombetas. Quando eles fizerem um grande clanglor com as trombetas de chifre de carneiro, ouvindo vós o sonido delas, todo o povo gritará um grande brado; e as muralhas da cidade cairão por terra.'"

E, com a energia e a força daquele grande grito, as lendárias muralhas de Jericó se desmoronaram. Na verdade, é um fato científico: As vibrações sonoras afetam a matéria física. Conta-se que o grande tenor italiano Enrico Caruso conseguia atingir certas notas com tal intensidade que quebrava vidros. Embora eu e você talvez não tenhamos cordas vocais iguais às de Caruso, quando falamos cada um de nós produz uma vibração sonora exclusiva, impossível de se duplicar.

E a maioria de nós pode testemunhar com alegria que o som, além das repercussões físicas, também tem repercussões espirituais. O poder da música freqüentemente eleva o espírito. Muitos de nós já tiveram a bênção das ocasiões em que concertos, corais e até paradas os elevaram e transportaram junto com as notas musicais.

Do som de tambores ao canto melódico, o som sempre foi parte integrante da experiência espiritual. Como a maioria dos judeus, fui criado ouvindo a bela voz do cantor que conduzia o cântico de preces da congregação. Entoar cânticos é uma tradição tão antiga quanto universal que pretende unir o mundo material ao não material. Os buscadores espirituais do mundo inteiro entoam cânticos como forma de contato com a presença divina. Pense nos rituais xamanísticos, nos cânticos dos índios americanos, nos cantos gregorianos, nos cânticos Hari Krishna, bem como nos cânticos budistas.

Entoar cânticos implica continuidade. Cante um "Om". Repita incessantemente. Ouça o som. Ponha os dedos na garganta e sinta a vibração, não só na garganta, mas também no coração e no estômago. Entoar cânticos é um meio de capturar a vibração espiritual – a união de um com muitos. "Om" é eterno. "Om" deixa de ser muitos e torna-se um – o eterno agora. O som "Om", ou Aum, é conhecido como "bija" ou sílaba semente. Acredita-se que tem o poder de interligar os mundos visível e invisível. "Om", por exemplo, é na realidade mais uma vibração ou som primal do que uma palavra propriamente dita. Gosto de definir o "Om" como vibração que emana do motor sagrado que impulsiona todas as coisas. Na Índia sempre comparavam esse som semente ao som da concha, que surge do fundo da concha.

No Novo Testamento o evangelho de João diz: "No princípio, era o Verbo, e o Verbo estava com Deus, e o Verbo era Deus." Do silêncio vem o som. Do vazio vem a vibração. Um tantra tibetano diz: "Do útero infinito do vazio surge, como uma estrela cadente, a sílaba semente."

Como alguém já disse, o Divino nem sempre está ouvindo, então às vezes precisamos ser repetitivos. Quando entoamos cântico, o poder do som se une ao poder da repetição. Há tantas coisas repetitivas no universo – estações, ciclos lunares mensais, marés, aurora, ocaso e, naturalmente, a própria vida. Grande parte da prática budista ampara-se na repetição. Na meditação observamos a nossa respiração, contando, inspiração e expiração, até dez vezes. Depois recomeçamos. Essa repetição simples gera um ritmo que ganha vida própria. Isso nos ajuda a nos aproximar da nossa própria vibração natural, nossa própria natureza – nossa natureza búdica inata.

Entoar mantras também é um meio hábil de interromper nossa identificação com nossos próprios pensamentos – e, assim, ajuda a libertar nossa mente. Ao entoar cânticos, mergulhamos no oceano de som que está além de nós; dessa maneira, nós nos afastamos dos pensamentos aleatórios normais que se espalham pela consciência e nos sintonizamos com o mundo mais amplo do puro e simples ser. Recentemente li que temos cerca de duzentos pensamentos por minuto, ou mais de um por segundo. Ram Dass diz que romper sua identificação com seus próprios pensamentos é alcançar a liberdade.

Comece a cantar que você ficará envolvo num ritmo nascido do som e da energia sagrados; assim você começa a preencher a lacuna sutil que existe entre o corpo e o espírito puro. Experimente fazer o seguinte: Da próxima vez que estiver caminhando na floresta ou na praia, abra o coração, a garganta e o peito e comece a entoar um cântico. Dessa forma você poderá criar, desinibidamente, a sua própria ressonância; é como criar uma pequena catedral ou um círculo mágico ao seu redor. No budismo tântrico, existe até um exercício no qual utilizamos energia, respiração e som para gerar e proteger bênçãos e também para impedir a entrada dos obstáculos.

Certas pessoas acham que meditação e silêncio são práticas espirituais principais; outras pensam o mesmo com relação à prece. Na verdade, o cântico combina elementos da meditação e da prece. Meu primeiro contato com os cânticos de devoção foi quando fui à Índia estudar com Neem Karoli Baba. Ali, os cânticos contínuos eram acompanhados por instrumentos monocórdios indianos repletos de sons fracos e harmônicos que ajudavam a exortar e despertar o espírito.

O budismo Vajrayana tibetano conta com inúmeros cânticos. Até o falecido lama Dudjom Rinpoche, que era mestre dos tipos mais sutis de meditação, me disse que, quando se distraía, entoava um mantra de cem sílabas para limpar sua energia e retornar à pura presença e consciência. Nos mosteiros tibetanos, os lamas e os monges sempre tinham um cântico nos lábios. Um outro grande lama, Kalu Rinpoche, também era conhecido pelo número imenso de cânticos que havia concluído. Sempre que eu o visitava, ele estava com as contas na mão. Dizem que ele entoou o mantra da compaixão "Om Mani Padmé Hung" cem milhões de vezes.

No budismo tibetano, iniciamos e encerramos os retiros longos com cânticos prolongados. Quando um grupo nosso fez um retiro de três anos, por exemplo, começamos por entoar a Sutra do Coração durante uma semana. Isso nos ajudou a preparar o terreno – assim como a atmosfera. Os cânticos promoveram os ânimos e ajudaram a gerar boas vibrações e energia para todos os seres, visíveis e invisíveis.

Muitos cânticos tibetanos são entoados ao ar livre. Monges, monjas e lamas vão com freqüência cantar em locais que são, por definição, um tanto assustadores, como cemitérios e crematórios. Fazem isso para que os adeptos possam empregar a energia do cântico para enfrentar e eliminar seus medos e demônios pessoais. O cântico também tem um papel importante que se conhece como prática do aquecimento interior ou "tumo", que é uma prática mística destinada a intensificar a incandescência interior. A manifestação física é o calor; o efeito espiritual é a luz resplandecente da consciência.

Dudjom Rinpoche contava que, quando era adolescente, entoava cânticos ao ar livre com um grupo de monges no inverno do Himalaia, e que geravam tanto calor que a neve derretia ao redor do círculo; Rinpoche lembrava-se nitidamente de que se sentia aquecido e alegre. Entoar cânticos é algo maravilhoso para se fazer na natureza. Imagine o que é estar sentado em círculo sob a neve com outros praticantes, todos se encarando, cantando e respirando. Quando Dudjom Rinpoche deitou-se em seu leito de morte em casa, ao lado do mosteiro do nosso retiro em Dordogne, na França, nós nos revezamos em cânticos 24 horas por dia durante mais de uma semana.

O décimo sexto Gyalwa Karmapa, um dos lamas tibetanos mais importantes da nossa era, era conhecido como o Lama da Touca Negra devido a uma coroa cerimonial que ele usou durante uma cerimônia específica de outorga de poderes. Quando Karmapa veio aos Estados Unidos para lecionar na década de 1970, foi convidado a visitar os índios Hopi, que o receberam com uma grande comemoração. Parece que os hopis tinham uma profecia sobre um grande chefe com touca negra que um dia viria do Oriente.

O Karmapa chegou na época de uma grande seca naquela região do sudeste americano. Os nativos perguntaram ao Karmapa e à sua comitiva se gostariam de unir-se a eles em suas preces e cânticos para chover. O Karmapa conduziu uma cerimônia de várias horas, durante a qual os tibetanos e os índios tocaram tambores e cantaram juntos. E eis que as nuvens se acumularam e, não muito tempo após a cerimônia, choveu. Teria sido em conseqüência dos cânticos?

ENTOAR "OM" COM AS PESSOAS FAMOSAS

Os ocidentais estão descobrindo agora o que os orientais sempre souberam: os cânticos ajudam a desanuviar a cabeça; aumentam e purificam a energia. Recebi recentemente um artigo de revista sobre diversas personalidades, como Jeff Goldblum e Meg Ryan, que descobriram os benefícios dos cânticos. É freqüente citarem Tina Turner dizendo que entoa cânticos diariamente. Em seu CD de sucesso, *Ray of Light*, Madonna emite vibrações de paz ao cantar "Om Shanti, Om Shanti, Shanti, Shanti, Shanti, Om". Até a "Material Girl" consegue alcançar a zona espiritual por meio de cânticos.

Essas pessoas, e muitas outras, estão desfrutando dos benefícios emocionais e físicos dos cânticos. Sempre recomendo às pessoas que estão se sentindo ansiosas ou deprimidas que experimentem entoar um cântico. Acho que parece eliminar a energia negativa e, ao mesmo tempo, dar uma injeção de boa energia. É uma sensação de cafeína espiritual sem os efeitos colaterais negativos.

APRENDER A CANTAR

Se você sabe trautear, então sabe entoar cânticos. Para começar, respire profundamente, inspire e expire pelo nariz até entrar num ritmo. A seguir, na expiração, procure uma música que lhe pareça confortável. Trauteie ou entoe "Ahhh" com a expiração. Faça isso três vezes para experimentar a sensação do cântico. Agora vamos aprender um cântico simples.

Assim que dominar o cântico da sílaba semente simples "Ahhh", passe para o "Om" (que se pronuncia conforme está escrito). Inspire e entoe Om junto com a expiração. Retenha o som final com a boca fechada o máximo que lhe for possível. Repare como ele se transforma num trauteio.

Agora inspire e trauteie a sílaba "Ahh" na expiração.

Por fim, inspire e entoe Hum quando expirar, novamente retendo o som com os lábios juntos o quanto possível.

Agora vamos juntar o mantra Om Ahh Hum.

Inspire e, ao expirar, entoe as três sílabas OM AHH HUM.

Novamente... OM AHH HUM.

A sílaba "Om" representa o chacra branco do meio da testa; "Ahh" representa o chacra vermelho da garganta; "Hum" representa o chacra azul do coração. "Om Ahh Hum" representação, então, o corpo do Buda, a fala do Buda e a mente do Buda.

OM AHH HUM.

Naturalmente, é difícil ensinar a entoar cânticos num livro. Acho que começar por ouvir cânticos ajuda. Existem diversos tipos de cânticos disponíveis em fitas e CDs. E há instrutores e grupos com os quais você pode aprender.

EM QUE LÍNGUA VOCÊ QUER ENTOAR CÂNTICOS?

Tenho uma amiga, Alexandra, que freqüentava a igreja metodista da cidadezinha onde foi criada. Mas os pais eram russos ortodoxos. Agora, já adulta, Alexandra faz questão de freqüentar os cultos dominicais da catedral ortodoxa porque adora o som dos cânticos russos. Embora não fale nem uma palavra em russo, os cânticos falam com ela intuitivamente. Quando cheguei à Ásia, senti o mesmo com relação aos cânticos indianos e tibetanos. Eu regia num nível profundíssimo. Mas muita gente não gosta de entoar cânticos em língua que não entenda. Essas pessoas querem saber exatamente o que estão dizendo. Se você também pensa assim, ficará mais contente cantando na sua própria língua.

USE O PODER DOS CÂNTICOS PARA MODIFICAR SEU AMBIENTE

Os cânticos surtem um efeito extraordinário sobre o ambiente, mesmo que não seja você a entoar. Uma das minhas alunas me contou que, num dia muito estressante de sua vida, chegou a pensar que suas forças haviam se esgotado. O telefone não parava de tocar e o computador só emitia mensagens de erro. Tudo ia errado e ela precisava cumprir um prazo importante. Estava exausta e, para piorar as coisas, tinha que dirigir duas horas para chegar a uma reunião em outra cidade. Ela se lembrou dos meus conselhos a respeito dos cânticos e, antes de entrar no carro, achou uma fita de cânticos. Segundo ela, foi como se a fita de cânticos lhe tivesse salvado a vida e o estado de espírito. Ao ouvir a fita, percebeu que a tensão e o estresse foram embora. Ela conseguiu se estabilizar no momento e apreciar a viagem.

Sempre toco fitas de cânticos em casa. Elas tornam mais leve a energia do ambiente. Toco todos os tipos de cânticos: beneditinos, tibetanos, indígenas, hindus e quaisquer outros que eu encontre. Os cânticos são encantados.

A PRÁTICA DE CHENRESIG:
O CULTIVO DA ESSÊNCIA DO AMOR

Este ano estive numa reunião ecumênica em Boston com pastores, rabinos e padres de todo o país. Uma das pessoas com quem conversei foi uma pastora protestante do Texas. Durante o intervalo, ela me contou algo que lhe acontecera alguns anos antes: certa noite, após a aula de estudos bíblicos, um mascarado aproximou-se dela no estacionamento, apontou-lhe um revólver contra o rosto e exigiu o dinheiro que estava na bolsa dela. Ela abriu a bolsa, entregou o dinheiro e disse: "Eu gostaria de ter mais para lhe dar. Eu o amo."

Fiquei espantado com o modo nada autocrítico como me contou essa história; ela a fez parecer tão normal. A postura que ela transmitiu foi: *Eu acabei de sair da aula de estudos bíblicos, o que mais eu poderia fazer? O que mais poderia acontecer?* Não foi nada demais para ela porque sua mente estava bem treinada para dar e perdoar. E não falo apenas das aulas de estudos bíblicos, mas provavelmente pelos anos aprendendo a pensar e agir amorosamente.

Mais tarde perguntei como ela havia conseguido fazer aquilo. E ela disse: "Vi a criança assustada e adorável nos olhos que estavam por trás da máscara." Dez anos depois, um homem de terno aproximou-se dela ao sair da igreja. Perguntou se ela se lembrava dele. Ela disse que não. Ele disse que a assaltara certa noite num estacionamento e que as palavras dela o levaram a mudar de vida.

O genuíno caminho espiritual, não importa a doutrina escolhida, ajuda-nos a amar e prezar a vida, em todas as suas formas. Primeiro é preciso amar, depois é possível ver. Essa pastora, em seu próprio caminho – a vida cristã –, havia aprendido a amar e a desapegar-se. E é nessa direção que todos queremos caminhar. No Tibete, isso se chama treinamento da mente ou transformação de atitude. A mente da pastora texana estava tão bem treinada que em qualquer situação ela reagia instintivamente com amor. Seu coração estava tão aberto que, espontaneamente, tratava um ladrão como um filho errante, caminhante.

Quando conhecemos pessoas que personificam o amor, ficamos automaticamente comovidos. Sempre me perguntam por que me tornei budista tibetano e lama. Ao responder, sempre penso nos mestres amorosos que conheci no Nepal e na Índia. Lamas como Kalu Rinpoche e Karmapa irradiavam tanto amor e sabedoria que eu queria estar perto deles. Eu queria ser igual a eles. Uma vez perguntei a Kalu Rinpoche como eu poderia me tornar tão amoroso e terno como ele. Ele disse: "Pratique a meditação de Chenresig e irradie raios da luz do amor para todos."

Chenresig é o Buda do Amor e da Compaixão ilimitados, freqüentemente conhecido como Avalokitesvara. O nome "Avalokita" significa "o Senhor que vê e ouve as súplicas do mundo". Avalokitesvara às vezes é representado com onze cabeças e mil braços. Há uma lenda que explica essa forma: um dia Avalokitesvara, quando olhou para o sofrimento do mundo, sua cabeça explodiu devido à dor que ele viu. Quando os pedaços foram novamente reunidos, ficaram com a forma de cabeças extras, representando simbolicamente a qualidade divina de tudo saber e tudo ver. As inúmeras mãos e braços são necessários para ajudar a todos os seres do mundo; na palma de cada uma das mãos há um olho atento.

O Dalai Lama é considerado a personificação humana completa de Chenresig/Avalokitesvara na terra. O Karmapa Lama é mais uma personificação. (Avalokitesvara tem outros nomes. Na China, Avalokitesvara chama-se Kuan Yin; o nome usado no Japão é Kannon). Embora eu esteja empregando o pronome "ele" para me referir a Avalokitesvara ou Chenresig, ele é sempre considerado um Buda andrógino. Em algumas partes do Extremo Oriente, por exemplo, Kuan Yin é representado como uma entidade feminina, e é uma das imagens religiosas mais lindas da Ásia.

No Tibete, os adeptos do caminho Bodhisattva Mahayana são muito devotos de Chenresig. O mantra de Chenresig, o mantra do amor e da compaixão, é o conhecidíssimo mantra de seis sílabas Om Mani Padmé Hung.

No Tibete, costumam chamar esse mantra de "Mani", ou mantra jóia. Provavelmente o mais antigo e mais importante do budismo tibetano, o mantra Mani é entoado em todas as partes, o tempo todo. Pode ser traduzido simplesmente como "a jóia está no lótus" – referindo-se ao espírito luminoso da natureza búdica do coração de cada pessoa e de todas as pessoas. A jóia da mente iluminada reside dentro do lótus da consciência individual. Em sentido mais amplo, também representa a jóia inestimável da iluminação brotando como uma flor de lótus da própria lama deste mundo agreste.

Quando os praticantes tibetanos entoam o mantra Om Mani Padmé Hung, ele transporta a mente para o caminho do Bodhisattva. Ao entoar esse mantra, nos visualizamos e consagramos como bodhisattvas, irradiando bondade amorosa, rezando e fazendo esforço pela libertação de todos os seres.

Kalu Rinpoche me disse que entoar esse mantra era a sua prática principal. Quando lhe perguntavam o que fizera durante todos os anos que passou em retiro numa caverna do Tibete, ou sobre o que meditava diariamente, ele respondia: "o Mani". Ele estava, com isso, referindo-se à jóia ou ao coração luminoso do Darma. Kalu Rinpoche me disse que a prática do Chenresig é a jóia da realização dos desejos e me mostrou um lindo pergaminho de seda com a representação do Buda da Compaixão de quatro mãos. As duas mãos centrais do Buda seguram a irradiante jóia da realização dos desejos, representando o coração-essência do amor e da sabedoria que se dá espontaneamente no serviço a todos. Nas outras duas mãos estão a flor de lótus branca do Darma e as contas de "mala" (rosário) utilizadas durante o cântico do mantra. Lembro-me nitidamente de Kalu Rinpoche apontando para o pergaminho tangka pendurado na parede do altar e me dizendo que Chenresig era sua deidade protetora. Rinpoche disse que fez votos de passar a vida inteira dedicado à doutrina e que entoaria um número infinito desses mantras. No Tibete, quando se completam cem milhões de recitações do Om Mani Padmé Hung, faz-se um "tungjor". Quando morreu, Kalu Rinpoche havia completado três tungjors. O mantra estava sempre em seus lábios. Lembro-me de que escrevi a um amigo dizendo que o mestre Kalu Rinpoche havia repetido o mantra da compaixão tantas vezes que seu rosto envelhecido havia tomado o formato de um coração.

Quando eu estava em Darjeeling, Kalu Rinpoche nos concedeu poderes e bênção tântricos, iniciando-nos na prática do mantra do amor e da compaixão. Fomos instruídos a repetir o mantra durante um longo período de tempo para que pudéssemos entoá-lo setecentas mil vezes.

A prática do Chenresig contém elementos de meditação, cântico e oração. Começamos esta prática visualizando ou imaginando uma imagem de amor e compaixão incondicionais. Para Kalu Rinpoche, essa imagem era o Buda do Amor e da Compaixão, Chenresig. Muitos ocidentais amam a imagem de Chenresig, mas outros se sentem mais à vontade com outras imagens, talvez uma que lhes pareça mais familiar. A imagem pode ser do Buda, de Padma Sambhava, de Tara, de Jesus, de Maria ou de um santo pessoal ou mestre espiritual. Segure essa imagem e cultive pensamentos de amor, confiança e devoção.

Ao fazê-lo, comece a entoar.

Om Mani Padmé Hung... Om Mani Padmé Hung... Om Mani Padmé Hung... Repita o belo mantra do amor-bondade e penetre nele. *Om Mani Padmé Hung...* Continue; gire estas rodas de oração em seu coração!

Ao entoar o cântico, traga à luz do seu amor alguém de quem você goste. Pode ser um filho, um dos seus pais, o cônjuge, um amigo, ou até um animal de estimação. Agora vamos enviar nosso amor a esses seres junto com o cântico. Imagine-os ou visualize-os à sua frente – envoltos no calor da sua luz de amor. Reze pela felicidade com saúde, pelo bem-estar, pela proteção e iluminação desses seres.

Continue a entoar o cântico e pense em outros seres de quem goste. Abra o coração e ofereça seu amor a cada um deles. Assim como os raios do sol, quando seu amor crescer junto com a energia do cântico, comece a estender seu amor compassivo a outros – a meros conhecidos, estranhos, pessoas que o irritam. Deixe seu amor ir o mais longe possível.

Ao entoar o cântico, continue estendendo cada vez mais os raios de luz irradiante visualizados do seu amor e da sua compaixão. Imagine um sol quente e brilhante cujos raios estão brotando do seu

chacra do coração. Você consegue continuar a fazer isso? A estender seu amor até as pessoas de quem não gosta ou que o fazem sentir-se ameaçado? Ofereça o seu amor. Distribua-o livremente.
Om Mani Padmé Hung.

Om Mani Padmé Hung.
Pense: Que todos os seres tenham felicidade e a causa da felicidade, que é a virtude.

Om Mani Padmé Hung.
Reze: Que todos os seres estejam livres do sofrimento e das causas do sofrimento, que são a ausência de virtude e a ilusão.

Om Mani Padmé Hung.
Deseje: Que todos os seres permaneçam unidos à alegria sagrada e à felicidade que é totalmente livre de tristeza.

Om Mani Padmé Hung.
Reze: Que todos os seres adotem a equanimidade infinita, abrangente, além do apego e da aversão.

Om Mani Padmé Hung.
Afirme: Que todos os seres sejam felizes, satisfeitos e realizados.

Om Mani Padmé Hung.
Que todos sejam pacíficos, estejam em harmonia e tranqüilos.

Om Mani Padmé Hung.
Que todos estejam protegidos do mal, do medo e do perigo.

Om Mani Padmé Hung.
Que todos tenham tudo o que querem, necessitam e almejam.

Om Mani Padmé Hung.
Que todos sejam curados e fiquem novamente saudáveis.

Om Mani Padmé Hung.
Que este planeta seja curado e fique novamente saudável.

Om Mani Padmé Hung.
Que todos os seres despertem de seu sonho de ilusões e sejam libertados, iluminados e livres.

Om Mani Padmé Hung.
Que todos descubram sua verdadeira natureza espiritual e, assim, despertem o Buda interior.

Om Mani Padmé Hung.
Que todos desfrutem, realizem e incorporem igualmente a grande perfeição inata.

Om Mani Padmé Hung.
Om Mani Padmé Hung.
Om Mani Padmé Hung.

TERCEIRA PARTE

O RETORNO À SUA VERDADEIRA NATUREZA

A espiritualidade é totalmente normal. Embora falemos dela como se fosse extraordinária, ela é a coisa mais normal de todas. A espiritualidade é simplesmente um meio de despertar o espírito, de gerar uma espécie de ânimo. Por intermédio dela começamos a ter um contato maior com a realidade.
Se abrirmos nossos olhos, se abrirmos nossas mentes, se abrirmos nossos corações, descobriremos que este mundo é um local mágico. Não é mágico porque nos engana ou se transforma inesperadamente em outra coisa, mas porque é muito vívido e brilhante.

CHOGYAM TRUNGPA RINPOCHE

Dzogchen e
as Meditações Naturais

> Às vezes as pessoas têm a impressão errada de que espiritualidade é um setor distinto da vida, o apartamento de cobertura da existência. Mas, quando corretamente entendida, ela é uma consciência fundamental que penetra em todos os recantos do ser. Alguém dirá: "Eu me animo quando ouço música", ou "Eu me entusiasmo com a jardinagem", ou "O que me anima é jogar golfe". O que nos anima, seja o que for, é a área em que somos espirituais. Estar ativo, desperto, consciente, em todas as áreas da vida, é a tarefa jamais realizada, mas continua sendo a meta.
>
> IRMÃO DAVID STEINDL-RAST,
> em *The Music of Silence*

Percorrer o caminho espiritual nos deixa em contato com o puro ser e com a verdade de quem somos. Que alívio! A espiritualidade é autêntica e real. A espiritualidade é vida sadia, natural, significativa.

Sim, os filósofos e os teólogos estão de acordo: O que procuramos está naturalmente dentro de todos nós. Mas o que, exatamente, procuramos? Há quem chame de Verdadeiro Eu ou Eu Superior. Outros chamam de luz clara interior ou luminosidade inata. Os hindus chamam de Eu Supremo para distinguir esse verdadeiro eu do ego. Muitos chamam de Presença Autêntica ou Puro Ser.

Pense nos termos "Puro Ser" ou "Presença Autêntica". Pense em vivacidade, a sensação indefinível, porém nítida, de ser a pessoa certa no lugar certo e na hora certa. Depois pense na sua vida cotidiana e se suas atividades o ajudam a sentir-se mais ou menos ligado ao seu verdadeiro eu. Não parece que todos passamos muito tempo fingindo ser o que não somos, contando histórias sobre como poderia ser de outra forma, se ao menos...? O fingimento vicia e é antinatural; sempre que fingimos somos inautênticos e nos desviamos mais de nossa verdadeira natureza, nosso verdadeiro eu. Ficamos totalmente acostumados a nos colar em personas que provem para o mundo que somos "ótimos", "legais", "confiantes", "animados", "desejáveis" e "especiais". É exaustivo. Vamos assumir que, até certo ponto, todos protegemos nossa verdadeira identidade. Pode parecer mais fácil esconder-se atrás das máscaras que usamos para nos proteger do mundo. É assim que vivemos a vida. Criamos uma espécie de sonho e esquecemos que estamos sonhando.

Como você se sentiria se pudesse parar de fingir para si mesmo ou para qualquer outra pessoa? Não seria ótimo se você pudesse dar a si mesmo aceitação incondicional e permissão para ser a pessoa que realmente é? Pense na felicidade de estar de acordo com as coisas como são. Pense na felicidade de simplesmente ser.

Entender o que é ser "essencial" ou "puro" não requer anos em mosteiros ou em graus avançados. Requer simplesmente ter contato com o seu núcleo sagrado interior. Todos já viveram, pelo menos por um breve momento, a sensação de estar totalmente vivos, com os pés no chão, ligados ao mundo, confiantes e reais. Esses momentos nos proporcionam um vislumbre do estado natural do Jardim do Éden que existe dentro de todos nós. É a Presença Autêntica.

Os ensinamentos mais elevados do Tibete chamam-se Dzogchen, cuja tradução é "Grande Perfeição Inata". Diz-se que os praticantes de Dzogchen conseguem alcançar a iluminação – estado búdico, ou auto-realização total – em uma só vida de prática assídua. Quem ouve falar em Dzogchen pela primeira vez presume que os ensinamentos devem ser dificílimos e complicados – confusos, intricados, misteriosos. Pelo menos foi o que pensei quando ouvi falar em Dzogchen, que também me informaram serem os ensinamentos "secretos tibetanos". Algumas pessoas até me aconselharam a não me aproximar do Dzogchen porque se destinava apenas a estudiosos dotados de faculdades superiores – que já haviam dominado os ensinamentos budistas avançados no que diz respeito à renúncia, ao vazio (sunyata) e à Bodhicitta (amor e compaixão generosa).

Na verdade, os ensinamentos de Dzogchen exprimem a essência pura. A dificuldade de acesso a eles provém do fato de serem simples, nus e puros. O ensinamento dos princípios do Dzogchen é tão aberto, tão vasto e tão claro que às vezes dizem que somente os espíritos mais evoluídos são capazes de entender.

Para ver o mundo com os olhos de um mestre Dzogchen, precisamos nos despir de toda a bagagem desnecessária e entrar no caminho da pureza primordial e do estado desperto inato. Assim seremos genuinamente capazes de ver o mundo com percepção pura e consciência não dualista. Esse é o olho da unidade – o olho da sabedoria, que vê as coisas como são. (Reflita novamente sobre o significado do dito tão conhecido – "O segredo é para aqueles cujos olhos não estão obscurecidos pela ansiedade".) O Dzogchen ajuda-nos a cultivar essa clareza de consciência e essa visão verdadeira. É um método visionário fundamentado nos detalhes mais práticos da vida cotidiana, um Darma a ser integrado na rua.

Já que a religião morreu, a religião está em toda parte. Antigamente a religião era assunto só da igreja; agora está nas ruas, no coração de cada um. Antigamente havia padres; agora todo homem é padre.

RICHARD WRIGHT em *The Outsider*

Acesso direto à nossa natureza original

O Dzogchen baseia-se em ver as coisas como elas são. A isso chamamos de "confiar na Visão". A Visão é como um vasto céu, sem limites, sem ângulos, distorções ou preferências. É clara, radiante e completa. É simples, profunda, pacífica e naturalmente serena. Essa é a natureza do céu; e também é a natureza da mente. Todas essas são qualidades do próprio nirvana. Quando conseguimos confiar na Visão, vendo as coisas como são, as fronteiras se desfazem; conseguimos penetrar no infinito luminoso.

O Dzogchen é a Meditação Natural do Buda. Isso significa que você, eu e todas as outras pessoas somos Budas pela própria natureza. Precisamos percebê-lo. A prática Dzogchen é reconhecer e compreender quem somos. O Dzogchen proporciona acesso direto ao que já existe, bem aqui. Agora mesmo. Outros níveis do ensinamento budista falam das diversas vidas necessárias para que a pessoa se torne totalmente desperta, iluminada e livre. Segundo os ensinamentos Dzogchen completos, a jornada inteira da iluminação pode acontecer em uma só vida. Só precisamos estar abertos à verdade com relação a quem somos. Os três pontos essenciais do Dzogchen, a Grande Perfeição Natural, dizem que precisamos reconhecê-la, ter certeza dela e vivenciá-la, e depois estabilizar essa convicção interior.

A meditação Dzogchen fundamenta-se nos seguintes princípios, que lhe podem ser úteis para ter acesso à Presença Autêntica, à sua natureza original, ao Buda Natural interior.

CINCO MANEIRAS DE SER REAL POR MEIO DA PRÁTICA DO DZOGCHEN

Naturalidade e simplicidade
   Confie no estado natural. Seja você mesmo, sua verdadeira natureza inalterada. Uma instrução de meditação para você levar sempre consigo: tudo do que precisamos está dentro da mente natural – integral, completo e inato. Portanto, relaxe.

Antenticidade, ausência de artificialidade, ausência de mentiras
   Existe paz nirvânica nas coisas que deixamos como estão. Luta e esforço são extras. Deixe como está e descanse o coração e o espírito cansados. Veja através de tudo, passe através de tudo – e continue livre, luminoso e completo.

Honestidade e singularidade
   Mantenha a mente aberta e seja receptivo. A presença pura é um estado de consciência não seletiva, que não interfere e não faz escolhas, ou atenção panorâmica à "essência" e à "novidade" de tudo. Esteja aberto à sua própria experiência. Desapegue-se e deixe que as coisas se coloquem em seus lugares à vontade. Talvez o lugar certo seja onde quer que caiam.

Consciência e sabedoria
   A consciência do presente sabe e vê o que é, como é. O estado desperto inato é sensato e eficiente em seu próprio modo de discernimento combinado com um senso comum incomum.

Fluxo/Energia espontânea
   Com liberdade e descontração, libera-se energia desinibida inesgotável, que transborda. Quando nos desapegamos e afrouxamos nosso controle rígido, nossos comportamentos repetitivos de apego, viemos à tona e nos unificamos com o fluxo. Isso é o fluxo natural, a zona sagrada que os mestres descrevem. Você tem acesso a ela quando quiser.

   Tenha esses princípios em mente ao praticar as Meditações Naturais seguintes. Não se esqueça de aplicá-las também durante sua vida cotidiana, que é meditação natural . Os mestres Zen a chamam de "genjo-koan", enigma ou desafio da descoberta e da manifestação na vida cotidiana. É a doutrina da sabedoria do amor de Buda.

Meditação Dzogchen
de Contemplação do Céu

Quando éramos crianças, muito antes de ouvirmos a palavra "meditação", passávamos pelo menos algum tempo deitados na grama ou numa pedra vendo as nuvens passar. Estávamos devaneando ou estávamos no paraíso? Quem sabe? Mas aqueles eram momentos preciosos que alguns de nós ainda recordam. Como ainda éramos crianças, não tínhamos grandes planos ou programas em mente. Não estávamos pensando em teologia, atenção plena nem técnicas de relaxamento; talvez não estivéssemos fugindo nem evitando nada. Éramos apenas criancinhas brincando nos campos do Senhor, nos entregando à vida e à luz, em relaxamento e tranqüilidade naturais.

Quer soubéssemos ou não, estávamos intuitivamente retornando a nossa verdadeira natureza – a natureza búdica que é o nosso estado natural. É o nirvana que existe dentro de cada um de nós. Se nos lembramos claramente desses momentos e podemos ir até eles agora mentalmente, já começamos a dominar a meditação Dzogchen de contemplação do céu. Quem não tiver essas recordações pode sair e começar a praticar na grama ou no terraço, deitado ou recostado numa cadeira reclinável.

Para começar a praticar a Meditação de Contemplação do Céu, precisamos simplesmente olhar para o espaço, como uma criança olhando para o céu. Ao fazê-lo, libertamos a mente de conceitos, dúvidas e hesitação. Só é necessário que estejamos felizes por estar naquele lugar naquele momento. Nem precisa ser o céu diurno. Olhe para cima à noite e entregue-se ao céu infinito de estrelas. Muitos leitores de *O Pequeno Príncipe*, de Saint-Exupéry, lembram-se do

Pequeno Príncipe ouvindo o tilintar das estrelas, como sininhos, sobre o vasto deserto do Saara. Olhar para o céu à noite é uma meditação de contemplação das estrelas; o que poderia ser mais natural para o pequeno Buda que há dentro de cada um de nós?

Seja como uma criança de coração aberto. Olhe para o céu e entregue-se. Ofereça seus pensamentos e seus sentimentos às nuvens. Jogue seu olhar para o céu e suas preocupações para o vento.

De maneira mais formal, a Meditação Dzogchen de Contemplação do Céu se faz sentado.

Fique à vontade.
Inspire e expire algumas vezes e relaxe.
Esteja presente, receptivo e disponível.
Não há nada a fazer, nenhum outro lugar para estar.
Nada a realizar, calcular ou alcançar.
Seja natural como uma criança jogando-se na grama.
Jogue a sua mente também.
Deixe-a repousar na simplicidade e na percepção plena.

Com uma expiração longa, cante *Ahhhh*.
Inspire novamente.
Ao expirar, entoe: *Ah, ahhh* e *ahhhh*.
Deixe que o *Ahhh* o transporte para além de si mesmo. *Ahhh*.
Vire a mente pelo avesso.
Eleve o olhar.
Eleve o alcance da sua percepção sensível luminosa até que se torne uma esfera global de 360 graus.
Esteja atento. Esteja presente.
Repouse nesse estado natural de vigília e presença da mente espontâneas.
Role como uma criança deitada na grama e observando as nuvens, permita que tudo passe pelo céu como a natureza do espírito búdico infinito.
Repouse nesse estado celeste e abrangente da mente, que tem espaço para tudo o que lhe vier à mente ou ao corpo no momento.
Desimpedida, uma dança sagrada de fenômenos e intuições, como carros alegóricos de um desfile divino.

Desfrute a sucessão de Dharmakaya – realidade absoluta
Veja a parada de Páscoa passar em sua mente como ondas no mar, e desfrute o espetáculo.
Há espaço para tudo.

As meditações naturais do Dzogchen também são conhecidas como não-meditação, porque geralmente são amorfas e não requerem esforço. O Dzogchen ressalta que tudo na vida poderia ser contemplativo ao ser reconhecido como um jogo divino da mente búdica, realidade absoluta.

Para fazer a meditação de contemplação do céu, por exemplo, não precisamos do céu. Podemos contemplar o expansivo espaço celeste interior, a luz que há por trás das pálpebras. Podemos nos fundir a essa expansão indiferenciada, que reflete a vacuidade, a natureza aberta, luminosa, refletora da mente.

Os meditadores Dzogchen praticam essas meditações durante horas a fio, mas não há motivo para não praticar as meditações naturais Dzogchen por dez ou quinze minutos, por cinco ou mesmo por um minuto. A questão é: quanto tempo é preciso para se reconectar com aquela expansão infinita que há dentro de você? Quanto tempo você leva para religar-se à Visão, a visão maior abrangente – a vista de cima?

Podemos aplicar os mesmos princípios gerais da Meditação Natural Dzogchen a uma série de meditações naturais. Podemos, por exemplo, praticar a contemplação da terra, do fogo, da água e até do vento. A maioria de nós já ficou observando fogueiras ou lareiras. Isso pode ser uma experiência gratificante e tranqüilizante, bem como esclarecedora e centralizadora.

Pessoalmente, gosto de meditar perto do mar; adoro a sensação surfista de mergulhar minha mente nas ondas. O "ruído branco" do oceano é tão pronunciado e regular que parece entrar em sincronia com o próprio processo da respiração que assume o controle. Quando praticamos a contemplação da terra, podemos olhar para dentro de qualquer espaço que seja vasto e insinue o infinito ou uma sensação de estar perdido na terra. Desertos, montanhas, desfiladeiros e florestas proporcionam os pontos naturais para a contemplação da terra. O objetivo é descobrir espaços onde possamos lançar nossa pequena mente no infinito de modo que nosso pequeno eu egoísta se espante e seja surpreendido por uma sensação sagrada do infinito. Uma fogueira, por exemplo, consome tudo; o mar lava tudo; o Himalaia faz o maior dos mamíferos parecer anão. Uma ventania provoca a sensação de carregar tudo. Até as estações do ano podem provocar esse efeito. As cores do outono, por exemplo, podem nos dominar com a sensação de beleza e grandeza do mundo natural. Diante de uma vastidão como essa, tudo o que for pessoalmente opressivo se torna menor e menos importante. O mar, o fogo, a terra, o vento assumem o controle. Não dependemos dos fenômenos naturais para essas meditações. Podemos lançar mão de qualquer coisa que naturalmente espante nosso pequenino espírito. Olhar para um arranha-céu, o Parthenon, a Torre Eiffel, a ponte Golden Gate, as pirâmides do Egito, ou até um avião jumbo também serve. A solidez, a proporção monumental e a imensidão dos monumentos construídos pelo homem também servem como objetos de meditação, fornecendo a inspiração que nos levará para fora e para longe de nós mesmos.

Enquanto fazemos essas meditações naturais ao estilo Dzogchen, respiramos num ritmo natural e regular e deixamos que a experiência natural do infinito provoque espanto na nossa noção finita de nós mesmos. Esses confrontos com a imensidão ajudam-nos a nos ancorar na realidade; ajudam-nos a nos ligar com o que é e nos abrir para o Buda natural interior.

O infinito também pode ser infinitamente pequeno. Descobri uma sensação semelhante de maravilha e espanto sagrados perante a imensidade da criação ao ver formigueiros fervilhantes, ou olhando com um microscópio para ver os bilhões de criaturas que habitam em cada minúscula gota da água do lago, ou encarando uma rosa.

Henry Wadsworth Longfellow disse-o bem no trecho abaixo. É uma instrução de meditação natural, se é que isso existe:

> *Sente-se, em devaneio, e observe as mudanças das cores das ondas que arrebentam na praia ideal da mente.*

O VAGUEAR CONSCIENTE – À PROCURA DE MEDITAÇÕES NATURAIS NA SUA PRÓPRIA VIDA

Todos nós precisamos nos afastar das preocupações que não querem se afastar de nós. Precisamos de horas para vaguear sem destino, ou de longos períodos de tempo sentados nos bancos das praças, observando o misterioso mundo das formigas e o dossel das copas das árvores.

MAYA ANGELOU

A mente natural ou inteligência primordial informa esses momentos quando somos mais sinceros conosco mesmos. Esses momentos em geral acontecem quando estamos fazendo alguma coisa que gosto de chamar de "vaguear consciente".

O vaguear consciente nos ajuda a ter um relance do nosso estado paradisíaco natural. Isso é algo que já somos, e não algo que seja preciso nos injetar ou que tenhamos de adquirir de outra pessoa.

Eis alguns exemplos de vaguear consciente: olhar para um mar, um lago, uma lagoa, um rio, uma cascata, uma floresta ou um jardim. Surpreendentemente, acho que, para muita gente, pescar é uma expressão instintiva do desejo humano de paz, espaço, momentos de solidão e uma forma natural de doce contemplação. Um amigo matemático do meu irmão passa uma boa parte da noite na banheira com bandeja giratória cheia de papéis com equações rabiscadas no colo molhado. Quando vou à agência dos correios, sempre vejo uma mulher caminhando com um cachorro enorme. Ambos parecem felizes. O vaguear consciente não tem nada a ver com fugir à responsabilidade, para não falar em pensar ou preocupar-se. Muito pelo contrário. O símbolo que Thich Nhat Hanh escolheu para seu mosteiro em Plum Village, no sul da França, é a rede de dormir, que, mais do que qualquer outra coisa, exprime o que significa "vaguear". Você pode sair sem rumo com outras pessoas. "Vamos dar uma volta" é o que dizemos a um colega ou amigo. Sem um rumo definido, saímos. "Acho que tem show na praça. Podemos ir ouvir música. Ou talvez andar de pedalinho." Vaguear é deixar que as coisas aconteçam. Deixar a mente vaguear sem rumo. Sentar na cadeira de balanço e deixar as nuvens passarem. O aspecto secreto interior desse método é abdicar do controle por meio da renúncia e da confiança. Vai dar tudo certo; qual é o problema?

Por que o vaguear consciente é um exercício espiritual? Porque nos ajuda a nos conectarmos com nosso ser interior. Nossa vivacidade inata. Simplesmente ser. Simplesmente ser por um minuto, sem tentar fazer nada; isso é disciplina espiritual. Ajuda-nos a nos aproximarmos mais do espírito do momento – uma expressão espontânea da singularidade. Estamos no lugar certo e na hora certa. Podemos nos dar ao luxo de simplesmente estar ali e desfrutar. Não há necessidade de nada de especial.

Para os ocidentais seria um salto considerar espirituais ou ligados ao sagrado esses momentos em que a autocrítica está ausente. E eles são. Com relação à verdade de que a mente natural é a mente búdica, o mestre Dzogchen Kongtrul Rinpoche disse: "Parece bom demais para ser verdade, então não acreditamos nisso. Está tão próximo que o menosprezamos. É tão óbvio que nem reparamos. Por não estar afastado de nós, não podemos alcançá-lo."

Os mestres Dzogchen dizem que a normalidade e a naturalidade proporcionam a aproximação mais íntima do verdadeiro ser e da grande perfeição natural. Portanto, é razoável que cada um de nós procure as suas próprias meditações conscientemente sem rumo, naturais, criadas por nós mesmos. É a maneira natural de nos conectarmos com o Buda interior.

No fim do retiro da Dzogchen Foundation em Santa Rosa, Califórnia, uma aluna escreveu o seguinte poema a respeito da descoberta de sua própria meditação natural. Acho que esse poema exprime de forma eloqüente a sabedoria inata da descoberta à sua própria maneira de ser por intermédio das meditações naturais.

EU NÃO SABIA

Tirar a mochila das costas,
Deitar-me na grama.
Cobrir-me com a manta do céu azul.
Descansar.

Tantos anos na prática do Darma, diligência de coluna ereta, esforço para encontrar a iluminação.
Hoje. Esta encosta. Somente.

Deitar-me na grama
Deixar a terra me receber.
Rastros de veados e bosta de cavalo e o olho dentro do olho dando voltas e brilhando
Eu não sabia disso.
Será que ninguém me contou?

Lembro-me do meu mestre zen na sala de entrevistas:
"Confie em si mesma", disse ele. "Seja simplesmente você mesma."

Acho que ele quis dizer o seguinte:
   Tire a mochila das costas
   Deite-se na grama.
   Deixe o céu recebê-la.
   Descanse.
   Inspire o espaço dentro do espaço dentro do espaço.

Eu não sabia que existia tanta luz.

DHARA GATLING-AUSTIN

Meditação da Caminhada Natural

Thoreau dizia que precisava de no mínimo quatro horas de "caminhada pela floresta e pelas colinas e campinas, totalmente livre dos compromissos mundanos". Ele escreveu que não conhecera mais do que uma ou duas pessoas que compreendiam a "arte da caminhada", o que significa passear a pé, sem destino. Eu conheço duas: uma mora em Vermont e a outra, no Butão. As duas já devem ter caminhado pela maioria dos caminhos pouco freqüentados deste mundo com o amor de seus pés – e pisado em um outro mundo, mais firme, também.

Thoreau nos aconselhava a caminhar feito um camelo, que rumina vagarosamente enquanto viaja. Ele comparava essas caminhadas sem rumo aos meandros de um rio que, embora parecessem vacilantes em seu curso e percurso, estão inevitavelmente procurando o caminho mais curto para o mar. Ele também dizia: "Toda caminhada é uma cruzada."

Para a maioria das pessoas, caminhar é uma forma acessível e fácil de meditação. Considero minha caminhada diária um exercício espiritual. Eu a vejo – e são estas as palavras que digo a mim mesmo e ouço dentro da cabeça – como "dar uma volta com Deus". Por mais imerso que eu esteja na minha doutrina budista não teísta, essa idéia teísta antiga e anacrônica permanece. Deve estar enraizada na minha genética judaica, mas não importa; isso me faz feliz. E eu, inevitavelmente, faço a melhor caminhada possível no melhor de todos os mundos possíveis. É verdade. Pois "um toque de natureza faz do mundo inteiro uma só família", como cantava Shakespeare.

Faça uma caminhada por dia que você vai se curar e voltar a ser saudável.

Esteja acompanhado ou não – com outra pessoa ou com o meu cachorro – o Companheiro Eterno vai comigo aonde quer que eu vá. É um presente que dou a mim mesmo. Assim como Thoreau, tenho a sensação de que vou enferrujar se ficar nos meus "aposentos" um dia inteiro sem caminhar lá fora.

Acho que não precisamos encarar isso com rigor e supor que as únicas caminhadas válidas são as que fazemos na floresta ou na praia. Às vezes minhas caminhadas não são na floresta, mas freqüentemente caminho em parques municipais, em grandes avenidas e em ruas pequenas, e até em aeroportos e estações ferroviárias. Até um passeio pela cidade, andando sem rumo e olhando para tudo e para nada em especial, pode ser uma forma bem natural de caminhar à deriva. Em momentos de sufoco, já fui visto caminhando pelos corredores de trens e até de aviões, navios e barcaças. Às vezes medito caminhando lentamente com atenção plena durante cerca de uma hora em qualquer tipo de terminal em que eu esteja aguardando – ao longo da plataforma ou na sala de espera. Às vezes, simplesmente perambulo. Afinal, quem estará olhando?

Você só precisa de um par de sapatos confortáveis. Ou sapato nenhum. O caminho é seu. Seus próprios pés servem.

Breve Meditação no Automóvel

O Paraíso é onde estou.

VOLTAIRE

Muitos de nós passam muitas horas dentro do carro. Já que isso é uma parte natural da nossa vida cotidiana, devemos estar aptos a integrá-la ao nosso caminho espiritual. Naturalmente, não podemos fechar os olhos para meditar enquanto passamos zunindo pela estrada ou mesmo quando parados no trânsito da cidade. Não obstante, podemos empregar com eficácia as técnicas da meditação e de treino mental para aumentar nossa habilidade ao volante, para nos acalmar e ficar tranqüilos e concentrados, mesmo quando achamos que estamos cercados por um caos automotivo.

Cultive sua própria atmosfera, à sua escolha, dentro da sua pequena nave espacial, o interior do seu carro. Lembra-se do koan do meu mestre zen "Como perceber Deus ao dirigir um carro"? Crie sua própria meditação natural ao volante para combinar com o estado de sua mente ao dirigir. Esta é a que eu pratico:

> Comece respirando três vezes
> Respire fundo.
> Inspire, expire.
> Preste atenção
> Inspire novamente e libere-se.
> Relaxe um pouco.
> Libere a tensão,
> a pressa e preocupação desnecessárias.
> Sente-se no carro.

As mãos estão agarradas com força ao volante?
Isso não vai fazê-lo chegar mais depressa.
Sente tensão nas costas?
Está com os ombros encolhidos?
Como está o pescoço?
Talvez com a barriga encolhida?
Respiração comprimida, peito contraído?
Respire, relaxe, sorria.
Você vai até gostar do percurso.

Encoste-se.
Relaxe
Esteja totalmente na experiência presente
Aqui e agora
Simplesmente sentado e dirigindo o carro.

Percorra o caminho
De casa.
Esteja aqui agora
em casa e tranqüilo
Em unidade com tudo.

Você pode levar o sagrado à sua vida ao criar o mesmo tipo de meditação para se encaixar com qualquer atividade que faça regularmente.

Meditação da Energia
da Luz Natural

A palavra *prana*, do sânscrito, costuma ser definida como energia cósmica ou o próprio sopro da vida. Prana encontra-se nos elementos – fogo, terra, ar e água. O sol, que representa o elemento fogo, é uma força revigorante natural, que irradia luz aquecedora e energia sobre todos nós.

No Oriente, geralmente se inclui o sol na meditação. Todos já viram, por exemplo, retratos de iogues em Benares sentados de frente para o sol nos velhos e largos degraus de pedra que descem pelo rio Ganges. Os iogues do Himalaia praticam um exercício de ioga tântrica semelhante de absorção de prana; chama-se Meditação da Energia da Luz.

Para isso, começamos sentando-nos de frente para o sol. No Oriente, isso se faz geralmente de manhã bem cedo, ao raiar do sol. Sente-se em posição de lótus, ou meia posição de lótus – ou, se essas posições não forem confortáveis, numa cadeira baixa de praia. Coloque as mãos nos joelhos e os dedos no que se chama posição *mudra* aberta. Nessa posição as palmas das mãos estão voltadas para cima, o polegar e o indicador de cada mão estão se tocando suavemente, formando um pequeno círculo.

Nessa *asana* (posição), abra-se à energia do sol. Ao inspirar e expirar, imagine-se absorvendo luz e energia. Absorva-a por todos os poros. Permita que a energia externa vivifique a luz interior do espírito e da consciência.

Absorva a energia do sol pelos braços, pelas pernas, pelo rosto, pelo peito.

Absorva-a pela testa e pelas pontas dos dedos.

Sinta-a penetrando pela sola do pé e pela palma da mão.

Absorva a luz pelos *chacras*, um por um, em ordem ascendente – do períneo, da genitália e do umbigo, subindo pelo coração, garganta, testa e saindo pelo alto da cabeça.

Permita que o *prana* vivificante ative sua energia interior, sua sabedoria natural e seu coração naturalmente bondoso.

Inspire e expire como uma planta natural. Ao fazê-lo, visualize sua respiração sendo tocada pelos raios dourados do sol. Pense na respiração entrando e saindo, fazendo um círculo contínuo. No Dzogchen, isso se chama círculo de luminosidade que gira continuamente, noite e dia – que transforma a noite em dia.

Continue respirando. Continue deixando a energia fluir. Não permita que fique presa ou parada.

Você está recebendo energia de uma fonte inesgotável. O universo está respirando através de você, portanto, deixe acontecer. Se tiver vontade de cantar, cante.

Os iogues do Himalaia fazem isso durante quinze minutos ou mais de cada vez. Se tiver uma janela de frente para o sol, experimente essa meditação durante cinco ou dez minutos de manhã para se recarregar. Ou vá para uma praça ou uma praia bem cedo, antes da multidão, e aproveite a dádiva da luz do sol para descobrir a energia sagrada interior.

Enquanto o sol dourado nasce no horizonte oriental, a luz dourada interior brota naturalmente dentro do templo do nosso corpo e dentro do paraíso de nossas mentes.

Abraçando a deusa oceânica: uma Meditação Natural

Descansar na água é um meio fácil de relaxar, curar-se e retornar ao estado natural. Experimente a seguinte meditação natural para fazer um contato maior com o que significa simplesmente Ser.

Relaxe numa banheira, na hidromassagem, num lago ou numa piscina.
Relaxe a cabeça, o pescoço e os ombros;
deixe toda a tensão ir embora.

Recoste-se em algo confortável: travesseiro, almofada, bóia, toalha colocada na borda da piscina, ou num colo macio e quentinho.
Fique confortável e em segurança.

Deite-se na água morna, como se fosse um fluido embrionário.
Descanse na banheira, bóie no raso,
ou deite-se numa bóia.
Deite ainda mais a cabeça;
solte-se, entregue-se, renuncie ao controle.
Aberto e vulnerável,
em casa e à vontade, fique bem folgado.

Bóie. Esqueça as preocupações.
Entregue-se de corpo e alma.

Descanse. Relaxe. Respire lenta e tranqüilamente.
Deixe tudo se acomodar em seu próprio lugar,
à sua própria maneira,
em sua própria hora.
Deixe tudo correr,
em fluxo natural.

Funda-se à água morna.
Relaxe.
Dissolva-se.
Deixe todas as preocupações se derreterem
e desaparecerem.

Agora olhe para cima
para a luz...
luz do céu,
da janela, da clarabóia,
ou de um teto branco.
Eleve o olhar,
eleve a percepção.
Olhe para o infinito.

Observe sua mente.
Observe todos os eventos
e todas as experiências mentais
passarem como nuvens.
Contemple o espaço infinito;
Mescle a mente com a manifestação e a percepção;
Dissolva-se numa manifestação luminosa e sem centro,
o estado natural
do ser primordial, imaculado – simplesmente ser.
Se houver um jato de massagem ou jato de água morna,
Posicione a nuca contra o jato
e deixe-o massagear e desfazer gradualmente todas
    as suas preocupações.
Volte ao útero, pré-natal,

antes da separação e individuação.
Banhe-se nesse calor, nesse amor,
e nessa luz.
Recoste-se nela, na água; incline-se para frente, para dentro dela,
Repouse na sensação de integridade e completitude.
Repouse na paz natural, na simplicidade e na alegria
   da meditação natural,
à vontade nessa
grande perfeição inata.

Jardinagem e outras atividades manuais que nos põem em contato com a terra

Cada pessoa tem o seu passatempo favorito.
O meu é o jardim.

LOUISA YEOMANS KING

Faça a si mesmo a seguinte pergunta: na minha vida cotidiana, quais atividades que me fazem sentir mais ligado e vivo – conectado e à vontade comigo mesmo e com o ambiente?

Muita gente me diz que se sente conectada ao próprio centro quando está cortando grama, tirando neve, cortando lenha ou varrendo folhas. Algumas pessoas dizem que gostam de fazer palavras cruzadas porque acham a atividade envolvente e real. Pessoas que passeiam com cães no mundo inteiro sabem que caminhar com seus amigos caninos pode tornar-se uma experiência meditativa completa e natural. Qual seria a maneira mais autêntica e satisfatória de passar vinte minutos do que passeando com um cão? De manhã sempre vejo executivos de terno passeando com o cachorro da família antes de ir trabalhar; é um ritual sem o qual não conseguem sair de casa.

Tenho uma amiga que alimenta os pássaros no inverno. Ela tem vários comedouros e diariamente chegam ao seu quintal grandes bandos de chapins, tentilhões e pica-paus para comer quantidades incríveis de alpiste. Quando o compromisso é alimentar os pássaros, é preciso cumpri-lo, pois eles contam com a presença da comida. Todo dia ela reabastece os comedouros e limpa a área ao redor deles. Ela prende sebo fresco nas árvores e joga milho e amendoim para os esquilos. Na maioria dos dias leva quase meia hora, mas o tempo que a minha amiga passa reabastecendo o comedouro lhe transmite uma sensação natural da doce e bela interligação entre todos os seres, grandes e pequenos. Ela parece um zelador de templo ao fazê-lo.

Quando chego de viagem, sempre acho que preciso de alguma atividade que me ancore no momento e me ajude a retornar naturalmente. Existem dezenas de atividades que servem a esse propósito. Acho tranqüilo, por exemplo, lavar e dobrar roupas. Tenho várias amigas que gostam de tricotar; outros gostam de usar as mãos para trabalhar com ferramentas.

Também gosto de costurar. Minha mãe me ensinou a costurar quando eu era bem jovem e estava na escola com saudade de casa. Acho que fazíamos mantas de lã. Aprendi até a usar a máquina de costura da minha mãe. Acho que eu gostava da repetição contínua e da regularidade meticulosa. Não era coisa de homem e, ao chegar à adolescência, esqueci rapidamente que um dia soubera fazer aquilo. Anos depois, no Nepal, precisávamos fazer capas para os sinos e tambores rituais que usávamos nas cerimônias monásticas e, novamente, comecei a costurar e me lembrei de que gostava de fazê-lo. Uma vez até fiz uma túnica longa.

Assim como muitas outras pessoas, às vezes acho que cozinhar pode ser uma dessas atividades naturais. Quem toca instrumentos musicais fala do grau de atenção total que é necessário. Meus amigos admiradores de donos de gatos me contam que se aninhar no sofá com um felino peludo gera um estado natural de meditação. Deve ser verdade, pois está cientificamente provado que estar perto de um gato baixa a pressão arterial!

Uma atividade que quase todos praticamos, de uma forma ou de outra, é a jardinagem. Seu jardim pode não passar de uma caixa na janela, alguns gerânios num vaso, ou algumas plantas domésticas. Contudo, precisam de um pouco de carinho e atenção. Precisam ser regados regularmente; é preciso retirar as folhas mortas; precisam de um pouco de alimento de vez em quando. Até cuidar de algumas plantas pode transformar-se numa bela meditação natural.

Quem passa muito tempo no jardim dá testemunho da atenção natural que a jardinagem requer. O que poderia requerer mais atenção natural do que capinar? Requer um longo período de atenção contínua. É preciso arrancar as ervas daninhas com cuidado: se puxar com muita força, ela se quebra nos seus dedos, deixando a raiz, que voltará a crescer e se espalhar. Cada tipo de mato precisa de técnicas diferentes e, às vezes, ferramentas. Ao capinar o jardim, precisamos prestar atenção em onde pisamos. Se nos movimentarmos muito em uma direção ou outra podemos esmagar plantas em crescimento.

Há muita alegria e paz interior na observação do desabrochar das flores. *Oh, olhe*, pensamos, reparando as flores novas e retirando as que estão prestes a virar semente. Na jardinagem, adquirimos conhecimentos e compreensão das diversas forças inter-relacionadas que produzem o milagre do crescimento. A jardinagem nos leva a amar e ter mais carinho. E o que poderia ser mais emocionante, sincero e espiritual que se ajoelhar num jardim ensolarado com a cabeça inclinada e as mãos na terra ao tentar cultivar os frutos da terra?

Já houve experiências que demonstraram que as plantas e os jardins ficam mais bonitos quando se conversa com eles e se reza por eles. Anos atrás conheci um bispo anglicano que cuidava de uma horta numa comunidade espiritual durante o verão. Ele tocava música para a horta. Se bem me lembro, ele dizia que as vagens gostavam de Mozart, que a abóbora preferia rock.

É claro que em alguns jardins não há plantas e, embora gostem de música, decididamente não precisam de água. Quando levei meus pais para visitar os famosos jardins de pedra e areia dos templos zen de Kyoto, no Japão, ambos exclamaram em uníssono: "Cadê o jardim, Jeffrey?" O que viram foi uma vasta área de areia branca e quatro ou cinco pedras agrupadas, quase aleatoriamente, numa parte do jardim. As pedras pareciam montanhas no mar da existência. Esse estilo famoso de jardim foi criado por um mestre zen uns 500 anos atrás; quando o vemos hoje, parece uma demonstração de arte moderna totalmente existencial e também oferece ao visitante um lembrete de que até as pedras fluem neste misterioso universo que às vezes chamamos de jardim de Deus.

Caminhar em qualquer jardim me faz lembrar do jardim original da humanidade. Não podemos regredir no tempo para aqueles momentos mitológicos, mas podemos retornar ao estado semelhante ao do Éden que existe dentro do nosso próprio ser. Um amigo meu tem um filho que já é adulto, mas quando tinha três anos disse à família que queria ser agricultor para poder ficar vendo as plantas crescerem. O que poderia ser mais sagrado, mais naturalmente meditativo? O povo do centro-oeste americano diz que no verão é possível ouvir o milho crescer. Como todo o resto deve estar silencioso!

Qual é o jardim da sua vida? O que você quer ver crescer e florescer? Pode ser um jardim normal, com terra e flores, ou talvez outra coisa. Certas pessoas entram nas pontas dos pés no quarto do filho à noite para vê-lo dormir. Os filhos dessas pessoas são, claramente, as flores que mais amam. É nos locais e nos modos de ser que mais amamos que encontramos nossa meditação natural. Há muita paz no cultivo e no plantio de todas as coisas que desejamos nutrir na vida, do trabalho à família.

A jardinagem ajuda-nos a perceber somática e visceralmente as leis do crescimento e da revelação gradual. Não podemos puxar as plantas para fazer com que cresçam, mas podemos ajudar, facilitar e partejar seu florescimento, cada uma à sua maneira, em sua própria época e estação. Aprendi um pouco a respeito da paciência e da humildade com meus jardins. É tão óbvio que não é algo que eu esteja fazendo que gera esse milagre! Também gosto de refletir e admirar a natureza requintadamente evanescente, transitória e pungente das plantas do jardim.

Cultivar um jardim é uma das melhores maneiras de crescer e cultivar nosso verdadeiro eu. Assim, todos os nossos aborrecimentos diários podem ser transformados em adubo no campo espiritual das flores bodhi do despertar. Tudo se torna útil e tem importância e propósito, independentemente de sua aparência para nós no momento, porque tudo são grãos para o moinho espiritual.

Se você ama o Darma, precisa cultivá-lo.

MEDITAÇÃO: CULTIVE A SI MESMO

Vá para um jardim
E fique simplesmente parado ali.
Inspire o ar, as fragrâncias,
a luz, a temperatura,
a música das diferentes plantas, insetos, pássaros, minhocas,

lagartas, gafanhotos e borboletas.
Inale o prana (energia cósmica) de todas essas coisas que crescem com abundância.
Recarregue suas baterias internas.
Essa é a alegria da meditação natural.

Respire, sorria e relaxe:
Produza alegria

*Sua respiração atenta e o seu sorriso trarão felicidade a você
e aos que estão à sua volta. Mesmo que gaste muito dinheiro
em presentes para todos... nada que lhes possa comprar
é capaz de proporcionar tanta felicidade verdadeira quanto
a sua dádiva da percepção, da respiração e do sorriso,
e esses preciosos presentes não custam nada.*

Mestre zen THICH NHAT HANH

Respire, sorria e relaxe.
Respire, sorria e relaxe.
Respire, sorria e relaxe.
Respire, sorria e relaxe.
Respire, sorria e relaxe.

Uma atividade natural tão simples. Respire, sorria e relaxe. Liberte-se. Experimente fazê-lo cinco vezes. Dez. Vinte. Faça isso sempre que tiver alguns segundos livres. Faça-o quando estiver se dirigindo ao bebedouro ou no elevador. Faça-o quando estiver em pé no metrô lotado ou voltando a pé do trabalho para casa. Faça-o quando estiver parado no sinal vermelho ou esperando a lavadora terminar o último ciclo de centrifugação. Em vez de ler manchetes de tablóides enquanto está na fila do supermercado, respire, sorria, relaxe e desapegue-se.

Essa meditação natural ajuda-nos de diversas formas. É uma técnica rápida de nos lembrar de relaxar, estar atentos, ser autênticos, alegres, presentes e nos conectar aos outros.

Uma história zen de que sempre gostei muito fala de Hotei, um mestre zen chinês que muitos chamam de Buda Feliz. Todos já vimos estatuetas de Hotei. Geralmente ele é representado como um sujeito rechonchudo e sorridente que carrega um saco enorme no ombro. Em vários aspectos, pode ser definido como o Papai Noel asiático.

Durante sua vida, Hotei caminhava pelas ruas carregando um saco enorme de doces, frutas e outras guloseimas. As crianças corriam para perto dele e ele baixava o saco para dele tirar presentes para quem pedisse.

Embora muitos o considerassem um mestre zen, ele não tinha inclinações para lecionar formalmente. Paul Reps conta a seguinte história sobre Hotei em sua maravilhosa coleção de histórias zen, *Zen Flesh, Zen Bones:*

"Sempre que encontrava um devoto zen, ele estendia a mão e dizia:

– Dê-me uma moeda.

E se alguém lhe pedia que voltasse ao templo para lecionar, ele voltava a responder:

– Dê-me uma moeda.

Uma vez, quando ele estava em sua atividade de brincadeira-trabalho, apareceu um outro mestre zen que lhe perguntou:

– Qual é a importância do zen?

Hotei imediatamente pôs o saco no chão em silêncio.

– Então – perguntou o outro –, qual é a realização do zen?

O chinês feliz de imediato voltou a colocar o saco no ombro e prosseguiu em seu caminho."

Ser feliz e jovial é uma dádiva maravilhosa que podemos dar a nós mesmos e também a todos os que encontramos. Quando cheguei à Índia, uma das coisas que mais me impressionou nos mestres espirituais foi seu semblante feliz. Muitos deles haviam passado por grandes privações, eram refugiados, ou tinham doenças graves, contudo sorriam, riam e tinham uma agudo senso de humor o tempo todo. Até hoje, quando vejo o sorriso no rosto de alguém como o Dalai Lama, automaticamente sinto vontade de retribuir o sorriso. Eis uma meditação que o ajudará a sorrir como um Buda.

BUDA SORRIDENTE/MEDITAÇÃO
IOGUE DO SORRISO

Sente-se, relaxe.
Respire e sorria.
Seja feliz, esteja tranqüilo
Vamos praticar a ioga do sorriso.
Sorria. Sorria ainda mais. Sorria como se estivesse iluminado.
Feliz, alegre, deleitado,
Uma pessoa feliz acampada na praia do mar brilhante do nirvana.
Sorria. Mostre os dentes. Seja bobo
Inspirando. Relaxe o espírito.
Expirando, sorria, sorria,
E sorria
Budas divertem-se mais.
Então tente parecer o mais iluminado possível.
Por que fingir que é infeliz, atormentado, desgraçado?
Já que todos fingimos mesmo,
Por que não fingir que está feliz para variar?
Experimente a sensação.
Tente mostrar-se e agir como se fosse totalmente iluminado.
Qual você gostaria que fosse sua aparência?
Livre, alegre, brilhante e animado.
Glorioso, irradiante, pacífico.
Perfeitamente satisfeito e realizado.
Totalmente evoluído.
Buda desperto.
Seja Buda.
Você também pode fazê-lo.
Seja Buda.
Você-da.
Torne-se repleto de Buda.
Sorria loucamente, vire a cabeça para cima, eleve o espírito.
Deixe a mente desfraudar-se e o coração se elevar.
Volte o seu rosto sorridente para o céu,
Aberto às bênçãos, à aceitação amorosa e ao perdão.
Aparente o mais iluminado que lhe for possível.
Sorria feliz.

Por que não ser feliz?
Deixe a alegria acontecer.
Não se feche.
Esteja "presente" agora.
Seja feliz. Seja tranqüilo. Seja íntegro, completo, luminoso;
Fique à vontade diante da sua própria lareira
Um Buda ocidental caseiro cultivado organicamente
  para consumo local.
Campo búdico natural.
Sorria, Buda caseiro.
Divirta-se.
Seja você mesmo, o seu verdadeiro eu.
Desfrute. Você merece.
Seja feliz.
Tenha fartura de Buda
Seja feliz
Seja lindo
Você é.

Escreva um haicai

No Budismo Zen, a poesia e a prática sempre caminham juntas.

THICH NHAT HANH

Sempre adorei os poemas curtos conhecidos como haicai. Tradicionalmente, o haicai japonês tem três linhas de 17 sílabas, e em geral invoca algum aspecto da natureza ou do mundo físico no presente momento. Muitos dizem que é a mais elegante forma de poesia, e eu concordo.

Ao escrever um haicai, tentamos não acrescentar nada à fotografia em palavras que estamos criando. Nem emoção, nem crítica, nem interpretação. O haicai é o instantâneo de um momento; dessa forma, captura um momento da realidade. É fantástico porque apresenta um retrato do que é, simplesmente como é.

O mais famoso poeta do haicai é Basho, que viveu no século XVII. O seguinte haicai de Basho talvez seja o mais famoso do mundo:

> *Velho lago*
> *Sapo mergulha*
> *Plop!*

Ao ler esse haicai, criamos na mente uma imagem do lago. É expressivo, lindo e simples. Se estivermos à beira do lago e atentos naquele momento, ouviremos o som do sapo batendo na água – nada mais e nada menos. Se estivermos à beira do lago perdidos em pensamentos e no caos da nossa vida, vamos deixar esse momento passar. Vamos perder a compensação, vamos perder o "plop". Dr. R. H. Blyth, uma das primeiras autoridades inglesas em haicai e literatura zen, definia o haicai da seguinte maneira:

"É um modo de retornar à natureza, a nossa natureza lunar, a nossa natureza de flor de cerejeira, a nossa natureza de folha que cai; em resumo, à nossa natureza búdica." E isso, naturalmente, é a definição final de simplicidade. A pura natureza espiritual inata é a simplicidade natural de cada um.

O haicai é uma maneira criativa, e também natural e espontânea, de simplificar e essencializar o confuso processo do pensamento. É um método agradável e comprovado de concentrar-se no momento. Os poetas modernos do haicai, principalmente no Ocidente, normalmente retêm a estrutura de três linhas, mas são muito menos rigorosos no tocante ao número de sílabas que se pode usar. Então, ao escrever um haicai, não se preocupe, ninguém vai contar as sílabas.

Agora mesmo, respire profunda e tranqüilamente, inspire e expire. Concentre-se no momento. O que está acontecendo à sua volta neste momento? Habite o momento compondo um haicai. Por exemplo, estou em casa num lindo dia de outono. Em frente à janela há um grupo de corvos. Eis um haicai espontâneo do momento presente:

> *Do alto das árvores*
> *Corvos de outono*
> *jogam amoras no carro branco.*

Quando pedi a um amigo, ele me deu mais um haicai do momento presente:

> *Um gato laranja caminha*
> *em linha reta*
> *rumo ao sol.*

Um outro amigo, que ligou do telefone do carro, me ofereceu espontaneamente mais um haicai que capturava um momento de frustração em sua vida:

> *Dia frio*
> *sopa quente*
> *sem colher*

Uma vez, acampado no Nepal, escrevi o seguinte haicai:

> *Rolo de papel higiênico*
> *caindo na latrina*
> *Eca!*

Recentemente vi alguns haicais engraçadíssimos circulando pela Internet. Como era de se imaginar, a maioria fala de tensão ao computador. Por exemplo:

> *Sem luz*
> *Sem e-mail*
> *O que fazer?*

ou

> *Trabalho acidentalmente apagado*
> *novamente perdido*
> *Um novo início.*

Os grandes mestres do haicai escreviam sobre a poesia da vida em todos os seus aspectos mais corriqueiros. Escreviam sobre pulgas, moscas, bosta de cavalo, ou seja, não somente sobre flores. Issa, o grande mestre do haicai que viveu de 1763 a 1827, escreveu centenas de haicais sobre insetos. Era sempre muito engraçado e às vezes inequivocamente sarcástico. Issa era budista e respeitava a natureza búdica de todos os seres. O seguinte haicai demonstra sua sensibilidade a um pardalzinho:

> *Passarinho*
> *Saia do caminho, saia do caminho!*
> *Lá vêm os garanhões.*

Eis mais um exemplo de haicai do humano Issa:

> *Não se preocupem, aranhas*
> *Eu limpo a casa*
> *sem cerimônia.*

O haicai é uma forma natural de meditação que nos conecta com o "agora" da vida. Você pode recorrer a ele para capturar um momento de tristeza, de alegria, de beleza ou até de mera banalidade.

Experimente agora mesmo e veja como ele o liga ao momento. Descreva este momento num haicai. Abra-se diretamente ao momento. Cada momento é breve, mas contém dentro de si o universo inteiro.

> *Crianças fazendo de conta que são alcatrazes*
> *Ainda mais maravilhosas*
> *que os alcatrazes.*
> ISSA

IOGA DO SONHO

*Num sonho, podemos inicialmente achar que tudo
é concreto, mas, subitamente, lembramos que é um sonho.
Quando você tem um sonho lúcido, sabe que está sonhando
e que é irreal. Sabe que está num estado de irrealidade. Depois
de ter essa experiência, você também pode fazer descobertas
sobre sua vida cotidiana, assim como sobre
os seus maiores apegos.*

NAMKHAI NORBU RINPOCHE

Você já passou pela experiência de estar suficientemente desperto no sonho para saber que ainda está dormindo? Nessas experiências, somos surpreendidos no melodrama do sonho, mas, por um momento ou um pouco mais, podemos ter a visão dupla do que está acontecendo. Somos os sonhadores, mas também temos a visão divina do sonho, olhando para nós mesmos.

Na psicologia ocidental, isso se chama "sonho lúcido" e existem diversos métodos e técnicas que nos ajudam a despertar dentro dos sonhos. Carlos Castañeda escreveu a respeito de seu mentor xamanista instruindo-o a tentar encontrar a mão direita no sonho para ter um ponto de referência que o ajudasse a perceber que estava sonhando.

Geralmente temos consciência de que está acontecendo no sonho alguma coisa que não sabemos explicar direito. Algumas pessoas têm sonhos telepáticos, nos quais sabem o que os entes queridos estão fazendo ou pensando a quilômetros de distância. Tenho uma amiga que diz ter recebido mensagens claras em sonhos, como "Ligue para a sua mãe; ela está passando mal". Essas mensagens geralmente têm precisão suficiente para fazer com que ela preste atenção.

Algumas pessoas têm sonhos proféticos sobre eventos que acontecem realmente. Li que Lincoln teve um sonho antes de ser assassinado. Muita gente me contou sobre mensagens que recebeu de um parente morto e que pareciam ser importantíssimas. Os aborígines australianos têm uma noção de tempo onírico, no qual os mortos fazem contato com os vivos por intermédio dos sonhos.

Uma vez, no nosso mosteiro da França, tive muitos sonhos com o meu falecido mestre, o Décimo Sexto Karmapa. Quase todas as noites ele me visitava nos sonhos, mostrando seu rosto sorridente e me transmitindo ensinamentos e iniciações. Certa noite ele me transmitiu ensinamentos complicados sobre as 81 instruções orais especiais e secretas do dakini, e também passou o sino e o "vajra" (cetro de diamante) das mãos dele para as minhas, como símbolo da transferência de sabedoria e compaixão, no estilo das iniciações. Segurei-os nas mãos e ele se dissolveu dentro de mim, e eu vivenciei uma grande sensação de êxtase e unidade. Foi uma experiência maravilhosa. No sonho, coloquei o sino e o cetro perto do meu assento de meditação, onde eu meditava o dia inteiro.

De manhã, quando acordei, eu estava empolgado e fui falar com meu mestre, Nyoshul Khenpo. Geralmente, quando eu lhe contava esse tipo de coisas, ele dizia: "Ah, foi só um sonho." Mas, dessa vez, acho que ele se deixou influenciar pela minha empolgação, pois me pediu que lhe contasse os mínimos detalhes. Depois ele disse: "Então, quais eram os 81 ensinamentos orais secretos do Dakini e onde estão o sino e o cetro do Karmapa?"

E eu tive de responder: "Não me lembro e não estão comigo."

Ele levantou as mãos... então, o que fazer? Mais tarde, depois de conversarmos mais sobre o assunto, Khenpo disse que havia histórias de lamas que descobriam ensinamentos místicos secretos em sonhos. Em certas ocasiões, tinham até provas físicas em apoio às afirmações com relação ao que haviam recebido em sonhos e visões. Em alguns casos, os lamas recebiam as escrituras sagradas em papel-arroz antigo, bem como em forma de estátuas, ou instruções para ir a um local específico para constatar as afirmações.

Esses sonhos nos quais recebemos visitas durante o sono são sonhos abençoados. Estamos recebendo amor e apoio, geralmente de alguém que gostamos ou que gosta de nós. Parecem reais quando estão acontecendo, e talvez o sejam. Geralmente nos lembramos desses sonhos.

Se pretendermos levar o sagrado e a prática espiritual a todos os aspectos da nossa vida, temos de levar em conta quanto da vida passamos dormindo – mais ou menos 30% para a maioria das pessoas. Já que a essência do budismo é o despertar, que melhor hora haveria para praticá-lo do que quando estamos dormindo profundamente? No Tibete existe a rara ioga do sonho; dessa forma, os adeptos aproveitam até o sono para estar despertos. Os tibetanos o chamam de "agarrar o sonho". Isso significa que nos tornamos mestres da vida onírica, que compreendemos o fato de estarmos sonhando mesmo quando ainda estamos dormindo. Somos mestres das nossas projeções, e não vítimas delas.

Veja como fazemos:

À noite, antes de ir dormir, pare um minuto e cristalize sua intenção de "agarrar" o sonho. Afirme essas intenções por meio de um cântico:

Pelo bem e pelo bem-estar do mundo
E pelo despertar espiritual
Que eu agarre meus sonhos e desperte dentro deles
E compreenda a verdadeira natureza da mente e de todas
   as coisas.

Entoe diversas vezes, até sentir que a intenção está clara.

Depois, prepare-se para dormir. Deite-se. Relaxe. Inspire e expire tranqüilamente. Esteja tranqüilo. Fique calmo. Esteja alegre e feliz. Você vai dormir. Você vai descansar.

Ao fechar os olhos, olhe para a tremulante luz negra ou escura que há por trás das pálpebras.

Em seguida, visualize a sílaba *Aah*.

Na prática Dzogchen, nós visualizamos o símbolo 🕉, que se pronuncia *Aah*.

Imagine que esse *Aah* está escrito em letras brancas brilhantes, resplandecentes, bem diante dos seus olhos.

Concentre-se no *Aah*. Focalize-o.
Depois, permita-se entrar gradualmente nessa luz.
Ao cair no sono, dissolva-se gradualmente dentro do *Aah*.
Entre na luz interior e desperte espontaneamente na luz perfeita, clara, luminosa do sonho.

Reme, reme, reme o seu barco, suavenente rio abaixo.
Alegremente, alegremente, alegremente
A vida não passa de um sonho.

Procurando um silêncio mais profundo

Não há necessidade de ir à Índia ou a lugar nenhum para encontrar a paz.
Você encontrará esse local de silêncio profundo bem no seu quarto, no jardim ou até na banheira.

ELISABETH KÜBLER-ROSS

O que poderia ser mais natural que o silêncio? O que poderia ser mais sagrado? O que poderia ser mais simples? O silêncio é a linguagem universal da alma. O verdadeiro silêncio interior não é poluído pelas ansiedades, pelas preocupações e as privações habituais, pela barulhenta estática interna, por insinuações ou segundas intenções. O silêncio interior fala diretamente à paz interior, que está além do dualismo do barulho e da quietude. Questionar o propósito do silêncio é como perguntar qual é a finalidade do ar puro, pois ninguém pode viver sem ao menos um pouco de ar.

Muitas das qualidades que atribuímos ao divino espírito do amor ou presença sagrada exprimem o mais verdadeiro e mais sagrado silêncio. O silêncio divino é receptivo, acrítico, magnânimo, liberal e tem coração enorme. O silêncio divino implica a capacidade de ouvir, escutar e amar. Quando nos comunicamos com o sagrado, quer o consideremos uma presença interna ou externa, essas são as qualidades das quais temos certeza. São essas as qualidades que procuramos nutrir em nós mesmos ao cultivar o que temos de sagrado no nosso interior.

A Sociedade dos Amigos, conhecida como quacres, acredita que o silêncio contém todas as respostas. No silêncio encontram Deus;

no silêncio encontram amor, verdade, comunidade e toda a orientação e significado de que precisam. No silêncio encontram a sabedoria divina. Existe uma história antiga e verídica sobre um grupo de quacres que se reunia para seu culto de silêncio quando os Estados Unidos ainda eram um grupo de colônias. De repente, alguns índios irados invadiram a reunião. Ninguém na congregação se moveu e os quacres prosseguiram na reunião silenciosa. Os índios ficaram tão impressionados e comovidos com o espírito do silêncio que, em vez de enfrentar o grupo com hostilidade, sentaram-se e uniram-se aos quacres no silêncio sagrado.

Tenho muitos alunos e amigos quacres. Alguns anos atrás, alguns me convidaram para visitar com eles um grupo de presidiários de uma penitenciária no norte do estado de Nova York. Faz parte do ministério quacre visitar prisões e ensinar o método do silêncio à população carcerária. Quando estive lá com eles, fiquei tremendamente comovido com os prisioneiros que falaram do poder do silêncio e de sua capacidade de gerar transformação e cura espirituais.

No budismo tibetano existe um quadro famoso do extraordinário iogue Milarepa, que viveu muitos anos em retiro silencioso. Ele é sempre retratado sentado no chão do lado de fora de sua caverna no Himalaia, com a mão em concha no ouvido. Milarepa, que compôs centenas de canções de devoção, está ouvindo o som celestial do silêncio, de onde provêm seus poemas de improviso sobre a iluminação. Ao fazer silêncio e escutar, escutar realmente, ele se tornou uma espécie de flauta na qual se podiam tocar aquelas lindas notas. Isso me traz à lembrança um belo hino tradicional que ouvi: "Sobre a cabeça, ouço música no ar, deve existir um Deus em algum lugar."

O grande sábio indiano, já falecido, Meher Baba passou toda a vida adulta em silêncio. Ele usava um quadro-negro e apontava para as letras. Embora tivesse feito voto de silêncio, realizou um trabalho incrível nas instituições psiquiátricas de Bombaim na primeira metade do século XX. Como ele conseguia se comunicar com pessoas que se acotovelavam nas piores condições possíveis? Como conseguiu realizar tal obra sem falar? Contudo, realizou.

Muitos monges e freiras cristãos fazem voto de silêncio. Uma vez fui com o Dalai Lama visitar o mosteiro Grand Chartreuse na

França. Foi o local mais silencioso onde já estive. O abade recebeu o Dalai Lama no portão e só ele teve permissão para entrar naquele mosteiro onde os monges enclausurados viviam em silêncio. Mesmo do lado de fora dos portões, nós sentíamos os séculos de silêncio que pairavam sobre aquele vale silvestre. O silêncio contemplativo parecia envolver e abençoar cada molécula da atmosfera.

Na maior parte do tempo estamos cercados de som. Conheço pessoas que nunca desligam a televisão ou o rádio. Mantêm esses aparelhos ligados para lhes fazer companhia. E falamos tanto uns com os outros, conosco mesmos, com nossos animais de estimação. Falamos até dormindo. Será que a narrativa interior não pára nunca? Não seria bom ter um intervalo ou criar um intencionalmente? Não seria maravilhoso poder ficar tão silencioso, tão quieto, tão parado que pudéssemos ouvir a presença sagrada?

O silêncio sempre foi uma prática espiritual. Na Índia existe uma seita de iogues silenciosos chamada "Mauni Babas". A palavra "mauni" significa silêncio, e para esses iogues esse silêncio é a atividade essencial. Uma vez perguntei a um deles, cujo nome também era Mauni Baba, por que fazia silêncio. Em resposta, ele apontou para um discípulo, um adolescente que ainda não tinha feito o voto de silêncio.

Ele me disse que Mauni Baba só conversa com Deus. Eu perguntei:

– E as pessoas, e os pássaros, e os animais?

O garoto disse que Mauni Baba tinha aprendido tão bem a falar com Deus que, para ele, falar com qualquer pessoa era como falar com Deus... em silêncio. Isso me lembrou Surdas, o poeta cego indiano do século XVI, cujo nome me foi dado pelo meu primeiro guru, Neem Karoli Baba. A devoção de Surdas era tão completa que diziam que ele era cego para tudo menos para Deus. Ele vivia em vigília silenciosa de visão interior.

As práticas como a do silêncio ajudam os santos a se concentrar mais intensamente no caminho espiritual e ao seu significado, ao qual dedicam a vida. Quando os Mauni Babas da Índia, por exemplo, param de falar, estão intencionalmente limitando a concentração para intensificar a devoção. Mais tarde, expandem o foco para poder falar com o Deus que há dentro de todos empregando a linguagem não verbal universal do coração e da alma. As preces são ouvidas em todas as línguas. O espírito divino do amor ouve o silêncio da nossa sinceridade e das nossas intenções, independentemente dos ruídos e das festas que façamos.

A única qualidade que distingue os grandes profetas de todos os tempos é sua capacidade de ouvir e escutar a presença divina ou sagrada. Rumi escreveu: "Deus disse de Maomé: Ele é uma orelha."

CRIANDO UMA PRÁTICA DE SILÊNCIO

> O silêncio é verdadeiro; silêncio é graça,
> O silêncio é de ouro
> Silêncio é medicinal,
> Silêncio cura
> Silêncio é real.
> Está dentro de você.

O silêncio é uma prática natural de atenção plena que tem suas raízes na antiga disciplina monástica. O silêncio, uma forma de jejum interior, é um modo antiqüíssimo de ouvir sua própria verdade. O silêncio não é maçante e não é solitário. Não tenha medo dele. Qualquer pessoa que já morou ou trabalhou, mesmo que por pouco tempo, perto de um canteiro de obras sabe que é uma bênção quando o barulho pára.

O silêncio nos ensina a deter nosso próprio ruído. Jejuar ou privar um dos sentidos faz com que ele se torne muito mais sensível e aguçado. Sei que quando eu estive em retiro e passei seis meses em silêncio fiquei muito mais sensível às pessoas à minha volta. Parecia possível adivinhar o estado de espírito da pessoa pelo modo como pisava além da porta com as sandálias. Fiquei chocado com a quantidade de linguagens e comunicações que existiam. O silêncio nos ensina a ouvir; ajuda-nos a desenvolver a percepção; ajuda-nos a ver e sentir. Deixa-nos tão sensíveis às vibrações à nossa volta quanto um diapasão.

No budismo, a prática do silêncio intencional chama-se Nobre Silêncio, e alguns monges e monjas passam dias, semanas, meses e até anos praticando o Nobre Silêncio. Você pode começar a desfrutar as vantagens do Nobre Silêncio reservando períodos de tempo regulares para praticar seus próprios retiros silenciosos. Acredite, você pode obter vários benefícios miraculosos do silêncio sem se comprometer durante períodos de tempo muito longos. Um intervalo silencioso na hora do almoço ou à tarde uma vez por semana, por exemplo, pode fazer muito para ajudá-lo a entrar em contato com o seu silêncio mais profundo e a sua paz interior.

Quando fazemos voto de silêncio, mesmo que seja por um curto período de tempo, estamos concordando com o seguinte:

- *não falar.*
- *não ouvir rádio nem ver televisão.*
- *não gesticular nem fazer linguagem de sinais.*
- *não fazer contato com os olhos para enviar mensagens.*
- *não escrever bilhetes, cartas nem e-mails.*
- *não ler.*

Uma instrução geral para a prática do silêncio é "Não entra nem sai". Existe, é claro, uma grande quantidade de entrada e saída de dados à nossa volta que não podemos interromper, mas o Nobre Silêncio limita as entradas e saídas habituais que nós mesmos geramos. Dessa forma, podemos começar a ouvir e a escutar num nível mais profundo. Rumi disse:

> *Feche a porta da linguagem e abra a janela do amor,*
> *a lua não usará a porta, só a janela.*

Desligue o telefone e experimente fazer um voto de silêncio de apenas uma hora. É uma atividade maravilhosamente contemplativa durante um passeio pela floresta ou pela praia. Comece com uma hora, depois amplie para períodos mais longos. Passe uma manhã, uma tarde ou até um fim de semana em silêncio.

Gosto de iniciar períodos de silêncio com um banho, ou simplesmente lavando o rosto. Esse símbolo de purificação exterior é um meio de nos lembrar que estamos iniciando uma prática espiritual. Durante os períodos de Nobre Silêncio, tente dar um descanso ao ego. Não alimente seus diálogos interiores – os rosários de "ele disse, ela disse" – nem dissipe sua energia sagrada contando a si mesmo histórias sobre a vida. Simplesmente relaxe e desfrute o presente. Tenha pensamentos positivos. Relaxe e deixe o silêncio crescer. Não tenha idéias nem faça juízos negativos das pessoas ou da vida.

Permita que o silêncio se revele. Confie na sabedoria da sua voz interior. Deixe os refletores da percepção se aprofundarem. Ouça e esteja aberto para o que já existe. Tenha fé e creia que há muitas dádivas ao seu redor – muita beleza, muito esplendor, muita música. Nem sempre precisamos criar estímulos artificiais. Ouça o som do silêncio – a música das esferas celestiais.

> *Ninguém consegue ver seu reflexo na água corrente, somente na água parada. Só o que é imóvel em si pode imobilizar quem busca a imobilidade.*
>
> CHUANG TZU

Viva no agora – agora ou nunca

Viver no agora é uma prática natural, porque o momento presente é o estado natural. Estamos sempre no agora, mesmo quando não o sabemos totalmente. Quando estamos recordando o passado, onde isso acontece senão no agora, por intermédio da percepção do presente? Quando estamos pensando no futuro, estamos fazendo planos e pensando agora. Estamos sempre no presente, por mais distraídos que estejamos.

Retornar ao presente e manter essa percepção é como um retorno a nós mesmos. É claro que, assim como nunca fomos outra pessoa, nunca estivemos em outro lugar. Mas perdemos contato e esquecemos. Contudo, é sempre agora. Agora ou nunca. Este é o nosso refúgio sadio no tempo chamado agora mesmo. É onde realmente estamos, não importam as histórias que contamos a nós mesmos. É por isso que é um alívio tão grande apoiar-se simplesmente no presente, como estamos fazendo agora. Abrir-se para o milagre do momento presente é um presente que damos a nós mesmos.

Sempre achei interessante e engraçado que em tibetano usa-se a mesma palavra para um éon e para um instante. A eternidade, que é o sagrado, está neste momento tão fugidio. Vivenciamos o infinito em cada coisa finita, em cada momento finito. Quanto mais livres nos tornamos dos grilhões do passado e do futuro, mais capacitados nos tornamos para saborear a eternidade deste instante.

Não faz muito tempo, visitei Kathmandu pela primeira vez depois de uns doze anos. Percebi que ocorreram muitas mudanças. Os novos projetos urbanos mostraram sua cara feia na forma de prédios de concreto cinzentos e quadrados repletos de refugiados do Tibete e do Nepal. Os arrozais ao redor do campo de refugiados tibetanos em Bodhanath, anteriormente inundados de água e de brotos de arroz, estavam agora repletos de mosteiros e incontáveis casinhas de tijolo e cimento. A poluição da água e do ar era palpável. O nível de ruídos me irritava.

Certo dia, eu e uma amiga francesa fizemos um intervalo nos rituais em que estávamos envolvidos por uma semana no mosteiro; queríamos sair para comprar Budas, sedas e outros presentes para levar conosco para casa. Resolvemos visitar a velha cidade de Kathmandu, onde havíamos passado tanto tempo na década de 1970.

Passamos pelo bazar cheio de turistas chamado Freak Street e seguimos na direção do rio para ver se ainda estava igual. Encontramos o velho crematório hindu e o templo à margem do rio com uma velha árvore altíssima ainda lá, suas raízes emaranhadas ainda à mostra perto de onde uma ponte suspensa para pedestres atravessava o rio. Kathmandu ainda estava reconhecível, mas tão repleta de construções que não conseguimos encontrar alguns dos antigos hotéis e pensões baratos que havíamos freqüentado em outra época. A Pie and Chai Shop, loja originalmente freqüentada pelos hippies, ainda existia, mas não encontramos mais o *Inn Eden*. Em seu lugar estava o prédio de tijolo e cimento de um hotel, ainda em construção nos andares mais altos. O saguão e os andares mais baixos, enquanto isso, já estavam em funcionamento. Certas coisas não mudam nunca.

Caminhando perto do rio e depois subindo a Viela dos Porcos, que era o caminho percorrido pelos criadores de porcos até o rio para beber água, vender e abater os porcos, voltamos na direção de Kathmandu. Passamos perto de uma velha fonte com um poço, onde as mulheres nepalesas com seus saris ainda lavavam as roupas à maneira tradicional, batendo-as nas pedras e pendurando-as para secar ao sol nos muros de pedra próximos, nos galhos das árvores e nas cercas. E, em seguida, paramos.

Ficamos parados lá, de olhos arregalados, esticando o pescoço e olhando ao redor à procura das casas, de dois e de três andares, de madeira, taipa, tijolo e sapê onde nos hospedávamos na Viela dos Porcos a mais ou menos uma quadra do rio. Estávamos recordando e brincando quando minha amiga começou a chorar, com saudades dos velhos tempos e da nossa juventude há tanto tempo perdida, juntamente com sonhos que tivera aos vinte anos. Devíamos estar falando alto para que um pudesse ouvir o outro por cima do burburinho habitual da Viela dos Porcos, pois se abriu de repente uma janela com persiana do segundo andar de um prédio de apartamentos de cinco andares que agora estava exatamente no local onde ficava nosso antigo alojamento. Um monge budista de túnica amarela, a cabeça raspada para fora da janela, gritou para nós: "Vivam no presente!" Enfiou a cabeça novamente para dentro e as persianas de madeira voltaram a fechar-se com um estrondo. Foi um lembrete oportuno.

John Ruskin foi um sociólogo do século XIX que estava tão avançado para seu tempo que propôs reformas sociais como pensões de aposentadoria e educação pública em 1865. Ele tinha na mesa uma pedra onde estava gravada a palavra *Hoje*. Tente criar uma palavra, um slogan, um mantra para si mesmo que o ajude a recuperar a alegria de estar onde está agora. Coloque-a onde a veja sempre, como um lembrete.

William Stafford foi um famoso poeta e pacifista americano que morreu em 1993. Na manhã do dia em que morreu, ele escreveu um poema que continha o verso "Esteja pronto para o que Deus enviar". Mantenho o poema de William Stafford no quadro de avisos do meu escritório para me lembrar de permanecer atento e desperto, aberto ao milagre e à santidade do momento presente.

SIM

Poderia acontecer a qualquer momento, tornado,
terremoto, apocalipse. Poderia acontecer.
Ou o brilho do sol, amor, salvação.

Você sabe que poderia. É por isso que despertamos
e tomamos cuidado – não há garantias
nesta vida.

Mas há prêmios, como a manhã,
como o agora, como o meio-dia,
como o anoitecer.

Epílogo

Por tudo o que foi, obrigado.
Por tudo o que será, sim.

DAG HAMMARSKJÖLD

Quando cheguei à Índia em 1971, recém-formado na faculdade, eu não estava sozinho na minha procura da sabedoria espiritual e das doutrinas do Oriente. Na verdade, eu fazia parte de uma onda; a partir da década de 1950, muitos ocidentais, homens e mulheres, velhos e jovens, haviam viajado para o atemporal Oriente, voltando no tempo e no espaço, à procura de sentido e de renovação espiritual.

Na primeira vez que entrei num centro budista de meditação na Índia em 1971, fiquei maravilhado. A sensação de paz e silêncio foi espantosa. Daria para cortá-la com uma faca – ou era o que me parecia. A profundidade daquela sensação de serenidade dentro da minha própria lama era inegável; era palpável. Eu sabia. Eu sentia. Nada era mais real para mim.

Eu sabia que queria aquele tipo de paz interior e que precisava dela. Não foi uma decisão consciente. Ficou perfeitamente óbvio para mim naquele momento – uma conclusão prévia de que eu havia voltado para casa, espiritualmente falando. Não havia outro lugar aonde ir, nada mais a fazer. Eu ainda não havia conhecido meu guru, contudo aquele era o início da minha jornada formal, da minha educação espiritual. Eu tinha, súbita e inconscientemente, elevado o grau do que desejava. Eu queria a iluminação; não só a elevação, mas a libertação. Era essa a paixão, o amor da minha vida.

Naquela época eu não havia me preocupado muito com o papel que eu ou meus companheiros de viagem teriam no fechamento do círculo ao trazer esses ensinamentos de volta para o Ocidente. Agora penso sempre nisso. Percebi que todos somos buscadores, caminhantes espirituais. Todos temos o DNA espiritual; sabedoria e verdade fazem parte da nossa estrutura genética, mesmo que nem sempre tenhamos acesso a ela. Todos somos um espírito vivo, incorporado em forma mental.

Quando paramos para pensar nisso, percebemos que algumas das nossas mais profundas raízes espirituais estão plantadas em outras partes deste planeta. A cultura ocidental propriamente dita iniciou sua jornada rumo aos tempos modernos em sua terra natal no Oriente Médio. Nossos ancestrais iniciaram suas viagens rumo ao Ocidente pelo Mediterrâneo até o norte da Europa e atravessaram o Atlântico. Hoje parece apropriado que, mesmo ao continuar seguindo em frente no tempo, muitos estão voltando atrás para descobrir meios de integrar à vida a sabedoria eterna do Oriente, seja qual for sua denominação espiritual ou a religião da família.

Todos percebemos que há uma grande fome espiritual atualmente, fome de sentido e de valores humanos. Estima-se que 98% dos americanos crêem em Deus; 90% rezam regularmente. O renovado interesse público por todas as formas de espiritualidade, onde quer que se encontre, é uma expressão natural do nosso anseio comum de liberdade e verdade, de paz interior, alegria e realização.

Rogo e espero que esta conversa pública, tão pertinente aos tempos atuais, tão loucos, velozes e confusos, ajude a transformar a atmosfera da espiritualidade de hoje, infundindo-lhe a luz, a brisa fresca da eterna sabedoria budista unida à compaixão sincera e ao espírito de serviço desinteressado e de altruísmo. Espero que estes ensinamentos possam ajudá-lo, leitor, a descobrir sua própria verdade e sabedoria interiores, despertando-o para o inesgotável amor e a incandescência interior sem entraves que é sua verdadeira natureza espiritual.

Desejo e rezo para que este estilo de doutrina espiritual pós-denominacional e ativismo socioespiritual possa ajudar nossa sociedade, nossos jovens e as gerações futuras a encontrarem mais inspiração espiritual e intelectual, orientação moral, sabedoria e bênçãos divinas. Espero que facilite seu desabrochar pessoal e espiritual e contribua para um mundo sem violência e mais pacífico, sadio e seguro.

SURYA DAS
Concord, Massachusetts
Janeiro de 1999

LEITURAS RECOMENDADAS

Criar sua própria vida espiritual do nada significa, entre outras coisas, que você deverá decidir sozinho quais os livros, fitas e CDs que falam diretamente ao seu espírito. Eis alguns que falam ao meu – como se eu conhecesse os próprios autores. Acho tão inspiradora, edificante e agradável a companhia desses mestres espirituais que não resisto à tentação de encaminhar vocês à porta deles. Um bom livro – o livro certo, no lugar certo e na hora certa – já transformou muitas vidas.

Agora existe, em todo o país, um bom número de livrarias especializadas em livros espirituais. Reserve um tempo para folhear livros nessas livrarias, ou faça-o na Internet. Descobri que uma das melhores maneiras de pesquisar a disponibilidade de livros é folhear os catálogos de livrarias especializadas em assuntos espirituais.

Livros

(Muitos dos títulos abaixo também estão disponíveis em áudio.)

Peace Is Every Step: The Path of Mindfulness in Everyday Life. [*Paz a cada passo.* Editora Rocco.] Thich Nhat Hanh. Nova York: Bantam Books, 1991.

The Long Road Turns to Joy: A Guide to Walking Meditation. Thich Nhat Hanh. Berkeley, CA: Parallex Press, 1996.

Insight Meditation: The Practice of Freedom. Joseph Goldstein. Boston: Shambhala Publications, 1993.

Zen Flesh, Zen Bones. Paul Reps, Nyogen Senzaki, Boston: Charles E. Tuttle, 1998.

The Healing Power of Mind. Tulku Thondup. Boston: Shambhala Publications, 1996.

Rainbow Painting. Tulku Urgyen Rinpoche. Boudhanath, Hong Kong: Rangjung Yeshe Publications, 1995.

The Tibetan Book of Living and Dying. Sogyal Rinpoche. San Francisco: Harper San Francisco, 1992.

Lovingkindness: The Revolutionary Art of Happiness. Sharon Salzberg. Boston: Shambhala Publications, 1995.

Zen Mind, Beginner's Mind. Shunryu Suzuki. Nova York: Weatherhill, 1994.

I Am That: Talks with Sri Nisargadatta. Maharaj Nisargadatta. Nova York: Aperture, 1990.

Going to Pieces Without Falling Apart: A Buddhist Perspective on Wholeness. Mark Epstein. Nova York: Broadway Books, 1998.

Nothing Special: Living Zen, Charlotte Joko Beck, Steve Smith (org.). San Francisco: Harper San Francisco, 1994.

When Things Fall Apart: Heart Advice for Difficult Times. Pema Chodron. Boston: Shambhala Publications, 1997.

It's Easier Than You Think: The Buddhist Way to Happiness. Sylvia Boorstein. San Francisco: Harper San Francisco, 1995.

Living Buddha, Living Christ, [*Vivendo Buda, vivendo Cristo*. Editora Rocco.] Thich Nhat Hanh. Nova York: Riverhead Books, 1995.

Natural Great Perfection: Dzogchen Teachings and Vajra Songs. Nyoshul Khenpo Rinpoche and Surya Das. Ithaca, NY: Snow Lion Publications, 1995.

Dzogchen, The Self-Perfected State. Chogyal Namkhai Norbu, Adriano Clemente (org.), John Shane (tradutor). Ithaca, NY: Snow Lion Publications, 1996.

Shambhala: The Sacred Path of the Warrior. Chogyam Trungpa Rinpoche. Boston: Shambhala Publications, 1988.

Gratefulness, The Heart of Prayer: An Approach to Life in Fullness. Brother David Steindl-Rast. Nova York: Paulist Press, 1984.

The Good Heart: A Buddhist Perspective on the Teachings of Jesus. Dalai Lama, Bstan-Dzin-Rgya-Mtsho, Robert Kiely (org.), Dom L. Freeman (ilustrador). Boston: Wisdom Publications, 1998.

A Path with Heart: A Guide Through the Perils and Promises of Spiritual Life. Jack Kornfield. Nova York: Bantam Books, 1993.

Wherever You Go, There You Are: Mindfulness Meditation in Everyday Life. Jon Kabat-Zinn. Nova York: Hyperion, 1994.

Whole Heaven Catalog: A Resource Guide to Products, Services, Arts, Crafts, and Festivals of Religious, Spiritual, and Cooperative Communities. Marcia M. Kelly, Jack Kelly. Nova York: Random House, 1998.

The Eye of the Spirit: An Integral Vision for a World Gone Slightly Mad. Ken Wilber. Boston: Shambhala Publications, 1998.

Heart Treasure of the Enlightened Ones: The Practice of View, Meditation, and Action. Patrul Rinpoche, Dilgo Khyentse. Boston: Shambhala Publications, 1993.

A Heart as Wide as the World. Sharon Salzberg. Boston: Shambhala Publications, 1997.

Meditation. Eknath Easwaran. Tomales, CA: Nilgiri Press, 1991.

Gandhi, the Man: The Story of His Transformation. Eknath Easwaran. Tomales, CA: Nilgiri Press, 1997.

The Art of Pilgrimage: The Seeker's Guide to Making Travel Sacred. Philip Cousineau. Emoryville, CA: Conari Press, 1998.

The Practice of the Presence of God. Brother Lawrence of the Resurrection. John Delaney, Henri J. M. Nouwen. Garden City, NY: Image Books, 1996.

A Year to Live: How to Live This Year As If It Were Your Last. Stephen Levine. Nova York: Three Rivers Press, 1998.

Centering Prayer in Daily Life and Ministry. Father Thomas Keating, Gustave Reininger (org.). Nova York: Continuum Publishing Group, 1998.

The Collected Works of Ramana Maharshi. Arthur Osborne (org.). Nova York: Samuel Weiser, 1997.

Contemplative Prayer. Thomas Merton (introdução de Thich Nhat Hanh). Garden City, NY: Image Books, 1971.

Autobiography of a Yogi. Paramahansa Yogananda. Los Angeles: Self Realization Fellowship, 1979.

The Way of a Pilgrim: And the Pilgrim Continues His Way. Reginald M. French (tradutor). San Francisco: Harper San Francisco, 1991.

Tao Te Ching. Lao-Tzu, Stephen Mitchell (tradutor). Nova York: HarperPerennial Library, 1992.

Jewish Renewal: A Path to Healing and Transformation. Michael Lerner. Nova York: HarperPerennial Library, 1995.

Kitchen Table Wisdom: Stories That Heal. Rachel Naomi Remen (prefácio de Dean Ornish). Nova York: Riverhead Books, 1997.

Zen and the Art of Motorcycle Maintenance. Robert Pirsig. Nova York: William Morrow & Co., 1979.

Care of the Soul: A Guide for Cultivating Depth and Sacredness in Everyday Life. Thomas Moore. Nova York: HarperPerennial Library, 1994.

Buddhism Without Beliefs: A Contemporary Guide to Awakening. Stephen Batchelor. Nova York: Riverhead Books, 1997.

Stalking Elijah: Adventures with Today's Jewish Mystical Masters. Rodger Kamenetz. San Francisco: Harper San Francisco, 1997.

Freedom in Exile: The Autobiography of the Dalai Lama. His Holiness the Dalai Lama. Nova York: HarperPerennial Library, 1990.

How Can I Help? Ram Dass and Paul Gorman. Nova York: Alfred A. Knopf, 1985.

Fire in the Soul: A New Psychology of Spiritual Optimism. Joan Borysenko. Nova York: Warner Books, 1994.

The Kabir Book: Forty-Four of the Ecstatic Poems of Kabir. Robert W. Bly. Boston: Beacon Press, 1993.

Inner Revolution: Life, Liberty, and the Pursuit of Real Happiness. Robert Thurman. Nova York: Riverhead Books, 1998.

The Zen Teachings of Huang Po. Huang Po, John Blofield (tradutor). Boston: Shambhala Publications, 1994.

The Essential Rumi. Jalal Al-Din Rumi, Coleman Barks (tradutor), John Moyne (tradutor). San Francisco: Harper San Francisco, 1997.

Total Freedom: The Essential Krishnamurti. Jiddu Krishnamurti. San Francisco: Harper San Francisco, 1996.

Walking. Henry David Thoreau. San Francisco: Harper San Francisco, 1994.

Chanting: Discovering Spirit in Sound. Robert Gass, Kathleen Brehony. Nova York: Broadway Books, 1999.

How to Meditate: A Practical Guide, Kathleen McDonald. Boston: Wisdom Publications, 1984.

How We Die: Reflections on Life's Final Chapter. Sherwin B. Nuland. Nova York: Vintage Books, 1995.

The Work of This Moment. Toni Packer. Boston: Charles E. Tuttle, 1995.

Dharma Family Treasures: Sharing Buddhism with Children. Sandy Eastoak (org.). Berkeley, CA: North Atlantic Books, 1994.

The Healing of America. Marianne Williamson, Mary A. Naples (org.). Nova York: Simon & Schuster, 1997.

The Spirited Walker: Fitness Walking for Clarity, Balance and Spiritual Connection. Carolyn Scott Kortge. San Francisco: Harper San Francisco, 1998.

Spontaneous Healing: How to Discover and Enhance Your Body's Natural Ability to Maintain and Heal Itself. [*Cura espontânea.* Editora Rocco.] Andrew Weil. Nova York: Ballantine Books, 1996.

The Art of Breathing: Six Simple Lessons to Improve Performance, Health, and Well-Being. Nancy Zi. Glendale, CA: Vivi Company, 1997.

The Art of Doing Nothing. Veronique Vienne, Erica Lennard (fotografia). Nova York: Clarkson Potter, 1998.

CDs de Cânticos

The Lama's Chant: Songs of Awakening. Lama Gyurme.

Tibet, Tibet. Yungchen Lhamo.

Cho. Choying Drolma, Steve Tibbetts.

A Pilgrim's Heart. Krishna Das.

One Track Heart. Krishna Das.

Chant I, Chant II. The Benedictine Monks of Santo Domingo De Silos.

Om Namaha Shivaya. Robert Gass.

Vídeos

Yoga for Meditators. John Friend.

Yoga Journal's Ioga Practice for Beginners. With Patricia Walden.

Sister Wendy in Conversation with Bill Moyers.

Sister Wendy's Story of Painting. Sister Wendy Beckett.

The Power of Myth. Vols. 1-6. Joseph Campbell.

Kundun. Martin Scorsese (director). Starring Tenzin Thutob Tsarong.

Clube de Livros

One Spirit Book Club (1-800-348-7128)

Catálogos de Áudio

Sounds True/Prayer and Meditation Catalogue (1-800-333-9185)

SERVIR À SANGHA UNIVERSAL

As pessoas que assistem às minhas palestras costumam dizer que querem prestar serviços voluntários para se envolverem mais em atividades voltadas para o serviço, mas não sabem por onde começar.

Big Brothers Big Sisters
http://www.bbbsa.org
Fone: (215) 567-7000
Big Brothers Big Sisters of America, a mais antiga instituição de aconselhamento a serviço dos jovens do país, continua sendo a maior especialista da área. A BBBSA tem oferecido relacionamentos individuais de aconselhamento entre voluntários adultos e crianças em situações de risco desde 1904. A BBBSA atende atualmente mais de 100 mil crianças e jovens em mais de 500 agências em todo o país.

Greenpeace
http://www.greenpeace.org
Telefone do Greenpeace nos EUA: (202) 462-1177
Telefone Internacional do Greenpeace: 31 20 523 62 22
Greenpeace é uma instituição internacional independente e apartidária, dedicada à proteção do meio ambiente por meios pacíficos. Você pode tornar-se membro internacional ou afiliar-se a uma instituição em seu próprio país.

Habitat for Humanity
http://www.habitat.org
Fone: (912) 924-6935
Habitat for Humanity International dedica-se à eliminação das residências abaixo do padrão e a falta de tetos no mundo inteiro e a transformar o abrigo adequado e econômico numa questão de consciência e ação. Habitat convida pessoas de todas as religiões e profissões a trabalhar em parceria na construção de casas para famílias necessitadas. Por intermédio do trabalho voluntário e de doações dedutíveis de di-

nheiro e de material de construção, a Habitat constrói e reabilita casas simples, habitáveis, com a ajuda das famílias associadas. A Habitat já construiu cerca de 70 mil casas no mundo inteiro, proporcionando abrigo seguro, digno e econômico a mais de 300 mil pessoas.

Humane Society of the United States
http://www.hsus.org
Fone: (202) 452-1100
A HSUS foi fundada em 1954 para promover o tratamento humano dos animais e promover respeito, compreensão e compaixão por todos os animais. Atualmente, sua mensagem de carinho e proteção não abrange apenas o reino animal, mas também a terra e o meio ambiente.

Literacy Volunteers of America, Inc.
http://literacyvolunteers.org
Fone: (315) 472-0001
Literacy Volunteers of America é uma instituição educacional nacional sem fins lucrativos que presta serviços tutoriais por intermédio de uma rede de mais de 50 mil voluntários no país inteiro.

United Way
http://www.unitedway.org
Fone: (800) VOLUNTEER
A United Way é um sistema nacional de voluntários, contribuintes e instituições beneficentes locais construída com base na eficiência comprovada das instituições locais na ajuda às pessoas de suas próprias comunidades.

Volunteer Match
http://www.volunteermatch.org
Fone: (650) 327-1389
A Volunteer Match usa o poder da Internet para ajudar pessoas no país inteiro a descobrir oportunidades de voluntariado publicadas por instituições locais sem fins lucrativos e do setor público. A potente base de dados on-line da Volunteer Match permite que os voluntários pesquisem milhares de oportunidades únicas e contínuas por código postal, categoria e data, e inscrever-se automaticamente por e-mail nas que se encaixarem em seus interesses e horários. A Volunteer Match ofere-

ce uma série de atividades, inclusive caminhadas, dia de limpeza na praia, tutorial, construção de casas, entrega de refeições etc.

Volunteers of America
http://www.voa.org
Phone: (800) 899-0089
Das cidades rurais aos bairros urbanos, a Volunteers of America utiliza seus profissionais e voluntários na criação e na operação de programas inovadores que tratam com os mais graves problemas sociais da atualidade.

Para obter mais informações sobre datas de palestras, workshops, retiros, fitas, CDs e o programa integrado de ensinamentos Dzogchen do Lama Surya Das, entre em contato com:

> Lama Surya Das
> Cambridge, Massachusetts
> http://www.surya.org

ARCO DO TEMPO

NOS PASSOS DO BUDISMO
Meditação, Pam e Gordon Smith
Paz a cada passo, Thich Nhat Hanh
A essência dos ensinamentos do Buda, Thich Nhat Hanh
Vivendo Buda, vivendo Cristo, Thich Nhat Hanh
Emoções que curam, Daniel Goleman
O Tao da voz, Stephen Chun-Tao Cheng
O despertar do Buda interior, Lama Surya Das
O despertar do coração budista, Lama Surya Das
Os estágios da meditação, Dalai Lama
Como praticar – o caminho para uma vida repleta
 de sentido, Dalai Lama e Jeffrey Hopkins
O mundo sagrado, Jeremy Hayward
O caminho da prática, Bri Maya Tiwari
Em busca de uma psicologia do despertar, John Welwood
O despertar para o sagrado, Lama Surya Das
Conselhos sobre a morte – e como viver uma vida melhor,
 Dalai Lama e Jeffrey Hopkins

VIVENDO O AMOR
Bênção, David Spangler
Pai místico, místico pai, David Spangler
O chamado, David Spangler
Milagres do dia a dia, David Spangler
O livro do perdão, Robin Casarjian
Um curso em amor, Joan Gattuso
Um curso de vida, Joan Gattuso

ESCRITO NAS ESTRELAS
Quíron e a jornada em busca da cura, Melanie Reinhardt
Os planetas e o trabalho, Jamie Binder

A FORÇA DA INTUIÇÃO
Mulheres que correm com os lobos, Clarissa Pinkola Estés
O jogo das sombras, Connie Zweig e Steve Wolf
Seu sexto sentido, Belleruth Naparstek
Anatomia do espírito, Caroline Myss
Contratos sagrados, Caroline Myss
O poder do fluxo, Charlene Belitz e Meg Lundstrom
Doze pontos de ouro, Aliske Webb
O valor da mulher, Marianne Williamson
Illuminata, Marianne Williamson
Histórias sagradas, Charles e Anne Simpson
Amor encantado, Marianne Williamson
A realização espontânea do desejo, Deepak Chopra

A LIÇÃO DOS XAMÃS

A luz dentro da escuridão, John Tarrant
As cartas do caminho sagrado, Jamie Sams
Cartas xamânicas, Jamie Sams e David Carson
Dançando o sonho, Jamie Sams
Mensagem do outro lado do mundo, Marlo Morgan
Mensagem do eterno, Marlo Morgan
Círculo de xamãs, Olga Kharitidi
O segredo do xamã, Douglas Gilette
Andarilho espiritual, Hank Wesselman
Emissário da luz, James F. Twyman

AS LEIS DO ESPÍRITO

O caminho para o amor, Deepak Chopra
O caminho do mago, Deepak Chopra
O caminho da cura, Deepak Chopra
Como conhecer Deus, Deepak Chopra
As sete leis espirituais para os pais, Deepak Chopra

A LUZ EM TODA A PARTE

Sede de plenitude, Christina Groff
Cestas sagradas, Phil Jackson e Hugh Delehanty
Esperança diante da morte, Christine Longaker
Portais secretos, Nilton Bonder
O espírito de Tony de Mello, John Callanan
A porta para seu eu interior, John Callanan
Anam Cara, John O'Donohue
Ecos eternos, John O'Donohue
O fogo e a rosa, Robert Griffith Turner Jr.
Purificação emocional, John Ruskin
As novas revelações, Neale Donald Walsch

O ENCANTO NO COTIDIANO

Refúgio para o espírito, Victoria Moran
Como criar uma vida encantada, Victoria Moran
A luz que vem de dentro, Victoria Moran
Em forma de dentro para fora, Victoria Moran

COLEÇÃO SÁBIAS PALAVRAS

I Ching, Thomas Cleary
O espírito do Tao, org. Thomas Cleary
A arte da paz, Morihei Ueshiba
Ensinamentos do Buda, org. Jack Kornfield e Jill Fronsdal
O livro tibetano dos mortos, Francesca Fremantle e Chogyan Trüngpa
O caminho de um peregrino, Olga Savin

Este livro foi impresso na Editora JPA Ltda.,
Av. Brasil, 10.600 – Rio de Janeiro – RJ,
para a Editora Rocco Ltda.